Portwein

Portwein

Das Handbuch für Genießer

GODFREY SPENCE

EVERGREEN

Widmung
Für Catherine und Rosalind

EVERGREEN is an imprint of
Benedikt Taschen Verlag GmbH

Übersetzung aus dem Englischen
(für Agents–Producers–Editors):
Andreas Kellermann, Berlin
Redaktion und Satz der deutschen Ausgabe:
Agents–Producers–Editors, Overath
Umschlaggestaltung: Angelika Taschen, Köln

Printed in China
ISBN 3-8228-7128-1

INHALT

Vorwort

Als man mich bat, ein Vorwort zu Godfrey Spences »Portwein. Ein Handbuch für Genießer« zu schreiben, fühlte ich mich doch sehr geehrt. Der Zeitpunkt für ein solches Buch ist genau richtig, da es sowohl für den interessierten Verbraucher als auch für den Fachmann geschrieben ist und zu einer Zeit erscheint, in der ein großes Interesse an allem besteht, was mit Portwein zusammenhängt.

Bei einem USA-Besuch bat mich kürzlich ein Weinhändler, ihm das maßgebliche Buch über Portwein zu nennen. In den letzten 20–30 Jahren wurde zwar eine ganze Reihe ausgezeichneter Bücher über Portwein veröffentlicht, die jedoch meistens lediglich einen bestimmten Aspekt der Portweinbranche behandeln. So ist z. B. James Sucklings »Vintage Port« das maßgebliche Werk zu diesem Thema, während Sarah Bradfords Buch »The Story of Port« einen sehr vollständigen Abschnitt über die Geschichte des Portwein-Handels bietet.

Godfrey Spences Buch kann ich ohne Zögern als das ultimative Portwein-Buch bezeichnen, da es eine schier unerschöpfliche Informationsquelle ist. Auch die Kapitelordnung ist gut durchdacht: Statt mit dem geschichtlichen Teil zu beginnen, versetzt Godfreys erstes Kapitel den Leser sofort in die Atmosphäre der Douro-Landschaft im Norden Portugals mit ihrer ursprünglichen Schönheit und ihrem unwirtlichen Klima und stimmt ihn auf die weiteren Seiten des für Laien und Fachleute fesselnd geschriebenen Buches ein. Der längste Abschnitt widmet sich der Geschichte und den gegenwärtigen Aktivitäten der verschiedenen Handelsfirmen sowie den größeren Weinbauern, die an der Vermarktung ihrer Portweine selbst beteiligt sind, gefolgt von professionellen und sorgfältigen Verkostungsnotizen. Außerdem hat mir sehr gefallen, daß die Portweine einzelner Quintas so ausführlich behandelt werden.

Heute besteht in dieser Branche ein ständig zunehmendes Interesse an weinbaukundlichen Fragen, worauf Godfrey ausführlich eingeht. Vom Weinbauern wird inzwischen genauso wie vom Hersteller erwartet, daß er Präsentationen, Verkostungen und Vorträge abhält. Vor 40 Jahren spielte die Zusammenstellung der Traubensorten in einem Weinberg noch keine so große Rolle wie heute; bei der Bewertung eines Weinbergs ging der Händler während des Rundgangs dort zwar sicher, daß die fünf Spitzensorten vorherrschten, aber es gab keine Sortentrennung während der Gärung wie heute, die Weinhändlern und -herstellern größeren Spielraum bei der Entscheidung zur Traubenlese läßt

Der Douro, von der Quinta do Seixo aus gesehen

und wann vergoren oder verschnitten wird. Werden wir dadurch in Zukunft in der Lage sein, noch bessere Portweine herzustellen als früher?

Wir müssen uns zwar bemühen, die Qualität ständig zu verbessern, aber es wird doch niemals einfach sein, die außergewöhnliche Vollkommenheit eines 1927er, 1948er, 1963er oder eines 1985er zu erreichen. Abgesehen davon müssen die Traubensorten der Douro-Region noch besser erforscht werden. Für den Önologen ist dies eine wirklich spannende Zeit!

Abschließend möchte ich Godfrey Spence zu seiner hervorragenden Arbeit gratulieren. Mit Hilfe eines solchen Buches wird das Interesse an einem Wein geweckt, der eine vielversprechende Zukunft hat und zweifellos zu den besten der Welt zählt.

Bruce Guimaraens
Porto
19. April 1997

TEIL EINS

DIE WELT DES PORTWEINS

Was macht Portwein so einzigartig?

Portwein ist ein alkoholverstärkter Wein, den man im Douro-Tal im Nordosten Portugals aus ausgewählten Trauben herstellt. Sowohl natürliche Umstände (Boden, Klima und Reblage) als auch die Methode der Weinherstellung machen ihn so einzigartig. Das Entscheidende bei der Herstellung ist die Avinierung, die Zugabe eines hochprozentigen (Trauben-)Branntweins zum vergorenen Traubenmost, wodurch die Gärung unterbrochen und ein höherer Alkoholgehalt und Süßegrad erzielt wird.

In der Portwein-Branche gibt es das Sprichwort »Wenn er könnte, wäre jeder Wein ein Portwein«, und wie bei vielem anderen gibt es auch vom Portwein Imitationen. Weinhersteller an den unterschiedlichsten Orten der Welt verwenden das Avinierungsverfahren zur Herstellung süßer Dessertweine, von denen jedoch nur wenige die Qualität eines durchschnittlichen Portweins erreichen, geschweige denn die der alten Jahrgangs- oder Tawny-Ports, um die es in diesem Buch geht.

Die Bezeichnung »Portwein« geht zurück auf die Stadt Porto an der Mündung des Flusses Douro in den Atlantik. Der Rio Douro (»Fluß von Gold«) verdankt seinen Namen der Farbe des reißenden Wassers, das inzwischen durch Dämme gebändigt ist; als Metapher für die Portwein-Region, die über Jahrhunderte eine der ärmsten und abgeschiedensten Gegenden Westeuropas war, eignet sich dieser allerdings kaum. Portwein wurde und wird noch immer vor allem von Porto aus vertrieben, die Weinberge in der Umgebung der Stadt liefern jedoch keine Trauben für Portwein, sondern bringen den frischen, jungen Vinho verde hervor, einen spritzigen, trockenen Wein von niedrigem Alkoholgehalt und damit das genaue Gegenteil von den schweren, süßen Weinen, die den Namen der Stadt tragen und für eine lange Lagerung bestimmt sind.

DIE WILD-ROMANTISCHE DOURO-LANDSCHAFT

Die Douro-Weinregion erstreckt sich vom oberen Flußlauf des Douro, wo er die Grenze zu Spanien bildet, bis hin zur etwa 67 km flußaufwärts von Porto und der Küste gelegenen Stadt Barqueiros. Obwohl der Fluß jenseits der Portwein-Region noch durch andere Weingüter (und die Stadt Porto selbst) fließt, denken Weinhändler und -liebhaber bei dem Begriff »Douro« sofort an die Weinberge für Portwein.

DIE STADT PORTO

Die Hügel in dieser Landschaft sind so steil, daß sie weder mit Maultieren noch mit Traktoren bearbeitet werden können. Der Boden bildet eine dünne Deckschicht auf einem Grundgestein aus hartem Schiefer über noch härterem Granit und ist von so schlechter organischer Substanz, daß hier nur Unkraut, Oliven und – natürlich – der Wein überleben können. Berücksichtigt man zudem die Bergkette, die die Gegend vom Rest der Welt abschneidet, und das Klima mit seinen kalten und heißen Extremen, erscheint es rätselhaft, warum die Weinbauern

RAUHE WEINBERGE UNTER GLEISSENDER SONNE

PATAMAR-TERRASSEN, QUINTA DE VARGELLAS

hier Reben pflanzen. In jeder Flasche Portwein liegt die Antwort.

Vor allem im Norden bestimmt der Atlantik das Klima Portugals und sorgt für Feuchtigkeit und relativ gemäßigte Temperaturen. Das Douro-Tal jedoch schützt die Serra do Marão, eine Bergkette im Norden der Region, vor Regen (so, wie der Einfluß der Vogesen und der Haardt für ein trockenes Klima im französischen Elsaß bzw. der deutschen Pfalz sorgt). Dies führt zu einem Klima der Extreme: Im Winter kann es schneien, und historische Abbildungen zeigen Arbeiter beim Rebschnitt in Mänteln aus Stroh und Ried, die sie vor dem eisigen Wind schützen. Im Sommer dagegen sind die Weinberge beinahe ständig der glühenden Sonne und Temperaturen bis zu 43 °C ausgesetzt.

Die Douro-Landschaft ist eine der eindrucksvollsten Weinbauregionen. Der Douro und seine Nebenflüsse haben über die Jahrtausende tiefe Täler mit steilen Berghängen gegraben, so daß es kaum flaches Land gibt. Neun Zehntel der Gegend weisen eine Steigung von mehr als 33% auf, und um die Weinberge überhaupt bestellen zu können, mußten die Weinbauern Terrassen wie riesige Treppen aus dem Felsen schlagen. Jede davon wurde ursprünglich von einer Mauer abgestützt, um den durch die Ausschachtung gewonnenen »Boden« zu halten. Es gibt noch viele dieser Terrassen, und die auf ihnen gepflanzten Rebstöcke können nur per Hand gepflegt werden.

Nach und nach verbreiterte man die sehr schmalen Terrassen, fügte Rebzeilen hinzu und ließ Mauern weg, aber erst in den frühen 70er Jahren wurde ernsthaft erwogen, sie neu anzulegen und so die maschinelle Bearbeitung zu ermöglichen. Nun fanden die sogenannten *patamares*, neue Terrassen mit Erdböschungen anstelle der Stützmauern, weite Verbreitung. Einen Weinberg ohne Mauern können kleine Traktoren befahren und so die Wirtschaftlichkeit entscheidend verbessern. Patamar-Terassen wurden zuerst 1973 auf Taylors Quinta da Vargellas eingeführt, entwickelten sich aber bald zum Standardverfahren bei Umpflanzungen. Die festungsartigen Trockensteinmauern der alten Terrassen wurden systematisch und in großem Umfang durch steinige Erdhänge ersetzt, was auch das Bild des Weinbaus am Douro für immer verändert hat.

Einige Weinbauern bevorzugen beim Rebanbau allerdings das deutsche Modell, bei dem man der Steigung des Bodens folgt; wenn sie nicht zu stark ist, hat dieses *vinha ao alto* genannte System viele Vorteile, besonders für die Mechanisierung. Wegbereiter dieses Verfahrens war kurz nach Einführung der Patamar-Terrassen der Weinhersteller Ramos

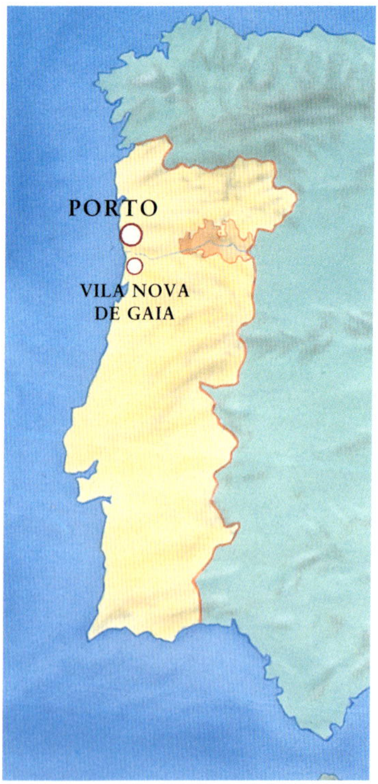

Die Douro-region

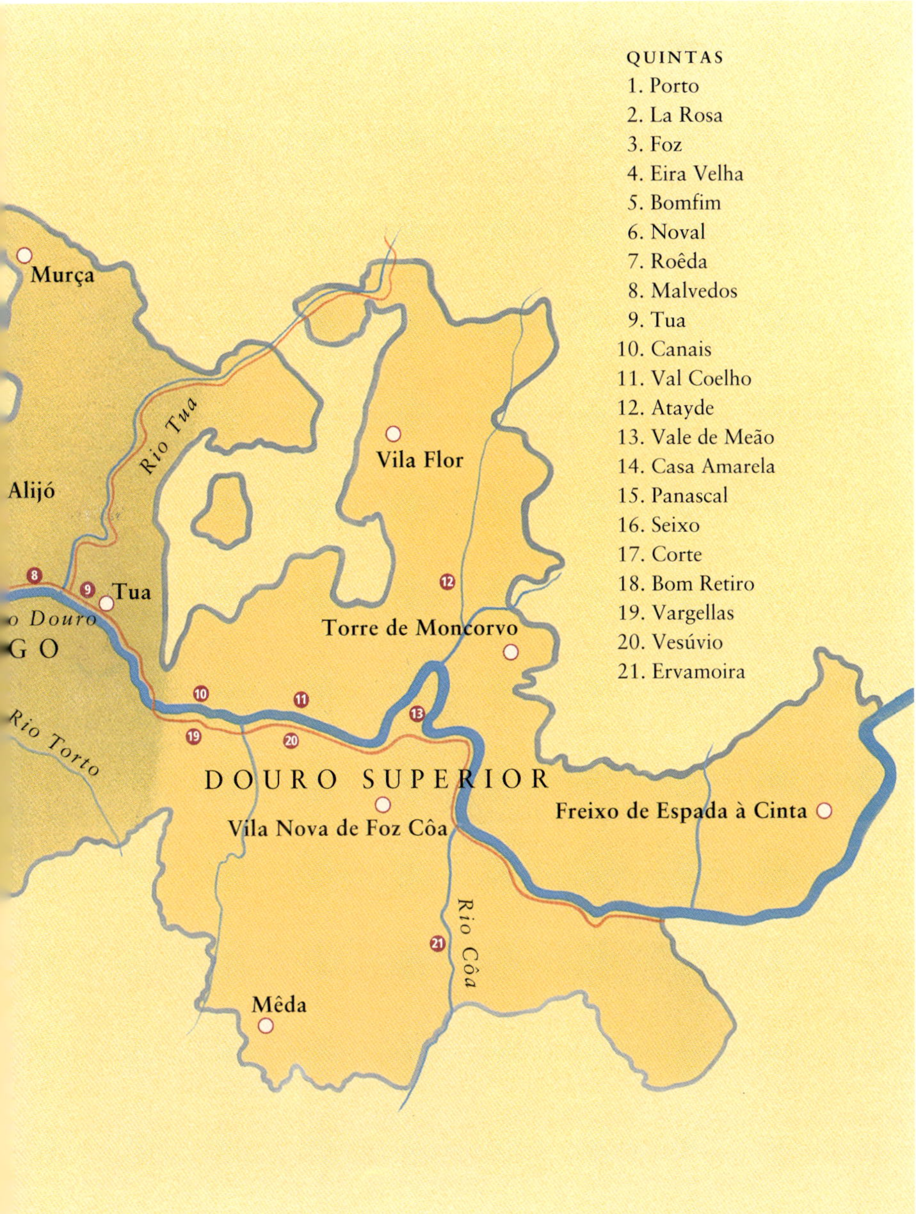
QUINTAS
1. Porto
2. La Rosa
3. Foz
4. Eira Velha
5. Bomfim
6. Noval
7. Roêda
8. Malvedos
9. Tua
10. Canais
11. Val Coelho
12. Atayde
13. Vale de Meão
14. Casa Amarela
15. Panascal
16. Seixo
17. Corte
18. Bom Retiro
19. Vargellas
20. Vesúvio
21. Ervamoira
Murça
Rio Tua
Vila Flor
Alijó
Tua
Torre de Moncorvo
DOURO SUPERIOR
Rio Torto
Vila Nova de Foz Côa
Freixo de Espada à Cinta
Rio Côa
Mêda

Der Rebanbau in dieser steinigen Landschaft ist harte Arbeit.

Pinto, dessen *Vinha-ao-alto*-Ländereien auf der Quinta da Ervamoira im Douro Superior nach wie vor die eindrucksvollsten sind.

Der Mutterboden ist kaum dicker als 10 cm. Unter ihm befindet sich ein schieferähnliches Sedimentgestein (Schist genannt), das mit Handgerät oder Dynamit aufgebrochen werden muß, um die Rebstöcke pflanzen zu können. Ihre Wurzeln können tief in dieses Gestein eindringen, was bei einer so trockenen Vegetationsperiode wichtig ist.

Die Douro-Region wird offiziell in drei Anbaugegenden unterteilt: Baixo Corgo, Cima Corgo und Douro Superior. Für den Verbraucher sind diese drei Subregionen kaum von Interesse und werden im Gegensatz etwa zu denjenigen des französischen Rotweingebiets Médoc (Bordeaux) nur selten auf den Etiketten vermerkt. Jede besitzt natürlich ihre eigenen Charakteristika, aber auch Faktoren wie Wetterbedingungen und Bewirtschaftung des Weinbergs spielen eine Rolle. Der Baixo Corgo ist das feuchteste Anbaugebiet; hier erreichen die Trauben nicht dieselbe Reife und die Weine folglich keine solche Konzentration wie im Cima Corgo, wo das beste Gleichgewicht zwischen Hitze und Niederschlag herrscht und vollreife Trauben mit konzentriertem Geschmack hervorgebracht werden. Auch der Douro Superior liefert Trauben von hoher Qualität, besitzt jedoch aufgrund seiner isolierten Lage weniger Weinberge.

EIN BLICK AUF DIE PORTWEIN-ANBAUGEGENDEN

Der Baixo Corgo (Unterer Corgo) erstreckt sich von der Westgrenze der Region bis zum Zusammenfluß von Corgo und Douro bei Régua, dem Handelszentrum der Region. Seine Fläche macht etwa 28% des ganzen Gebietes aus, ist jedoch so dicht mit Reben bestanden, daß über die Hälfte des gesamten Weinbaulandes hier liegt. In dieser Gegend sind die Niederschlagsmengen höher als weiter landeinwärts und die Temperaturen niedriger. Da die Weinstöcke bei weniger Witterungsunbilden mehr Früchte eintragen, wird im Baixo Corgo trotz seiner geringen Fläche der meiste Wein der Region hergestellt.

Sta. Marta im Baixo Corgo

Hier gibt es kaum große Güter; die meisten Weinberge sind klein und werden auf Teilzeitbasis betrieben. Ein paar herausragende Quintas produzieren zwar ausgezeichnete Spitzenweine, aber aus dieser Gegend kommen in erster Linie die jungen Weine (Ruby, Tawny und Weißwein), die 85% des Portweinmarktes ausmachen.

Jenseits des Flusses Corgo liegt der Cima Corgo (Oberer Corgo), das Hauptgebiet der Produktion von Qualitäts-Portwein. Nirgendwo finden sich so viele der besten und berühmtesten Güter versammelt wie rings um die Kleinstadt Pinhão, die an der Mündung des Flusses Pinhão in den Douro liegt. Aber auch an anderen Nebenflüssen begegnet man berühmten Namen, darunter Bom Retiro und Corte im Torto-Tal oder Fonsecas Panascal im Távora-Tal. Wohin man auch schaut, sind die Namen von Spitzenquintas in großen Buchstaben an den weißen Wänden der Kellereien oder auf ihren roten Ziegeldächern zu lesen und aufgrund der bergigen Landschaft weithin sichtbar.

Steile Weinberge im Cima Corgo

Das Klima des Cima Corgo ist bereits ein paar Kilometer von Régua entfernt wesentlich trockener als das des Baixo Corgo, wo die Niederschlagsmenge im Durchschnitt um 50% höher liegt. Aufgrund des heißen, trockenen Klimas ist die Geschmackskonzentration der hier wachsenden Trauben geringer, was auch die Weinqualität beeinflußt.

Das Tal verengt sich weiter flußaufwärts bei Valeira zu einer Schlucht, wo Felsen den heute durch einen Damm aufgestauten Douro früher unschiffbar machten und die Lebensader des Portweingeschäfts somit jenseits der Schlucht abschnitten. Erst durch die Erschließung des Flusses im Jahr 1793 wurde die Portweinherstellung im Douro Superior möglich; seine einstige Abgeschiedenheit führte dazu, daß auch heute noch weniger als 5% der Gegend mit Reben bepflanzt sind. Die wenigen hier befindlichen Quintas sind im allgemeinen recht groß und Wegbereiter bei Neuerungen im Weinbau: Die größeren Flächen und breiteren Täler mit nur wenig Terassen ermöglichen eine verstärkte Mechanisierung. Einige Güter im Douro Superior stammen bereits aus dem 16. Jahrhundert, wobei der Weinbau allerdings erst im 19. Jahrhundert Bedeutung erlangte; andere (wie Ervamoira und Atayde) wurden erst in den 70er Jahren gegründet.

Die Quinta de Ervamoira im Douro Superior

DIE BEDEUTUNG DER QUINTA

Das Kernstück des Weinbaulandes am Douro ist die Quinta (das portugiesische Wort für »Landgut«). Dieser Begriff ist allerdings mehrdeutig: Wohlhabende Lissaboner verstehen darunter ein Landhaus, wobei sicherlich nicht alle Quintas über so prächtige Gebäude wie die Châteaux in Bordeaux verfügen. Viele bieten nur sehr einfache Räumlichkeiten. Andererseits sind nicht alle Weingüter am Douro Quintas. Die meisten haben weniger als etwa 4000 m^2 große Grundstücke, deren Bewirtschaftung kaum mehr als die Deckung der Kosten erbringt.

Da es keine offizielle Definition des Begriffs gibt, steht auch die Anzahl der Quintas im Douro-Gebiet nicht genau fest; Schätzungen reichen von 1500 bis 2000 bei insgesamt 80 000 eingetragenen Weingütern.

In der Vergangenheit war beinahe jeder Portwein ein Verschnitt von verschiedenen Weingütern, um die Komplexität zu steigern und eine gleichbleibende Charakteristik zu garantieren; die einzelne Quinta wurde daher kaum genannt. Das hat sich in den letzten Jahren geändert, seit zahlreiche Portweine von einzelnen Quintas auf den Markt gekommen sind.

MALVEDOS, EIN BEISPIEL FÜR EINE GROSSE QUINTA

DIE EINSTUFUNG DER WEINGÜTER

Im Douro-Gebiet gibt es kein Grand Cru-System wie in Frankreich, aber jedes Weingut der Region wird nach der sogenannten Cadastro-Einteilung eingestuft. Diese Einstufung beruht auf einem Punktesystem mit den Kategorien A bis F, wobei A an erster Stelle steht. Bis zu 70% der Punkte werden für die folgenden vier Kriterien vergeben:

Höhe (je tiefer, desto besser)	21%
Ertrag (je niedriger, desto besser)	21%
Boden	14%
Gegend	13%

Die übrigen Punkte werden für Faktoren wie Reblage, Rebsorten, Alter der Reben, Instandhaltung des Weinguts und Steigung des Bodens vergeben. Es gibt Plus- und Minuspunkte: Ein tief gelegener Weinberg bekommt Pluspunkte; ist er jedoch auf Granit angelegt, werden Punkte abgezogen.

Ungefähr 20% der Weingüter sind unter A oder B eingestuft, 75% unter C oder D und 5% unter E oder F. Unter A und B eingeordnete Weinberge liegen vorwiegend im Cima Corgo und Douro Superior, während die meisten der übrigen Güter im Baixo Corgo und den höheren Gegenden der anderen Subregionen zu finden sind.

WEINGÜTER DER KATEGORIE A BEI PINHÃO

Die Geschichte des Portweins

Portwein verdankt seine Entstehung einer unglücklichen Zwangslage, den Streitigkeiten zwischen England und Frankreich in den vergangenen fünf Jahrhunderten. Nach der Heirat von Eleonore und Heinrich II. von England im Jahre 1152 bestimmte der aus Frankreich importierte rote Bordeaux drei Jahrhunderte den englischen Geschmack. Als dessen Vorräte im Zuge des anhaltenden Konflikts zwischen England und Frankreich erschöpft waren, mußten sich die Londoner und Bristoler Weinhändler nach einer Alternative umsehen, die sie schließlich Mitte des 17. Jahrhunderts in Portugal fanden.

Nachweislich hatten bereits die Römer während ihrer Besatzung (etwa 200 Jahre vor Christus) im Douro-Tal Weinreben angebaut. Später trieben die Westgoten, die hier bis zum frühen 8. Jahrhundert herrschten, den Weinanbau in der Region weiter voran, doch unter maurischer Herrschaft verlor er an Bedeutung, bis im 11. Jahrhundert, kurz vor Entstehung des Nationalstaates Portugal, die Kultivierung von Rebflächen im Douro-Tal wieder aufgenommen wurde.

Zu dieser Zeit wurde der Wein wahrscheinlich nur in der näheren Umgebung konsumiert. Transporte innerhalb des Tals und nach draußen sind selbst mit befestigten Straßen auch heute noch schwierig und waren damals sicher fast unmöglich. Erst nach der Ankunft englischer und schottischer Händler im 17. Jahrhundert wurde die Gegend erschlossen und erlangte ihre heutige Berühmtheit.

Der Marquês de Pombal

Die Händler kauften anfangs »roten Portugieser« von den Weinbergen um Viana do Castelo, nördlich von Porto. In jenen Tagen wurden die Reben an Bäumen hochgezogen, was die Reifung der Trauben einschränkte; so entstanden Weine, die dem heute produzierten roten Vinho verde ähneln – tanninhaltig, säuerlich und oft etwas moussierend. Da man in Großbritannien jedoch schwerere und süßere Weine bevorzugte, begannen manche Händler, sich noch weiter landeinwärts umzusehen.

Die Geschichte dessen, was wir heute unter Portwein verstehen, kann man bis auf zwei zufällig zusammentreffende Ereignisse im Jahr 1678 zurückverfolgen: Zum einen verhängte die britische Regierung ein Embargo über den Frankreichhandel, so daß es galt, einen Ersatz für französischen Wein zu finden. Zu jener Zeit stellte der Abt eines Klosters in Lamego zwei englischen Besuchern einen Wein aus Pinhão vor, der vollmundiger und milder als der übliche portugiesische Rotwein war, und erwähnte am Rande, daß während der Gärung Branntwein zugegeben worden wäre. Zwar dauerte es noch weitere 50 Jahre, bis jeder Portwein aufgespritet wurde, doch die Voraussetzungen dafür waren gegeben.

Das anhaltende Embargo französischer Weine belebte den Portweinhandel bereits gegen Ende des 17. Jahrhunderts, aber erst zu Beginn des 18. Jahrhunderts lebte er richtig auf: Die Unterzeichnung des Methuen-Handelsvertrags (1703) versprach niedrige Zölle für portugiesische Weine gegen eine Öffnung für englische Textilimporte auf portugiesischer Seite. Dies führte zu einem gewaltigen Aufschwung der Branche und sehr schnellem Wachstum am Douro; viele der heutigen Weinfirmen wurden im Zuge dieser Entwicklung gegründet. Außerdem begannen zahlreiche Unternehmen, die zuvor u. a. mit Textilien oder Fisch gehandelt hatten, sich auf Wein zu konzentrieren. Der blühende Handel brachte jedoch auch Weinpanscherei mit sich – zum Schaden der Winzer. Weine minderer Qualität verkauften sich nicht, und im Jahr 1754 war der Markt so schlecht, daß die Händler von den Weinbauern gar keinen Wein abnahmen.

Dieses Problem löste der später als Marquês de Pombal berühmt gewordene Sebastião José de Carvalho e Melo, der Lissabon nach dem schweren Erdbeben von 1755 neu errichten ließ. Er war von König José I. mit beinahe diktatorischen Befugnissen ausgestattet worden und nahm dementsprechend auch die Kontrolle des Portweinhandels fest in die Hand. Die von ihm gegründete Companhia Geral da Agricultura das Vinhas do Alto Douro hatte das Monopol auf die Festlegung der Portweinpreise und legte auch die Bestimmungen für seine Produktion neu fest. Beamte der Gesellschaft waren von 1756 bis 1761 mit der Aufgabe beschäftigt, das Douro-Tal kartographisch zu erfassen und die Weine zu beurteilen. Die besten wurden für den internationalen Export bestimmt, die durchschnittlichen für Brasilien, während die einfacheren dem heimischen Verbrauch verblieben. Oft wird dies als die überhaupt erste gesetzliche Abgrenzung eines Weinbaugebietes bezeichnet; sie datiert 180 Jahre vor der französischen Appellation Contrôlée.

AUF UND AB DES PORTWEINHANDELS

Mit dem Marquês im Rücken hatte das Kontrollinstitut sehr viel Macht, erhöhte die Weinpreise und löste damit Unruhen aus. Diese wurden durch Hinrichtungen aber schnell wieder unterdrückt. Der Panscherei mit Holunderbeersaft, die zudem grassierte, setzte das

Porto im 19. Jahrhundert

Kontrollinstitut durch Ausrottung aller Holunderbäume in der Gegend schnell ein Ende, doch als auch diese Taktik fehlschlug, wurden alle Holunderbäume im Norden Portugals vernichtet.

Die Bedeutung des Kontrollinstituts für den Portweinhandel ist offenkundig: Es stellte Qualität und Herkunft der Weine sicher, außerdem wurde unter seiner Führung die Schlucht von Valeira schiffbar gemacht und damit der Douro Superior erschlossen. Ende des 18. Jahrhunderts ließen sich zudem viele Händler in Porto nieder, aber dennoch verlor das Institut zunehmend an Einfluß. Ein Herrschaftswechsel und Kriege mit Frankreich und Spanien versetzten ihm schließlich den Todesstoß. 1834 wurde es abgeschafft, wenngleich es vier Jahre später seine Arbeit vorübergehend wieder aufnahm.

Zu jener Zeit entsprach Portwein ziemlich genau dem aufgespriteten Wein, wie wir ihn heute kennen. Das Verfahren, dem vergorenen Most Branntwein zuzugeben, hatte sich weithin durchgesetzt, und im späten 18. Jahrhundert führte man die zylindrische Flaschenform ein, wodurch die Lagerung in Weinkellern möglich wurde. Der Portwein fand zu dieser Zeit allerdings auch seine Kritiker. So veröffentlichte z. B. Joseph James Forrester ein Pamphlet, in dem er die Herstellung alkoholverstärkter Weine heftig kritisierte. Hätte die Branche auf ihn gehört, wäre Portwein unter die vielen leichten, relativ unscheinbaren Weine verbannt worden.

Die zylindrische Flaschenform ermöglichte den Jahrgangsport.

BARON FORRESTER

Weniger als zehn Jahre nach der Kritik Forresters wurde die Douro-Region jedoch das Opfer zweier Invasionen, die weit schlimmer waren als jede Kritik von Menschenhand. Mehltau und Phylloxera hießen die zwei Geißeln der europäischen Weinberge in der zweiten Hälfte des 19. Jahrhunderts.

Der Mehltau, ein aus Amerika eingeschleppter Pilz, tauchte 1852 auf, breitete sich rasch aus und verwüstete die Weinberge. Viele Weinbauern konnten sich seine Bekämpfung durch Besprühen der Reben mit Schwefel nicht leisten und gingen bankrott. Kaum hatte sich die Produktion wieder etwas erholt, als die ebenfalls aus Amerika eingeschleppte Reblaus (Phylloxera) auftrat und weiteren Schaden verursachte, dessen Auswirkungen noch heute in verlassenen Weinbergen (*mortórios*) zu sehen sind: Diese wurden nie wieder mit Reben bestockt, und auf ihren Terrassen wachsen Oliven oder Gestrüpp.

Für die Weinbauern waren dies schlimme Zeiten: Die Kosten stiegen, und die Produktion sank. Paradoxerweise war jedoch ihr Nachteil ein Vorteil für die Händler und die Branche im allgemeinen. Nachdem Phylloxera zunächst die französischen Weinberge

DAS RAMOS PINTO-GEBÄUDE IM HAFEN VON VILA NOVA DE GAIA

Das Gütesiegel des Instituto do Vinho do Porto

verwüstet hatte, gab es in den Ländern des Nordens einen guten Markt für Portwein, und neue Portwein-Firmen stiegen ins Geschäft ein: Namen wie Wiese und Krohn, Cálem und Ramos Pinto stammen aus dieser Zeit, in der auch die etablierten Händler begannen, in Weinberge zu investieren. Damit wurde zum ersten Mal die Trennung zwischen Weinbauer und Händler, die man lange als Konfliktgrund erachtet hatte, aufgehoben.

Im Rückblick gesehen war das 20. Jahrhundert ein gutes Jahrhundert für Portwein, obwohl viele Krisen in den ersten 50 Jahren seine Zukunft eher unsicher erscheinen ließen. Vor dem Ersten Weltkrieg ging die Nachfrage weltweit zurück, so daß sehr viele Weine unverkauft blieben, und Nachahmungen aus anderen Ländern untergruben den Handel mit echtem Portwein. Das einzig positive Ereignis für das Portwein-Geschäft war der gesetzliche Schutz der Bezeichnung »Portwein« im Zuge von

Porto, Port und Vinho do Porto sind in verschiedenen Ländern geschützte Namen.

Handelsverträgen mit Großbritannien in den Jahren 1914 und 1916. Seitdem kann dort nur portugiesischer Portwein unter diesem Namen verkauft werden.

Später wurde in den Vereinigten Staaten auch der portugiesische Begriff »Porto« gesetzlich geschützt, wenngleich dort und in Australien weiterhin ähnliche Weine hergestellt und als »Portwein« etikettiert werden. Nur in Portugal selbst unterstreicht die Bezeichnung *vinho do porto* (Portwein) in jedem Fall seine genuine Herkunft.

Nach 1918 erholte sich der Portweinhandel, doch dann wurde die Branche erneut zahlreicher unlauterer Machenschaften beschuldigt – während die Weinbauern im Douro-Gebiet nach wie vor in äußerster Armut lebten. Erst 1932, als das Salazar-Regime neue Kontrollinstanzen einsetzte, wurde eine Balance zwischen Angebot und Nachfrage hergestellt, und selbst während des Zweiten Weltkriegs konnte man eine Finanzkrise verhindern. Seit den 60er Jahren sind multinationale Unternehmen in das Geschäft eingestiegen: Sowohl Allied Domecq als auch IDV und Seagram haben ihre Händler, und dieser Trend hält an. Daneben sind in Porto größere Unternehmensgruppen entstanden: Barros, Almeida und Royal Oporto sind Zusammenschlüsse kleinerer Firmen, und die Symington-Familie, die sich bereits 1882 hier niederließ, hat mit Portwein ein Handelsimperium aufgebaut.

PORTWEIN HEUTE

Geschichte und Tradition sind für den Portweinhandel eng miteinander verbunden. Namen von Portwein-Firmen wie Sandeman, Delaforce und Graham stehen seit Generationen auf den Etiketten; die Trauben werden nach wie vor mit den Füßen gemaischt, und die britischen Händler treffen sich noch immer zum Mittagessen im Factory House (s. S. 25), um die Dekantierkaraffe im Uhrzeigersinn herumgehen zu lassen. Aber neben diesem traditionsreichen Image hat Portwein auch ein zeitgenössisches.

In unserer Zeit, wo eher beschränkte Geschmacksrichtungen im Trend liegen, der Verkauf von Wodka zu Ungunsten von Whisky und Branntwein zunimmt und man den Genuß hochprozentiger Getränke im Interesse der Gesundheit einschränkt, ist Portwein nach wie vor beliebt. Andere alkoholverstärkte Weine sind längst nicht so erfolgreich: Der Verkauf von Sherry ist zurückgegangen, und Marsala wird eher zum Kochen verwen-

Das Geschäft mit 1991er Jahrgangsports blühte.

det. Der Absatz von Portwein ist dagegen international gestiegen, wobei sich ein Trend zu Spitzensorten zeigt.

Der größte Exportmarkt liegt seit mehr als 30 Jahren in Frankreich. Hier wird Portwein als Aperitif getrunken, wobei leichtere und jüngere Sorten bevorzugt werden. Die besten Märkte für Spitzensorten sind Großbritannien und die USA, wo Jahrgangsports und Late Bottled Vintage Ports (LBV) jedes Jahr einen größeren Absatz haben. Großbritannien war lange der wichtigste Markt für Jahrgangsport, doch in jüngerer Zeit haben auch die Amerikaner Gefallen an diesem ausgezeichneten Wein gefunden. Doch nicht nur Jahrgangsport hat in den USA einen hohen Grad an Beliebtheit erlangt, sondern auch der Ab-

Portwein ist das ideale Getränk bei einem Abendessen mit Freunden.

satz von Tawny-Spitzenweinen steigt schneller als man hätte erwarten können. Der Verkauf von Colheitas (s. S. 38) an die USA ist allein in den letzten drei Jahren um das zehnfache gestiegen, und was den Konsum von Tawny-Weinen mit Altersangabe betrifft, liegen die USA hinter Frankreich bereits an zweiter Stelle. Da der Absatz insgesamt recht konstant ist oder ansteigt, kann es nicht lange dauern, bis die Preise dieser außergewöhnlichen Weine steigen, denn die Vorräte der Hersteller werden knapp.

FÜR JEDEN ETWAS

Es gibt eine Portwein-»Hierarchie« mit deutlich abgegrenzten Qualitätsstufen, von Ruby bis zu Vintage Character; dann folgen LBV (Late Bottled Vintage) und schließlich hochwertige Jahrgangsports und alte Tawnies. Diese Abstufung erleichtert je nach Anlaß die Wahl des richtigen Weins. Wer gern abendliche Diners gibt, kauft ihn zur Bewirtung – und als Insignie des Erfolgs. Portwein ist auch nicht mehr länger nur Männersache; die Zeiten, in denen die Frauen sich zurückzogen, während die Männer Portwein tranken und Zigarren rauchten, sind lange vorbei.

Beim Weinkonsum ändern sich die Trends ständig, und nur wenige Leute sind heute gewillt, die Reifung ihrer Weine abzuwarten. Der Erfolg australischer und kalifornischer Weine beruht z. T. darauf, daß man sie jung trinken kann, und viele neugewonnene Liebhaber von Jahrgangsport genießen diesen ebenfalls jung, wenn er ausgeprägt süß und fruchtig ist. Durch den Genuß der Kraft eines jungen Portwein greift man jedoch dem Facettenreichtum und der Raffinesse vor, die diese Weine im Alter entwickeln. Junger Jahrgangsport ist von tief-dunkler Farbe und kraftvoller Fruchtigkeit. Nach einigen Jahren verschließt er sich: Die Nase wird ausdruckslos und läßt nur wenig Frucht erkennen, die Gerbstoffe werden rauh und adstringierend. Erst nach langer Lagerung (10, 15 oder 20 Jahre) öffnet sich der Wein wieder und entwickelt sich zu einem der großartigsten Getränke, die es gibt.

DAS HANDELSHAUS (FACTORY HOUSE)

Das Handelshaus in der Rua do Infante Henrique in Porto ist granitenes Zeugnis des ständigen britischen Einflusses im Portwein-Geschäft. Es wurde von der British Association, einer Gruppe britischer und schottischer Händler, 1790 fertiggestellt. Enge gepflasterte Straßen umgeben die elegante Villa, die sich in der Altstadt befindet.

Auf der einen Etage ist das Handelshaus kaum mehr als ein sehr exklusiver Club, dessen Mitgliedschaft den Angehörigen britischer Portweinfirmen vorbehalten bleibt. Auf der anderen Etage besprechen die Händler wie in einer Handelskammer die alltäglichen

Das Handelshaus in Porto

Probleme und entscheiden, wie sie sie angehen sollen.

Im Inneren des Factory House, das für jeden PR-Feldzug sicherlich eine wirksame Waffe und zudem der ideale Ort für den Empfang von Geschäftsfreunden ist, gelten die strengen Umgangsformen der Auslandsbriten. Das Handelshaus gehört in jeder Hinsicht zur Tradition der Branche, ebenso wie die Anbauterrassen oder die *barcos rabelos*, jene alten Holzboote, die früher jeden Tropfen Wein von den Weinbergen flußabwärts in die Lagerhallen transportierten.

Die Granitwände des Gebäudes sorgen für gleichbleibende Temperaturen, weshalb man von den Herren selbst im Hochsommer erwartet, daß sie Jacketts zum Mittwochs-Lunch tragen, ein Ritual der britischen Händler in Porto: Jede Woche versammeln sich die Geschäftsführer der Mitgliedsunternehmen sowie geladene Gäste zum Mittagessen, das reine Männersache ist. Nach einem Glas Sherry oder White Port wird der nicht aufgespritete Douro-Wein zur Mahlzeit – einem recht zwanglosen Büfett – gereicht; anschließend gibt es sowohl Tawnies als auch Jahrgangsports. Der Tawny macht das Geschmacksempfinden frei, damit der Jahrgangsport, der immer blind (maskiert) serviert wird, angemessen gewürdigt werden kann. Nun folgen lange Diskussionen und das allwöchentliche Spiel um die Bestimmung des Weins und seines Jahrgangs.

Das Abendessen wird im selben Speisesaal serviert, läuft jedoch wesentlich förmlicher ab. Nach dem Essen reicht man ein – und nur ein – Glas ehrwürdigen Tawny. Noch bevor jemand ausgetrunken hat und erst recht bevor man bemerkt, daß gar keine Dekantierkaraffen herumgereicht werden, öffnen sich die Türen zu einem identisch eingerichteten Nebenraum. Wie auf ein Zeichen erheben sich nun alle, nehmen ihre Servietten und begeben sich an den entsprechenden Platz im anderen Raum: Fern störender Speisegerüche wird hier bei sanftem Kerzenschein der Jahrgangsport serviert.

Trauben und Traubenlese

Chardonnay und Cabernet Sauvignon werden heutzutage überall angepflanzt, und Pinot Noir- und Merlot-Weine wetteifern um die Gunst des Verbrauchers: Portwein, auf dessen Etikett keine Traubensorte angegeben wird, ist von Natur aus ein Verschnitt, und ein entsprechend geringes Interesse für die unterschiedlichen Traubensorten ist bei vielen Portweinherstellern festzustellen. Auf den alten Terrassen ist in einer Rebzeile oft jede Rebe von einer anderen Sorte; es gibt dabei jedoch einige Regeln: Etwa 48 dunkle und helle Traubensorten sind zugelassen, und um die 20 werden von offizieller Seite empfohlen. Ungeachtet dieser Richtlinien hat eine Untersuchung mehr als 120 zur Zeit gebräuchliche Sorten festgestellt.

Die alten Weinberge mit Steinmauern werden in der Regel immer noch so planlos bepflanzt wie früher, aber die meisten neuen Weinberge bestockt man blockweise mit den fünf Spitzensorten, so daß jede Sorte in einem anderen Bereich des Weinbergs wächst. Da sich verschiedene Traubensorten mit unterschiedlicher Geschwindigkeit entwickeln, kann der Weinbauer so die Trauben bei optimalem Reifegrad lesen und getrennt vinifizieren. Die folgenden fünf Sorten wurden zuerst in Untersuchungen der Portweinfirmen Ramos Pinto und Ferreira bestimmt, und man hat sie überall als die besten akzeptiert (selbst die Weltbank hat bei ihrem Investitionsprogramm für die Douro-Region nur für diese fünf Sorten Zuschüsse gewährt).

Touriga Nacional, die beste Portwein-Traube

Touriga Nacional wird heute eigentlich überall als die Portwein-Traube schlechthin betrachtet. Ihre tanninreichen Weine zeichnen sich durch eine sehr tiefe Farbe, ein Bukett mit Noten schwarzer Johannisbeere und einen ausgeprägt fruchtigen Charakter aus. Leider ist diese Rebe wenig ergiebig (1,2 kg Trauben pro Rebstock); Weine aus ihren Trauben sind beim Verschneiden lediglich ihrer Struktur wegen begehrt, da sie dem Verschnitt Biß geben.

Tinta Roriz, besser bekannt als Tempranillo-Rebe aus Rioja (Spanien), wird in ganz Spanien und Portugal vielerorts angepflanzt. Ihre Weine sind von weniger tiefer Farbe, besitzen jedoch kraftvolle Tannine und ein kräuterartiges, würziges Aroma. Diese Rebe gedeiht am besten auf fruchtbaren Böden und bei durchschnittlichen Temperaturen.

Touriga Francesa wird oft an den ungeschützten Südhängen gepflanzt, da sie sehr hitzebeständig ist und bei dieser Witterung gut gedeiht. Aus demselben Grund entwickelt sie sich selbst in trockenen Jahren gut. Ihre Weine sind leichter als die der Barroca oder Roriz und haben blumige, an Rosenblüten erinnernde Noten.

Tinta Barroca ergibt Weine mit lebhafter Farbe, festem Körper und fester Struktur, hohem Zuckergehalt und einem von Kirschen oder Maulbeeren geprägten Charakter. Sie reift früh und eignet sich daher für die weniger heißen Nordhänge; dies macht sie zu einem erstklassigen Kandidaten für die blockweise Anpflanzung.

Tinta Cão (»Roter Hund«) wird im Douro-Gebiet fast gar nicht mehr angebaut. Ihre Erträge sind sehr gering, werden nach und nach jedoch durch Auswahl besserer Klonreben gesteigert. Diese Rebe ist zur Zeit bei Herstellern guter Portweine ausgesprochen beliebt, da sie sich ausgezeichnet für Weine eignet, die lange lagern müssen.

Neben diesen fünf grundlegenden Sorten haben einige Hersteller noch an einigen anderen Traubensorten Gefallen gefunden. Tinta Amarela z. B. hat viele Liebhaber gewonnen, und auch Sousão hat einen oder zwei Anhänger (etwa die Quinta do Noval), während andere sie strikt meiden. Zu den übrigen beliebten Trauben gehören Malvasia Preta, Tinta Francisca, Mourisco Tinto und Tinta da Barca. Weißer Portwein wird unter anderem aus Malvasia Fina, Malvasia Rei, Rabigato, Codega und Viosinho hergestellt.

DIE ARBEIT IN DEN WEINBERGEN

Grundsätzlich ist der Douro eine abgeschiedene und stille Gegend. Da die Quintas nur wenig Personal in Vollzeit beschäftigen, sind hier die meiste Zeit des Jahres nur wenige Leute unterwegs. Während der Erntezeit im späten September jedoch, wenn viele Wanderarbeiter und Dorfbewohner der Umgebung zu Traubenlese und Weinherstellung eintreffen, kommt Leben in die Region. Viel Routinearbeit im Weinberg konnte durch die Einführung von Traktoren zwar erleichtert werden, aber die Traubenlese ist eine Aufgabe, die noch immer von Hand erledigt werden muß. In kleineren Weinbergen werden Familienmitglieder und Freunde des Besitzers zur Arbeit gerufen. Bei Tagesanbruch kann

TRAUBENLESE AUF EINER *VINHA-AO-ALTO*-PARZELLE

man hören, wie die Stimmen der Lesehelfer (*rogas*) in den Tälern widerhallen: Vor einem Tag voll zermürbender Arbeit in glühender Hitze singen sie zur Begleitung von Akkordeon und Trommel.

Frauen, Kinder und ältere Männer pflükken die Trauben und sammeln das Lesegut in Eimern, die in große Körbe (*gigos* genannt) oder flache Lesekörbe entleert werden. *Gigos* wiegen gefüllt bis zu 68 kg; sie werden von den jungen Männern auf die Schultern gehievt, mit Hilfe einer einfachen Kopfbedeckung aus Juteleinen und einem Bündel Zweigen in der Balance gehalten und so zur Quinta getragen. Die Logeln schlagen im Anhänger eines Traktors einen weniger mühsamen Weg zur Kellerei ein.

In Quintas mit moderner Vinifikationsausrüstung ist die Arbeit am Abend zu Ende, denn eine leistungsfähige Weinkellerei benötigt auffallend wenige Arbeiter. In vielen Quintas jedoch wird das Tagwerk am Abend nur unterbrochen, und nach einer Mahlzeit und einem oder zwei Gläsern Wein werden die Trauben mit den Füßen gemaischt. Auch heute noch wird Spitzenportwein mit Hilfe der menschlichen Füße hergestellt.

NIEDRIGE REBSTÖCKE MACHEN DIE TRAUBENLESE ZU EINER ZERMÜRBENDEN ARBEIT.

Wenn sie auf der Quinta angekommen sind, werden die frisch geernteten Trauben grob zerquetscht und in große, *lagares* genannte Tröge aus Granit gefüllt. Die Lesehelfer ziehen nach einer Ruhepause kurze Hosen an und klettern in die bis zu den Oberschenkeln reichende Traubenmasse, um sie vier Stunden lang gründlich zu zertreten. Die zwei ersten Stunden nennt man *corte* (»Schneiden«), wenn die Trauben unter systematischem und gründlichem Treten zerquetscht werden. Der Aufseher ruft dabei wie ein Ausbildungsunteroffizier »*um-dois*« (eins-zwei) oder »*esquerda-direita*« (links-rechts) und ermuntert jeden, der langsamer wird; eine Trommel begleitet seine Rufe mit monotonen Schlägen. Nach zwei Stunden heißt es »*liberdade*« (»Freiheit«), die Musik kommt in Schwung, und aus harter Arbeit wird ein ausgelassenes Fest, bei dem die Treter bis Mitternacht zu den Klängen von Querpfeife und Trommel oder – immer häufiger – einem Kassettenrecorder tanzen und

DIE TRAUBEN WERDEN GELESEN ...

... UND, IN *GIGOS* GEFÜLLT, ZUR QUINTA GEBRACHT.

regelmäßig am heimischen Bagaçeira oder dem Quinta-eigenen Portwein nippen. Genügend Leute zu finden, die treten, wird jedoch immer schwieriger, da viele Leute leichteren Arbeiten in den Städten nachgehen.

Frisch gepflückte Trauben stehen für den Transport zur Kellerei bereit.

Damit stehen Portwein-Hersteller in den letzten Jahrzehnten vor einem Problem: Die Gärung dauert beim Portwein nur kurze Zeit (sie wird durch Zugabe von Branntwein abgebrochen), die Weine aber sollen viele Jahre reifen, so daß die nur in der Traubenschalen enthaltenen Farbstoffe und Tannine gründlich und schnell herausgelöst werden müssen, da die Schalen vor der Avinierung beseitigt werden. Dies geschieht am besten durch Treten, aber es sind jedes Jahr weniger Leute bereit, diese Arbeit zu erledigen. In den 60er und 70er Jahren führte ein Mangel an Arbeitskräften, der weitgehend eine Folge der portugiesischen Kolonialkriege in Afrika war, zur Einführung von Systemen mit geschlossener Gärung (Autovinifikation). In geschlossenen Tanks wird der Druck des bei der Gärung freigesetzten Kohlendioxid-Gases genutzt, um den Most zirkulieren zu lassen und so die Farbe zu extrahieren.

Den dicken, halbvergorenen Most läßt man dann ablaufen, um ihn mit Traubengeist, der die Hefe abtötet, aufzuspriten. Ergebnis ist ein süßer und noch unentwickelter Portwein.

Der junge Wein ist herb und tanninhaltig und der Traubengeist noch unangenehm präsent. Portwein braucht viel Zeit zum Reifen: die einfachsten Rubies zwei bis drei Jahre und die besten Jahrgangsports und Tawnies ebensoviele Dekaden. Die Lagerung kann entweder in der Flasche oder in Holzfässern erfolgen – jede Gefäßart übt ihre eigene, typische Wirkung auf den jeweiligen Weintyp aus.

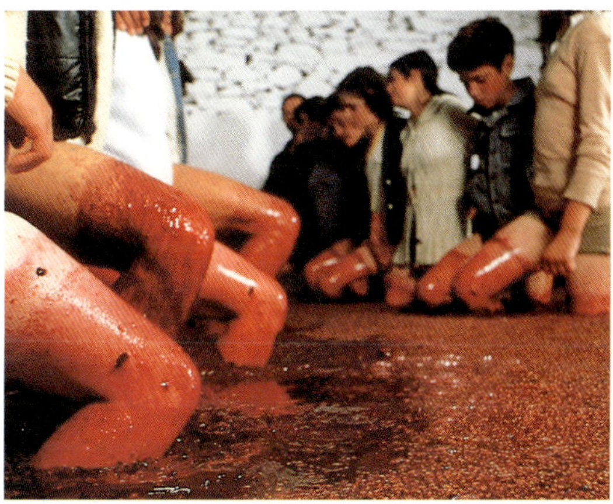

Für die besten Portweine werden die Trauben getreten.

Portwein-Herstellung

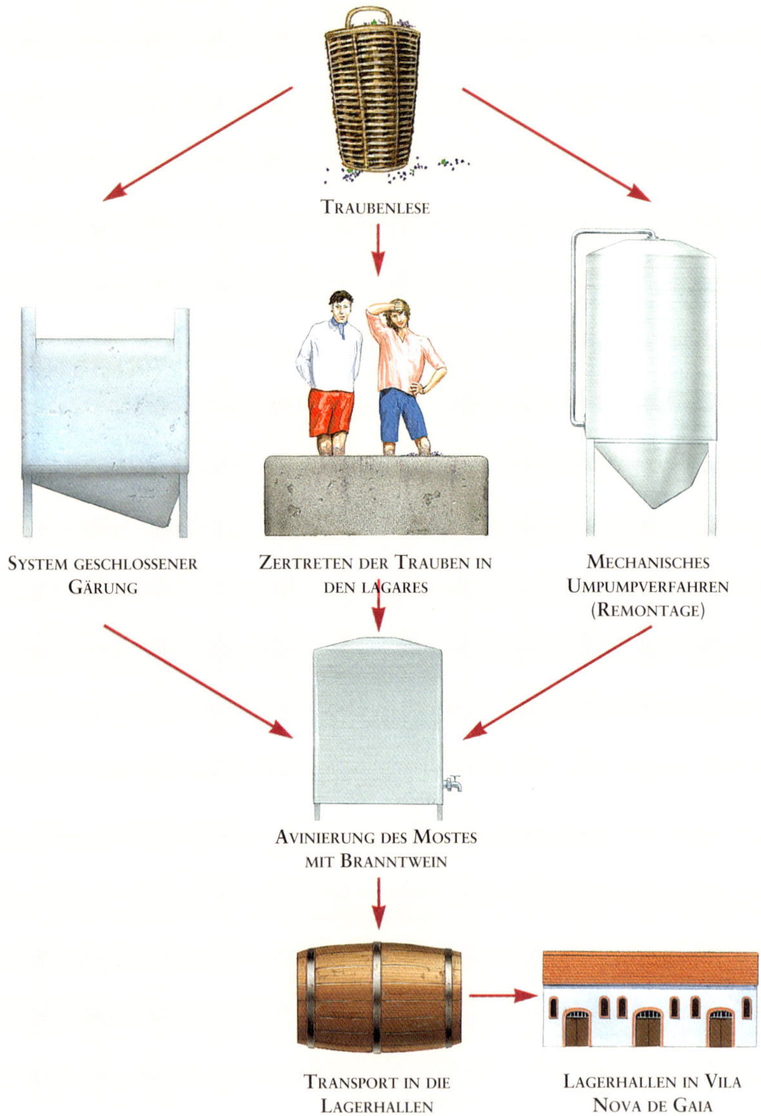

DIE PORTWEINSTRASSE

Jahrhundertelang war das Douro-Gebiet aufgrund des bergigen Geländes und schlechter Verkehrswege so gut wie abgeschnitten vom Rest der Welt. Da es auch nur wenige Übernachtungsmöglichkeiten gab, waren die einzigen Touristen Tagesausflügler, deren Fahrt von Porto aus drei bis vier Stunden dauerte. Diese Zugfahrt ist sehr malerisch, aber der Zug fährt recht langsam und verkehrt nur selten. Für das Auto war die Anfahrt noch schwieriger, und so blieben einige der schönsten Weinberge der Welt für die Konsumenten des dort hergestellten Portweins praktisch unerreichbar.

Die Mitgliedschaft in der Europäischen Union hat zu einer Verbesserung der Infrastruktur im gesamten portugiesischen Norden geführt. Die Straßen sind wesentlich besser geworden, und die Fahrt von Porto in das Douro-Gebiet ist jetzt schon in zwei Stunden zu schaffen, wenn man die Hauptverkehrszeit in Porto meidet.

Da das Gebiet somit besser zugänglich geworden ist und der Tourismus immer mehr zunimmt, hat man eine »Portweinstraße« (*Rota do Vinho do Porto*) festgelegt. Entlang dieser Strecke kann man Weingüter besichtigen und sich persönlich einen Eindruck von der Gegend und ihren Weinen verschaffen. In einigen Quintas kann man an Rundgängen und Weinproben teilnehmen, und oft besteht auch die Möglichkeit, Weine zu kaufen. Einige Portweinfirmen (wie z. B. Sandeman) haben Museen gegründet, und Fonseca hat in Panascal eine audiovisuelle Präsentation aufgebaut. Unterkünfte sind leicht zu finden, sauber, einladend und einfach. Am Morgen können Sie auf terrassierte Abhänge hinaussehen und die frische Luft einatmen, in der immer ein leichter Hauch von brennendem Holz liegt, das hier nach wie vor zum Kochen verwendet wird.

Da die Gebäude einer Quinta in der Regel recht klein sind, ist besonders in der Hauptsaison oft eine Vorausbuchung erforderlich. Besucher sollten vielleicht auch das Klima der Region berücksichtigen: Der Sommer am Douro ist sehr heiß. Im Frühling und Herbst sind die Temperaturen dagegen angenehmer, und die Gegend zeigt sich von ihrer schönsten Seite: Im Frühling sind die Berghänge von wilden Blumen bedeckt, die hier in Fülle wachsen, und im Herbst ist die Luft von den Klängen und Düften der Ernte erfüllt.

Die Quintas an der Portweinstraße werden im Verzeichnis am Ende des Buches aufgelistet. Da der Weintourismus in dieser Gegend relativ jung ist, sind die verfügbaren Einrichtungen noch im Ausbau begriffen, und jedes Jahr erhöht sich die Anzahl der Quintas, die zur Portweinstraße gehören. Ausführliche Informationen erhalten Sie beim portugiesischen Fremdenverkehrsverein oder beim IVP (Instituto do Vinho do Porto) in Porto. Auch viele Lagerhallen in Vila Nova de Gaia und die Hotels in Porto sind auf dem neuesten Informationsstand. Sie können auch Kontakt mit dem Büro der Rota do Vinho do Porto aufnehmen (s. S. 221).

DIE REIFUNG UND DIE LAGERHALLEN VON GAIA

Die Avinierung findet im Herbst statt; im darauffolgenden Frühjahr wird der meiste Wein zu den Lagerhallen der Händler, den sogenannten *lodges*, in Vila Nova de Gaia transportiert. Dort, am Südufer des Douro ist das Klima gemäßigter und eignet sich besser für die allmähliche und gleichmäßige Reifung. Im Douro-Tal gelagerter Wein kann einen eigentümlichen »gebackenen« Geschmack annehmen, den man als »Douro Bake« bezeichnet und dessen beschleunigte Entwicklung von den hohen Sommertemperaturen herrührt.

Früher brachte man den Wein in den *barcos rabelos*, flachen Kähnen, die zum Markenzeichen von Porto und dem Portweingeschäft geworden sind, flußabwärts. Damals trotzten unerschrockene Bootsführer in jedem Frühling, wenn der Douro nach dem Winterregen angestiegen war, seinen Stromschnellen, um ihre Portwein-Ladung aus den Weinbergen zu transportieren. Heute dienen diese Boote nur noch zu Werbezwecken. Der einst reißende Douro ist heute nicht mehr schiffbar, da es dort inzwischen Staudämme gibt, die Überschwemmungen verhindern sollen und der Stromerzeugung dienen. Heute wird der Wein in Tankwagen über die Marão-Bergkette nach Vila Nova de Gaia transportiert.

Die Lagerhäuser von Vila Nova de Gaia

Die Arbeit in Vila Nova de Gaia ist beschwerlich, denn die alten Lagerhallen wurden auf einem steilen Hügel oberhalb von Porto errichtet. Wie das Douro-Gebiet ist auch Gaia ein gesetzlich festgelegtes Herkunftsgebiet, und bis 1986 konnten nur Weine, die hier gelagert hatten, offiziell als »Portwein« bezeichnet werden. Als Portugal 1986 der Europäischen Gemeinschaft beitrat, wurde das Portwein-Verkaufsmonopol der Händler von Gaia aufgehoben. Seitdem können einzelne Quintas ihren Wein direkt exportieren, ohne Händler zwischenzuschalten oder Lagerhallen dort zu haben (Detailinformationen über die Lieferbarkeit s. im Portwein-Verzeichnis ab S. 186).

Die Straßen in Gaia sind eng und meist gepflastert, aber verkehrsreich, da Lagerpersonal und Touristen mit den steilen Hügeln und engen Kurven kämpfen – wobei immer damit zu rechnen ist, daß hinter der nächsten Biegung ein geparkter Lastwagen steht, der eine Portwein-Lieferung abholt. Die Lagerhallen im Hafenviertel sind am einfachsten zu erreichen, aber auch stärker von Überschwemmungen bedroht. Viele Lagerhallen veranstalten für ihre Besucher Führungen mit einer anschließenden Weinprobe, in der die Region und ihre Weine vorgestellt werden. Die Öffnungszeiten und Telefonnummern sind im Portwein-Verzeichnis angegeben.

In den langen Lagerhäusern von Gaia mit ihren roten Ziegeldächern befinden sich Tausende länglicher alter Eichenfässer, sogenannter *pipes* (eine Verballhornung des portugiesischen Wortes *pipa*), für die niemals neues Holz verwendet wird. Für die roten Portweintypen, die sehr lange lagern müssen, werden größere Fässer genommen. Je kleiner das Faß ist, um so stärker beeinflußt es den Wein, da eine größere Holzfläche mit ihm in Kontakt kommt. Tawny Ports werden in *pipes* (deutsch: Pipen), Rubies dagegen in riesigen Fässern gelagert. Die vielen auf dem Markt erhältlichen Portweinsorten unterscheiden sich durch die Weinqualität, abhängig von der Tatsache, ob es sich um einen Jahrgangswein oder einen Verschnitt mehrerer Jahrgänge handelt, sowie der Art der Lagerung.

EINE PIPE PORTWEIN

Nur wenige Leute können es sich heute leisten, eine »Pipe Portwein« für den Lieblingsneffen oder die Lieblingsnichte zurückzulegen, aber dieser Begriff wird noch immer verwendet. Eine Pipe ist nichts anderes als ein Faß, doch im Portweinhandel versteht man darunter auch ein Hohlmaß, von dem verwirrenderweise zwei verschiedene Größen existieren. Die Gutsbesitzer beziffern ihre Erträge in Pipen à 639 Litern, Vertriebsleute dagegen à 621 Litern. Die Größe der für die Lagerung verwendeten Fässer reicht von 145–172 US-Gallonen.

Pipen haben eine ungewöhnliche Form, sind länger und schmaler als die meisten sonst verwendeten Fässer. Der Grund liegt darin, daß die weingefüllten Pipen früher mit Ochsenkarren über schmale, verschlungene und sehr steile Wege zum Fluß transportiert wurden. Für dieses Gelände waren die Fässer konzipiert worden.

PORTWEIN-PIPEN REIFEN IN EINER LAGERHALLE.

Portweinarten und ihre Hierarchie

RUBY, WHITE PORT UND TAWNY

Die bei weitem größte Menge des produzierten Portweins besteht aus den einfachen, jungen Rubies, White Ports und Tawnies. Ruby ist ein junger Wein mit mittelschwerem bis schwerem Körper, der nach hauseigenem Stil verschnitten wird. Weine ohne Jahrgangsangabe reifen in Holzfässern und kommen nach ungefähr drei Jahren auf den Markt. Portweine mit der Aufschrift »Vintage Character« oder auch »Reserve« sind qualitativ bessere Rubies und reifen ungefähr 4–6 Jahre lang in großen Fässern oder Pipen.

White Port (Weißer Portwein) wird aus den hellen Trauben hergestellt. Seit einigen Jahren gibt es zwei Typen: blasse, spritzige Weine, die wie Weißwein hergestellt, aber kurz vor dem Ende der Gärung aufgespritet werden; dieser Typ ist mit 16–17 oder 20 Volumenprozent Alkohol erhältlich; und in Farbe und Geschmack intensivere Weine, die wie roter Portwein im *lagar* hergestellt werden und danach bis zu zehn Jahren in Pipen reifen. Von diesem Typ gibt es eine trockene und eine süße Variante. Sowohl Ramos Pinto als auch Churchill Graham produzieren herausragende Beispiele für diesen traditionellen, trockenen weißen Portwein. Gut gekühlt kann er ein interessanter Aperitif sein.

Junger Tawny, üblicherweise als »Fine Tawny« etikettiert, ist leichter als Ruby. Bei seiner Herstellung werden Ruby und weißer Portwein verschnitten, oder der Reifungsprozeß wird durch Lagerung im Douro-Gebiet selbst beschleunigt.

Diese einfachen Portweine sind durchaus ein Genuß, aber kaum etwas Besonderes, und über sie wird auch nicht debattiert und diskutiert. Für den Kenner sind die alten Tawnies und Jahrgangsweine, bei denen Faktoren wie Herkunft und Reifung in den Vordergrund treten, wesentlich interessanter.

ALTE TAWNIES

Wird Portwein über einen langen Zeitraum in Pipen gelagert, verliert er aufgrund der allmählichen Oxidation durch die Faßwand seine ursprüngliche, rubinrote Farbe und nimmt einen rötlichbraunen, lohfarbenen (»tawny«) Farbton an. Es gibt verschiedene solcher Tawnies. Ihre jeweilige Charakteristik hängt von der Länge der Faßlagerung und der ursprünglichen Qualität des Weins ab. Anfangs fruchtige, rubinrote Weine entwickeln nach 10 Jahren noch ein wenig Fruchtigkeit und nach 20 Jahren den Geschmack von Nüssen und Dörrobst. Mit 30 Jahren nehmen sie dann einen sehr würzigen (aber immer noch nussigen) Geschmack an, der an getrocknete Feigen oder Datteln erinnert und bis zum 40. Jahr der Faßlagerung noch ausgeprägter wird.

Es werden nur noch wenige »alte Tawnies«, die einst der Hauptartikel aller Händler waren, hergestellt; sie wurden weitgehend durch Tawnies mit spezifischer Altersangabe ersetzt, da sie so marktfähiger sind als mit der unbestimmten Angabe »alt«. Die lange

PORTWEIN-FARBEN VARIIEREN SEHR STARK, VON DEN BLASSEN WHITE PORTS HIN ZU DEN SATTEN, DUNKLEN VINTAGES.

Faßlagerung läßt ihre Farbe ins Topasbraune übergehen, während das Bukett zunehmend von Nüssen, Zitrusfruchtschalen und Dörrobst geprägt erscheint.

Das Alter dieser Weine kann nicht genau bestimmt werden und variiert je nach Hersteller und Marke von 8–25 Jahren. Die Director's Reserve von Cockburn (ein ungefähr 12–15 Jahre alter Verschnitt) und William Pickering von Berry Bros. & Rudd sind ausgezeichnete Beispiele für diesen Weintyp.

Da die Verbraucher immer häufiger selbst ihren Wein auswählen wollen, werden präzise Alters- und Jahresangaben auf dem Etikett unerläßlich. Nur vier Kategorien sind hierfür zugelassen: 10, 20, 30 und über 40 Jahre, und anders als bei schottischem Whisky ist die Altersangabe als Durchschnitt und nicht als Minimum zu verstehen. Spitzenhersteller, die am Ruf ihres Unternehmens interessiert sind, überschreiten diesen Durchschnitt normalerweise um ein oder zwei Jahre. Alte Tawnies unterscheiden sich stark von Jahrgangsports, sind ihnen jedoch qualitativ ebenbürtig, da sie aus den besten Weingütern stammen. Überdies werden sie oft noch aus mit den Füßen gemaischten Trauben hergestellt.

Eine weitere Tawny-Sorte ist Colheita (ausgesprochen: »coljeita«). Colheita bedeutet »Ernte« und im weiteren Sinn auch »Jahrgang«, obwohl es sich dabei nicht um Jahrgangsports handelt, sondern um Weine eines einzigen Erntejahrs, die vor der Flaschenabfüllung viele Jahre in Pipen lagern und daher in der Tat alte Jahrgangs-Tawnies sind. Damit sie nicht mit Vintage-Ports verwechselt werden, muß die Faßlagerung deutlich auf dem Etikett vermerkt werden. Wie das Portwein-Verzeichnis zeigt, gibt es ausgezeichnete Colheitas, wenn der Wein bereits zu Beginn sehr gut ist – denn Lagerung allein macht aus einem Wein minderer Qualität niemals einen guten.

JAHRGANGSPORTS UND ÄHNLICHE WEINTYPEN

Weinliebhaber in aller Welt verdanken den Portweinherstellern viel, denn die Idee, Jahrgangsweine reifen zu lassen, wurde erstmals beim Portwein in die Tat umgesetzt. Portugiesische und britische Händler, die im späten 18. Jahrhundert in Portugal lebten, entdeckten das Verfahren, Wein in geschmacklich neutralem Glas zu lagern und damit den für beste Weine erforderlichen, ausgedehnten Reifungsprozeß zu ermöglichen.

Jahrgangsport steht in der Portwein-Hierarchie ganz oben; er ist das Ergebnis eines besonders guten Jahres und repräsentativ für die besten Weingüter. Als einer der langlebigsten Weine, die es gibt, wird er nach zwei Jahren in Flaschen abgefüllt und baut darin jahrzehntelang langsam und reduktiv, d. h. mit geringem Kontakt zu Luftsauerstoff aus. In seiner Jugend ist der beste Jahrgangsport sehr voll und fruchtig und enthält einen hohen Anteil Gerbstoffe; seinen Reifegipfel erreicht er jedoch erst nach 20 Jahren. Während dieser Flaschenreifung bildet sich ein beträchtliches Depot, auch als *crust* (Kruste) bezeichnet, weshalb er dekantiert werden muß. Ob ein Jahr als Spitzenjahrgang »deklariert« wird, entscheiden Händler und Quinta-Besitzer; allerdings muß diese Entscheidung vom Portwein-Institut (Instituto do Vinho do Porto) genehmigt werden.

Jahrgangsports wurden zwar immer als die Spitzenportweine betrachtet, da man aber – ganz abgesehen von den Preisen – ihren Reifegipfel abwarten und sie dekantieren muß, sind sie nur für besondere Ereignisse geeignet, bei denen sie genossen und erörtert werden. Für andere, feierliche Anlässe gibt es den Late Bottled Vintage Port (LBV). Dies sind Weine eines festgelegten Jahrgangs, die jedoch praktisch jedes Jahr hergestellt werden, vier bis sechs Jahre in Fässern reifen und vor der anschließenden Flaschenabfüllung in weitaus höherem Maße gefiltert und stabilisiert werden als Jahrgangsports. Heutige LBVs lagern normalerweise sechs Jahre und sind nach der Abfüllung trinkreif, d. h. sie bauen in der Flasche nicht mehr aus. Es gibt aber auch eine traditionelle Variante der LBVs, die nach vier Jahren abgefüllt wird, anschließend weiter ausbaut und dabei ein Depot bildet. Sie muß daher dekantiert werden.

Crusted oder *crusting* Port war schon immer eine Spezialität des britischen Weinhandels. Dieser rubinrote Wein von ausgezeichneter Qualität, der als Verschnitt einiger weniger Jahrgänge noch jung abgefüllt wird, ist von den Autoritäten in Porto jedoch nicht anerkannt. Er bildet während der Flaschenreifung einen Niederschlag bzw. eine »Kruste« und muß daher dekantiert werden. Dezeit erscheint seine Zukunft ungewiß, da die Abfüllung in Portugal seit relativ kurzer Zeit obligatorisch ist, so daß er möglicherweise zu den gefährdeten Sorten gehört.

»TERROIR-ISMUS« UND EINZELNE QUINTAS AM DOURO

In Burgund kommen die besten Weine normalerweise von den besten Anbauflächen und in Bordeaux von den besten Gütern, die vom Besitzer des Château jeweils sorgfältig angelegt und gepflegt werden. Es heißt, der Grund dafür sei das *terroir*. Dieser Begriff kann zwar mit »Boden« übersetzt werden, meint jedoch wesentlich mehr, nämlich das Zusammen-

IMMER MEHR WEINE VON EINZELNEN QUINTAS SIND ERHÄLTLICH.

Portweintypen

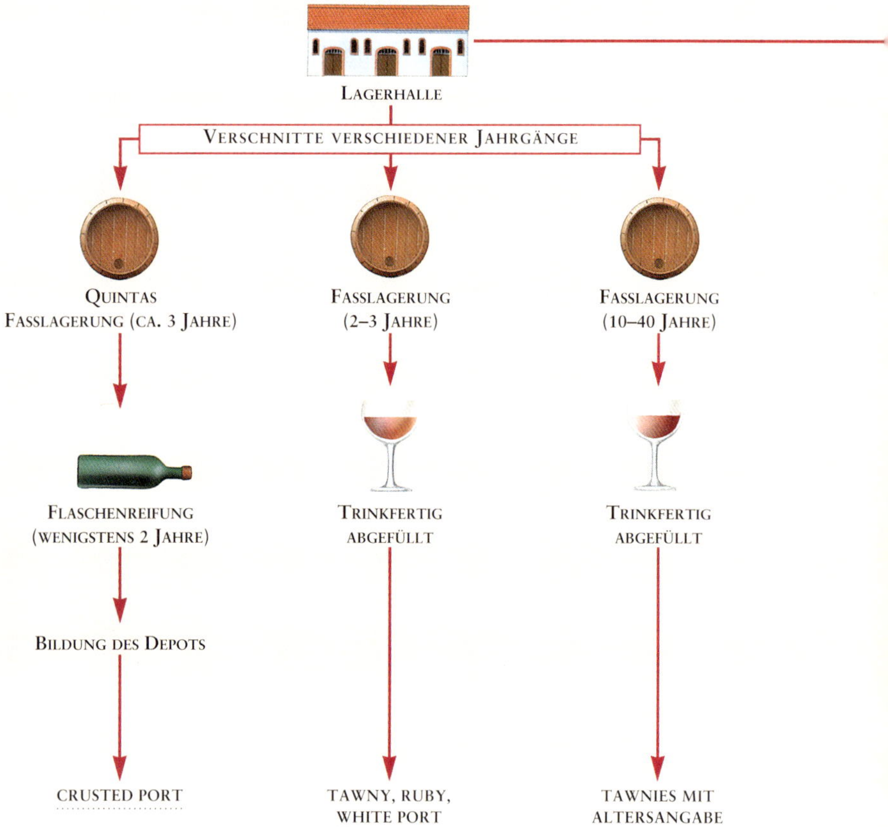

spiel von chemischer und physikalischer Bodenbeschaffenheit, Wasserspeicherung, Reblage und Mikroklima des Weinbergs. Ob Nord- oder Südlage, steil oder flach, in der Nähe von Wasser oder Wald: All dies wirkt sich auf das *terroir* aus und damit auch auf den Wein.

Die meisten Händler waren sich lange Zeit darüber einig, daß die besondere Güte der Spitzenjahrgänge auf der Komplexität beruht, die ein Verschnitt von Weinen mehrerer Quintas zum hauseigenen Jahrgangswein bewirkt. Bis vor kurzem gaben nur wenige Jahrgangsports Auskunft über die Herkunft des Weins, abgesehen vom Namen des

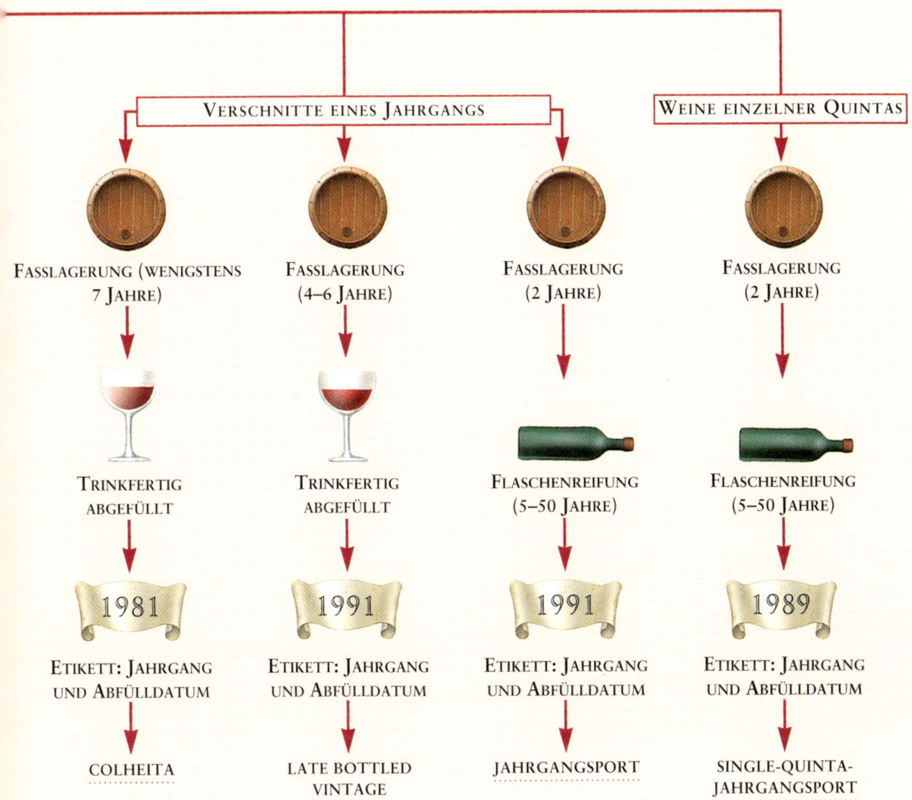

Händlers und der Jahreszahl. Dies war jedoch nicht immer so; in der ersten Hälfte des 18. Jahrhunderts machte sich z. B. der Wein der Quinta de Vargellas einen Namen, wenngleich Single-Quinta-Weine doch eher die Ausnahme blieben.

In letzter Zeit haben die Quintas mehr Bedeutung, und alle Typen, von Rubies und Tawnies bis hin zu richtigen Jahrgangsweinen, sind von ihnen direkt erhältlich. Eine Gerichtsentscheidung zum Portweinhandel, die dem einzelnen Weingut seit 1986 den Direktexport unabhängig von der Lagerung in Vila Nova de Gaia gestattet, hat die Quintas dazu ermutigt, ihre Weine nicht mehr über Handelsfirmen zu vertreiben. Sie sollen den individuellen Charakter des Weinguts, sein *terroir* und seinen hauseigenen Stil widerspiegeln; solche Weine stammen oft aus dem Vorzeige-Weinberg eines Händlers und werden normalerweise in Jahren angeboten, die nicht zum Spitzenjahrgang erklärt werden. Wie die Jahrgangsports werden sie nicht jedes Jahr produziert, aber im Gegensatz zu ihnen oft trinkfertig auf den Markt gebracht.

Die vielen Beispiele in diesem Buch zeigen, wie wichtig Quinta-Weine geworden sind. Zur Zeit gibt es zahlreiche Jahrgangsports und alte Tawnies von einzelnen Quintas auf dem Markt, denn Hersteller und Verbraucher sind an einer größeren Vielfalt interessiert.

DIE QUINTA DE VARGELLAS VON TAYLOR

DIE FESTLEGUNG EINES SPITZENJAHRS

Im Gegensatz zu rotem Bordeaux und Burgunder wird Jahrgangsportwein nicht jedes Jahr hergestellt. Ein Spitzenjahr wird nur als solches deklariert, wenn sowohl das Wetter als auch die Bedingungen des wechselhaften Marktes stimmen, und ein glückliches Zusammentreffen dieser Faktoren verzeichnen die besseren Händler im Durchschnitt nur dreimal pro Jahrzehnt. Häuser mit weniger großem Namen stellen allerdings wesentlich häufiger Jahrgangsweine her.

Die Entscheidung, ein Jahr zum Spitzenjahr zu erklären, bleibt ganz den einzelnen Firmen überlassen; sie muß allerdings – wie bei allen Weinen – von der zuständigen Behörde, in diesem Fall dem Instituto do Vinho do Porto, genehmigt werden. Das Institut kann aber keine generelle Festlegung von Spitzenjahren durchsetzen, und potentielle Käufer halten daher z. B. vergeblich nach einem 1977er Cockburn Ausschau, obwohl die schwächeren Jahrgänge 1967 und 1975 dieser Marke durchaus erhältlich sind. Meist sind die Händler nur in den allerbesten Jahren einer Meinung. So erklärten z. B. viele Firmen 1991 zum Spitzenjahr, wogegen andere 1992 vorzogen; aber 1994 wurde beinahe einstimmig zum Spitzenjahr erklärt.

Das ideale Jahr für Jahrgangsport beginnt mit einem feuchten Winter, damit die Rebstöcke im heißen und trockenen Sommer auf den notwendigen Wasservorrat zurückgreifen können, denn künstliche Bewässerung ist untersagt. Für die Blütezeit Mitte Juni ist warmes und sonniges, aber leicht windiges Wetter wünschenswert. Von da an jedoch benötigen die Reben eine relativ heiße Sonneneinstrahlung. Falls die Temperatur zu hoch ist oder der Boden zu stark austrocknet, muß die Rebe ihren kostbaren Wasservorrat schonen und stellt deshalb die Photosynthese praktisch ein, wodurch die Zuckerspeicherung in den Trauben sowie ihr Reifungsprozeß zum Stillstand kommen. So können sehr heiße Jahre die Reifung der Trauben gefährden, obwohl die Früchte grundsätzlich Wärme zur Reifung brauchen.

Übermäßig feuchtes Herbstwetter führt zu nicht ausgereiften und wässrigen Trauben, obwohl eine kurze, leichte Regenperiode kurz vor der Ernte sehr vorteilhaft sein kann: Sowohl 1991 als auch 1994 gab es in der Septembermitte Schauer, die die Früchte frischer und praller werden ließen, die Reifung noch einmal beschleunigten und so die Ernte verbesserten. Von George Sandeman wird berichtet, daß er den 1866er Jahrgang abschrieb, nachdem er die Beeren an den Rebstöcken gesehen hatte. Nach dem Besuch der Weinberge und der Niederschrift seines Befundes regnete es jedoch, was die Früchte derart verbesserte, daß Kommentatoren aus jenen Tagen ihre Weine zu den besten Jahrgängen überhaupt zählten. Da man von einem englischen Portweinhändler aber erwartete, daß er zu seinem Wort steht, meldete Sandeman in diesem Jahr keinen Jahrgangswein an.

EINE BEWERTUNG JÜNGERER JAHRGÄNGE

1960 24 Händler deklarierten diesen unterschätzten Jahrgang, dessen Weine sich jetzt gut präsentieren, jedoch kaum großes Zukunftspotential haben. Bei richtiger Lagerung bewahren sie ihre Qualität noch einige Jahre, bauen jedoch nicht mehr aus.

1963 Dieser Jahrgang gehört zu den besten der Nachkriegszeit (deklariert von 25 Händlern). Die körperreicheren Weine haben ihren Reifegipfel erst Mitte der 90er Jahre erreicht. Sie sind gut trinkbar, und die besten von ihnen sind noch nicht im Abbau begriffen.

1966 Die 66er wurden zu Unrecht den herausragenden 63ern gegenübergestellt, worunter ihre Verkaufszahlen leiden mußten. Dieser Jahrgang wurde von 20 Händlern deklariert, und seine Weine sind von sehr hoher Qualität. Alle sind jetzt trinkreif, und die besten (darunter Fonseca und Dox) haben noch ein sehr langes Leben vor sich.

1967 Dieser Jahrgang war in keiner Hinsicht herausragend und wurde lediglich von fünf Händlern deklariert. Die Weine haben zur Zeit ihren Reifegipfel erreicht oder sind schon im Abbau begriffen; alle verbliebenen Vorräte sollten daher konsumiert werden.

1970 Ein Musterjahrgang, der von 23 Händlern deklariert wurde und seit Beginn der 90er Jahre ein Liebling der Portweinhändler ist. Seine kraftvollen Weine sind jetzt trinkreif, bauen jedoch noch bis weit ins 21. Jahrhundert hinein aus. Er ist der letzte, der noch en gros in England abgefüllt wurde, danach wurde die Abfüllung in Porto obligatorisch.

1972 Dies ist einer der schwächsten Nachkriegsjahrgänge. Er wurde nur von zwei Händlern deklariert, und seine Weine erreichen bereits das Ende ihres Reifegipfels.

1975 Ein Jahrgang, der von 17 größeren Händlern zu einem guten Teil aus politischen Gründen deklariert wurde. Es war der *verão quente*, der »heiße Sommer« nach der Revolution von 1974, in der dem diktatorischen Salazar-Regime ein Ende gemacht wurde. Einige Weine (besonders Cálem, Dow und Fonseca) lassen sich noch gut trinken, aber die Mehrzahl hat ihren Reifegipfel bereits überschritten.

1977 Neben dem 63er ist dies der herausragende Nachkriegsjahrgang, der – abgesehen von drei Händlern – von allen deklariert wurde. Die besten Weine dürften gegen Ende der 90er Jahre trinkreif sein, wohl aber erst in der zweiten Dekade des 21. Jahrhunderts ihren Gipfel erreichen. Die einfacheren Weine dieses Jahrgangs sind bereits jetzt trinkreif.

1978 Dies war kein besonders gutes Jahr; die Weine sind ungefähr von derselben Qualität wie die 67er und die 75er. Es wurde nur von zwei Händlern deklariert. Der Jahrgang ist jetzt gut trinkbar, besitzt aber wenig Zukunftspotential.

1980 Ein zunächst unterschätzter Jahrgang, dessen Weine qualitativ denen von 1960 oder 1970 vergleichbar sind, obwohl sie weniger Struktur und so auch nicht das Stehvermögen eines 83ers oder 85ers haben. Sie sind recht preisgünstig und daher eine gute Wahl für Leute mit nicht so großem Geldbeutel, die dennoch einen reifen Port haben wollen.

1982 Wie 1983 ein gespaltener Jahrgang, von einigen Händlern deklariert, von anderen nicht; im nachhinein betrachtet war die Wahl des 82ers ein Fehler. Er ist ein leichter, jetzt trinkreifer Jahrgang, dessen Potential kaum über die späten 90er Jahre hinausreicht.

1983 Dieser Jahrgang ist wesentlich besser als der 82er und hat große, kraftvolle und äußerst fruchtige Weine mit fester Struktur hervorgebracht, denen ein langes Leben gewiß ist. Die meisten dieser Weine sind noch nicht soweit und in sehr verschlossenem Zustand; sie werden erst im 21. Jahrhundert trinkreif sein.

1985 Ein Jahrgang, der von den meisten führenden Händlern deklariert und für besser als der 83er erachtet wurde; seine Weine versprechen auf lange Sicht am meisten (bei vielen wäre es ein Verbrechen, sie vor 2010 zu öffnen).

1987 Dieser Jahrgang hält dem Vergleich mit dem 85er nicht stand. Er wurde nur von wenigen Händlern deklariert; seine Weine sind sehr leicht, aber einige trotzdem reizvoll.

1991 Seit 1985 erstmals wieder von den meisten Händlern deklariert (einige Ausnahmen bevorzugten das Folgejahr). Es handelt sich um gute Weine für mittel- bis langfristigen Verbrauch.

1992 Dieses Jahr wurde nur von einer Handvoll Händler deklariert. In frühen Verkostungen zeigte sich der Unterschied zwischen diesem und dem 91er Jahrgang eher in den hauseigenen Stilen als in der Qualität, was einen Vergleich sehr schwierig macht.

1994 Dieses Jahr wurde von den meisten Händlern deklariert und hatte regelrechtes Schulbuchwetter: Ab 1993 regnete es den Winter über reichlich, und zur Blütezeit reduzierte Kälte die Anzahl der Trauben, was ihre Qualität aber verbesserte. In ersten Verkostungen erwiesen sich diese Weine als voll, fest, langlebig und noch komplexer als die 91er.

1995 Eine Reihe von Herstellern zeigte sich bereits zur Zeit der Ernte optimistisch, daß dieser Wein zum Jahrgang deklariert würde, daher wird es wohl einige Quinta-Weine geben. So bald nach 1991 und 1994 sind richtige Jahrgangsports dagegen weniger wahrscheinlich.

1996 In diesem kühlen und feuchten Jahr wurden die meisten Trauben mit ungefähr 11 Grad auf der Beaumé-Skala, die den Zuckergehalt der Trauben angibt, gepflückt (13–14 Grad wären normal), und wenige Hersteller waren mit den Weinen zufrieden; Niepoort allerdings erntete erst sehr spät, nachdem sich das Wetter gebessert hatte, so daß vollreife Trauben eingebracht werden konnten. Es ist daher gut möglich, daß es einen Niepoort- oder Passadouro-Jahrgangswein geben wird.

WIE LIEST MAN PORTWEIN-ETIKETTEN?

Portwein-Etiketten sind recht einfach zu verstehen, wenn man die grundlegenden Weintypen kennt. Die meisten Etiketten, insbesondere von Spitzen-Portweinen, geben klare Auskunft über die Herstellungsweise des Weins und somit auch über den Weintyp.

Die Etiketten von Jahrgangsports sind am einfachsten. Abgesehen von den je nach Land vorgeschriebenen Angaben gibt das Etikett normalerweise nur den Namen des Händlers, das Jahr und die Bezeichnung »Vintage Port« an. Colheita-Etiketten können denen eines Jahrgangsports zum Verwechseln ähnlich sein. Achten Sie auf die Bezeichnung »Vintage Port«, wenn Sie einen echten Jahrgangsport wünschen; der Begriff »vintage« darf bei Colheitas nicht verwendet werden. Late Bottled Vintage Port (LBV) ist mit echtem Jahrgangsport leicht zu verwechseln, weshalb Sie das Etikett aufmerksam studieren sollten.

Am unteren Ende der Skala, bei Ruby und White Port, wird Portwein eindeutig auf dem Etikett angegeben. Beachten Sie, daß White Port ohne weitere Angabe mittelsüß ist, und daß »Vintage Character« nur für einen exklusiven Ruby, nicht aber für einen Jahrgangsport steht.

Die Etiketten eines Tawny sind nicht so eindeutig. Bei jungem Wein steht »Tawny« auf dem Etikett, aber bei Weinen mit Altersangabe beginnt die Verwirrung: Ein »10 Year Old Tawny Port« kann genauso gut als »10 Years Old Port« etikettiert sein, wobei es dem Verbraucher überlassen bleibt, die Weinart zu ermitteln.

Das Wort »Reserve« wird in der Portwein-Branche zu oft verwendet und kann Verwirrung stiften. Es signalisiert immer einen mehr als durchschnittlichen Wein, wird jedoch für rote und lohfarbene Portweine gleichermaßen verwendet. In solchen Fällen müssen Sie sich auf den Rat Ihres Weinhändlers verlassen oder sicherheitshalber dieses Buch als Ratgeber mit sich führen.

ALTER TAWNY EINER EINZELNEN QUINTA

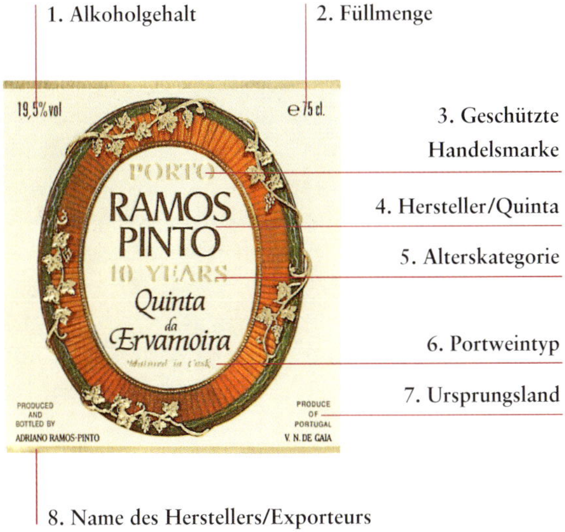

1. Alkoholgehalt – 20% sind bei Portwein der Standard, obwohl der Alkoholgehalt von 19–21% schwanken kann.

2. Füllmenge – In den EU-Ländern sind sowohl ml als auch Zentiliter cl zugelassen.

3. Geschützte Handelsmarke – »Porto« ist eine international anerkannte und geschützte Bezeichnung.

4. Hersteller/Quinta – Steht der Name einer Quinta auf dem Etikett, muß der Wein ausschließlich aus Trauben von dieser Quinta hergestellt worden sein.

5. Alterskategorie – Dieser Wein ist ein alter Tawny. Ein zehn Jahre alter Portwein ist lohfarben (*tawny*) und nicht rot. Manche Hersteller geben eindeutigere Informationen auf ihren Etiketten.

6. Portweintyp – Lange Faßlagerung läßt auf den Portweintyp schließen.

7. Ursprungsland – Echter Portwein kann natürlich nur aus Portugal kommen.

8. Name des Herstellers/Exporteurs – Der Name des Herstellers sollte in jedem Fall auf dem Etikett stehen.

Portwein kaufen, lagern und servieren

Alle Spirituosen- und Weinläden führen auch Portwein, wobei die Verkaufsschlager (Ruby und Tawny, daneben ein oder zwei LBVs) in ihrem Angebot ganz oben stehen. Achten Sie beim Einkauf auch auf die Preise. Ein sehr billiger Portwein wird Ihnen keine Freude bereiten und weist auf die Verwendung von qualitativ minderwertigen Weinen hin. Besonders bei LBVs sollte Ihnen die Marke des Herstellers auf dem Etikett schon etwas Geld wert sein.

Spezialisierte Weinhändler haben meist eine Auswahl feiner Tawnies und Jahrgangsports auf Lager und können auch einzelne Weine bestellen, wenn man einen ganzen Kasten (à zwölf Flaschen) kaufen möchte. Die alteingesessenen Händler sind die wichtigsten Käufer für Jahrgangsport, wenn er zum ersten Mal auf den Markt kommt. Nur eine geringe Menge davon wird sofort weiterverkauft; der größte Teil wird unter idealen Bedingungen gelagert und erst viele Jahre später verkauft. Trinkreifen Jahrgangsport zu

Spitzen-Jahrgangsports werden in hölzernen Kisten verkauft.

kaufen, ist für den Verbraucher eine ziemlich teure Angelegenheit, aber wenn der Händler zuverlässig ist, kann man wenigstens sicher sein, einen optimal gelagerten Wein zu bekommen.

Händler kaufen älteren Wein meist auf Auktionen, an denen auch die Konsumenten teilnehmen können. Hier ist der Wein bis zu einem Drittel billiger als der Ladenpreis: Die Posten bestehen allerdings zumeist aus zahlreichen Kisten desselben Weins; wenn Ihnen zehn Kisten Portwein zuviel erscheinen, dann können Sie sich mit einigen Freunden zu einer Einkaufsgenossenschaft zusammentun. Auktionen bergen aber auch Risiken: Falls der Wein etwa nicht mehr gut ist, gibt es keine Regreßansprüche. Gehen Sie daher – falls möglich – zur vorherigen Verkostung, und finden Sie in jedem Fall heraus, wo der Wein gelagert wurde. Legen Sie auch im voraus fest, was Sie kaufen möchten und wieviel Sie bereit sind, dafür zu zahlen – und bleiben Sie bei dieser Entscheidung. Vergessen Sie außerdem nicht, daß neben dem Grundpreis noch eine Provision und Steuern zu zahlen sind.

DIE RICHTIGE LAGERUNG

Mit Portwein verbindet man staubige Flaschen, die jahrzehntelang unter prächtigen Häusern in Kellern voller Spinnweben lagern, Dekantierkaraffen aus Kristallglas und eine große Zeremonie. Die Hersteller kultivieren dieses Image gern, da es den Umsatz fördert. Die Realität sieht jedoch anders aus: In den allermeisten Fällen ist Portwein bei der Abfüllung trinkfertig, und eine weitere Lagerung bringt keine Vorteile mehr.

Für langfristige Lagerung wird ein dunkler Keller benötigt.

Ausnahme sind die Portweine mit Flaschenreifung: Jahrgangsports, traditionelle LBVs und Crusted Ports. Sie profitieren von einer Kellerlagerung ebenso wie Ihre Finanzen, denn junge Jahrgangsports sind weitaus preiswerter als reife. Der ideale Lagerkeller sollte kühl und dunkel sein, eine konstante Temperatur aufweisen (dies ist wichtiger als die Höhe der Temperatur selbst) und frei von Erschütterungen sein.

Die Flaschen sollten waagerecht gelagert werden, damit der Korken feucht bleibt; die weiße Markierung bzw. das Etikett sollte dabei nach oben weisen (Jahrgangsport wurde früher bei der Abfüllung mit einer weißen Markierung versehen; das macht man heute nur noch selten).

Das auch als »Kruste« bezeichnete Depot lagert sich so immer an der ungekennzeichneten gegenüberliegenden Flaschenwand ab, wodurch das Dekantieren einfacher wird. Die Weine sollten am besten vor der Depotbildung eingekellert und erst kurz vor dem Dekantieren bewegt werden – bei den besten Weinen also vielleicht erst nach 20–30 Jahren. In den so gelagerten Flaschen bildet sich die Kruste aufgrund ihres schweren Gewichts in einer recht festen und homogenen Masse, die schwerer als Wein ist und sauber auf den Flaschenboden sinkt.

Alte Tawnies und Colheitas sind zwar grundsätzlich für den Konsum bestimmt, wenn sie auf den Markt kommen; bei richtiger Lagerung bewahren sie ihre Qualität jedoch ohne weiteres noch einige Jahre. In einigen Fällen erwiesen sich Tawnies nach sehr langer Flaschenlagerung als ausgesprochen delikat; dies ist jedoch mit einem Risiko verbunden, da die meisten allmählich abbauen.

Rubies, Tawnies und moderne LBVs, die nicht mehr ausbauen, sollten während ihrer kurzen Lagerzeit aufrecht stehen. Sie halten sich nach der Abfüllung einige Monate oder auch ein oder zwei Jahre, sind aber nicht für eine lange Lagerung gedacht. Es ist ratsam, sie flaschen- und nicht kistenweise zu kaufen, um sie frisch genießen zu können.

Für Weinsammler, die keinen Platz für einen eigenen Weinkeller haben, gibt es eine Reihe von Alternativen. Viele Händler bieten einen Einkellerungs-Service an. Dabei werden die Weine in Räumen mit Temperatur- und Feuchtigkeitskontrolle aufbewahrt, und die ganze Sammlung ist auf ihren Wiederbeschaffungswert versichert. Nach Bedarf können Kisten entnommen werden, wobei der Händler die Auslieferung organisiert. Diese Dienstleistung eignet sich natürlich nur für umfangreiche Sammlungen, da die Verwaltungskosten für eine geringere Anzahl Flaschen unverhältnismäßig hoch wären.

Bescheidenere Sammlungen können in speziellen Lagerschränken mit Weinregalen aufbewahrt werden, die sehr schwachen Kühlschränken gleichen und die korrekte Temperatur aufrechterhalten. Nähere Einzelheiten zu dieser etwas kostspieligen Investition finden Sie in den Kleinanzeigen der meisten Weinmagazine.

Wenn auch diese Alternative für Sie nicht angemessen ist und Sie eine optimale Lagerung nicht gewährleisten können, sollten Sie versuchen, negative Einflüsse so gut wie möglich fernzuhalten. Licht und Hitze sind die ärgsten Feinde des Weins, weshalb sich ein kühler, dunkler Geschirrschrank besser eignet als ein offenes Küchenregal. Um Temperaturschwankungen zu vermeiden, wählen Sie besser einen Ort mit ausgeglicheneren Temperaturen als den Dachboden oder die Garage, wo es im Winter zwar kalt sein mag, im Sommer aber sehr heiß wird. Denken Sie immer daran: Lagern Sie die Jahrgangsportweinflaschen waagerecht mit dem Etikett nach oben in ihren Holzkisten (falls Sie Jahrgangsport in der Holzkiste gekauft haben). Wenn Sie diese Grundregeln beachten, sollten Sie in der Lage sein, Ihren Portwein adäquat aufzubewahren.

DEKANTIEREN LEICHTGEMACHT

DEKANTIEREN VON JAHRGANGSPORT

Viele Leute werden vom Gedanken an das Dekantieren abgeschreckt; es erscheint ihnen geradezu als magisches Ritual, für das dunkle Keller, Kerzen und allerlei befremdliche Ausrüstungsgegenstände, die gut in eine Folterkammer passen würden, erforderlich sind. Komplizierte Korkenzieher und rotglühende Zangen, Dekantier-Kerzen aus Mahagoni und Messing sowie versilberte Trichter haben alle ihre Funktion bei diesem Vorgang, aber nichts davon ist wirklich unerläßlich.

Dekantieren bedeutet einfach, den Wein in eine andere Flasche umgießen, um ihn vom Depot zu trennen. Im Grunde benötigt man lediglich ein Instrument zum Öffnen der Flasche und eine saubere, leere Flasche; die meisten Leute ziehen allerdings eine hübsche Dekantierkaraffe vor. Der Wein sollte 24 Stunden vor dem Öffnen aus dem Keller geholt und aufrecht in dem Raum, in dem er dekantiert werden soll, stehen gelassen werden, damit das Depot vollständig auf den Flaschenboden absinken kann. Einige Stunden vor dem Servieren sollte der Flaschenhals sorgfältig abgewischt und die Flasche entkorkt werden. Anschließend kann man den Wein vorsichtig mit einer einzigen langsamen und ruhigen Bewegung ohne abzusetzen von der Flasche in die Dekantierkaraffe umgießen. Sie sollten diesen Vorgang nicht unterbrechen, damit das Depot nicht aufgewirbelt wird. Wenn Sie eine Kerze oder eine andere Lichtquelle hinter die Flasche stellen, können Sie erkennen, wie weit sich das Depot bewegt; hören Sie auf umzugießen, wenn es den Flaschenhals erreicht.

Für sehr alte Flaschen, deren Korken möglicherweise brüchig geworden sind, gibt es die Portwein-Zange. Sie wird rotglühend erhitzt und dann für einige Sekunden fest um den Flaschenhals geschlossen. Nach dem Entfernen der Zange muß das heiße Glas sehr sorgfältig mit einem feuchten Tuch abgewischt werden; so ergibt sich ein sauberer Bruch des Flaschenhalses. Eventuelle Glassplitter werden beim Dekantieren entfernt.

Ein auch als »muffig« beschriebener Korkgeschmack kann bei allen Weinen auftreten, und ob davon nur eine Flasche eines Postens oder der ganze Posten betroffen ist, zeigt

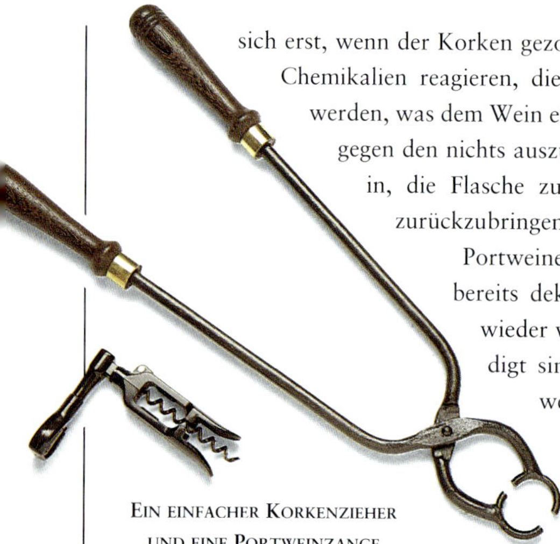

EIN EINFACHER KORKENZIEHER UND EINE PORTWEINZANGE

sich erst, wenn der Korken gezogen ist. Überdies können Bakterien mit den Chemikalien reagieren, die zur Sterilisierung des Korkens verwendet werden, was dem Wein einen unangenehmen Fehlgeschmack verleiht, gegen den nichts auszurichten ist. Die einzige Lösung besteht darin, die Flasche zu dem Laden, in dem sie gekauft wurde, zurückzubringen.

Portweine, die nicht dekantiert werden müssen, sowie bereits dekantierte Weine können mit ihrem Korken wieder verschlossen werden oder, falls diese beschädigt sind, mit im Handel erhältlichen, wiederverwendbaren Verschlüssen.

Im Weinhandel ist man sich darüber im klaren, daß es mit Korken Probleme geben kann, und jeder korrekte Händler wird verdorbenen Wein zurücknehmen. Andererseits gehört es zum Risiko des Weinkonsums, 20 Jahre nach der Lagerung festzustellen, daß der Wein ungenießbar ist. Falls der Händler, bei dem Sie diesen Wein gekauft haben, sein Geschäft noch führt, sollte er die Flasche nach wie vor umtauschen; es könnte allerdings schwierig sein nachzuweisen, daß sie bei ihm gekauft wurde.

WIE SERVIERT MAN PORTWEIN?

Die meisten Portweintypen können direkt aus der Flasche, in der sie verkauft wurden, serviert werden. Rubies und moderne LBVs sollten bei Zimmertemperatur getrunken werden (aber nicht zu warm, da der Alkohol sonst zu stark zur Geltung kommt), Tawnies entweder bei Zimmertemperatur oder – wie in Portugal üblich – gekühlt. Ein Glas eines gekühlten 10 oder 20 Jahre alten Tawny »reinigt« den Geschmackssinn wunderbar; Portweinhändler verwenden ihn fast schon wie eine Mundspülung, um den Geschmack des Essens loszuwerden, bevor der Jahrgangsport gereicht wird.

Auch weißer Portwein (sowohl der trockene als auch der süße) sollte gekühlt serviert werden, und zwar um so kühler, je leichter und trockener der Wein ist; er kann auch mit Tonic, Limonade oder Soda gemischt werden. Es gibt kaum etwas Erfrischenderes als einen kühlen Longdrink aus weißem Portwein, Tonic und Eis, was die moderne Variante des Drinks ist, der den Portwein in alten Zeiten in England so beliebt machte: des *port 'n' lemon*. Vor dem Ersten Weltkrieg tranken vor allem Frauen in den Pubs diesen Longdrink, für den man seinerzeit allerdings einfachen Ruby verwendete, und auch die Leute,

Die meisten Portweine müssen nicht dekantiert werden.

die Portwein herstellen, genießen ihn gern in dieser Form.

GLÄSER, DEKANTIERKARAFFEN UND PORTWEIN WEITERREICHEN

Da Portwein mehr Alkohol als die meisten Weinsorten enthält, sollte er in kleinen Gläsern serviert werden. Eine Flasche Wein ergibt in der Regel sechs Gläser; bei Portwein wären 10–12 Gläser angemessen. Kleine Pariser Kelchgläser oder die kleinen Ausführungen des Savoy-Glases passen ausgezeichnet zu diesem Getränk – wie auch das Degustationsglas der International Standards Organization (ISO). Als der österreichische Glashersteller Riedel seine Aufmerksamkeit auf Portwein lenkte, präsentierte er zwei Gläser: eines für Jahrgangsport und ein anderes für Tawny (die beiden sind sehr ähnlich, nur ist eines von ihnen etwas höher). Sie sind zudem der ISO-Ausführung bemerkenswert ähnlich, aber ISO-Gläser sind wesentlich preisgünstiger. Gläser, die zur Öffnung hin breiter werden, wie sie manchmal in Restaurants gereicht werden, sind für eine angemessene Würdigung des Weins ungeeignet.

Savoy-, Pariser und ISO-Gläser eignen sich gleichermassen für Portwein.

In jedem Falle sollte das Portweinglas maximal zu zwei Dritteln gefüllt werden, vorzugsweise jedoch weniger, damit man den Wein im Glas herumschwenken und die Aromen mit Muße genießen kann. Es ist wesentlich besser, eine kleine Menge einzugießen und nachzuschenken, wenn die Dekantierkaraffe eine neue Runde macht, als den Geschmack durch ein zu volles Glas zu beeinträchtigen.

Der Tradition nach wird Portwein immer nach links weitergereicht. Bei einem offiziellen Anlaß schenkt der Gastgeber zuerst dem Gast zu seiner Rechten und dann sich selbst ein, woraufhin die Karaffe in entgegengesetztem Uhrzeigersinn um den Tisch kreist und jeder Gast sich dabei bedient. In der Vergangenheit sind zahlreiche Theorien darüber aufgestellt worden, wie diese Tradition entstanden ist, und zur Erklärung sind sogar planetarische Umlaufbahnen und übersinnliche Phänomene herangezogen worden, obwohl die tatsächliche Ursache wohl recht einfach ist: Da die Mehrheit der Bevölkerung Rechtshänder ist, fällt es leichter, eine Flasche nach links weiterzureichen. Jeder Gast kann sich von neuem einschenken, wenn ihn die Karaffe erreicht, und sie dann unverzüglich weiterreichen; nur vor dem Gastgeber sollte sie zum Stillstand kommen. Es gibt sogar spezielle Karaffen mit rundem Boden, die man nur in einem besonderen Sockel abstellen kann. Auf diese Weise ist dafür gesorgt, daß sie ohne Unterbrechung die Runde macht.

PORTWEIN GENIESSEN: DIE VERKOSTUNG

Die Portwein-Verkostung unterscheidet sich nicht von der eines anderen Weins, und auch das Ziel ist dasselbe: Man möchte Qualität und Reife des Weins beurteilen und herausfinden, ob er den persönlichen Geschmack trifft. Die Verkostung ist auch ein wichtiger Bestandteil der Qualitätskontrolle, bei der man prüft, ob der Wein in Ordnung ist.

Nur eine kleine Menge Wein im Glas wird zur Verkostung benötigt. Ist es mehr als zu einem Drittel gefüllt, wird die Verkostung schwieriger, da man den Wein dann nicht so einfach im Glas schwenken kann. Aus diesem Grund sollte auch kein zu kleines Glas verwendet werden. Bei einem Vergleich mehrerer Weine ist es wichtig, daß jedes Glas mit derselben Menge gefüllt ist, damit die Weinmenge im Glas die Beurteilung seiner Farbe nicht beeinflussen kann.

An einer Verkostung sind drei Sinne gemeinsam beteiligt: Sehvermögen, Geruchs- und Geschmackssinn. Zuerst geht es darum, den Portwein zu betrachten: Halten Sie das Glas nach vorn geneigt über eine weiße Oberfläche und blicken Sie auf den Wein hinab, um zu überprüfen, ob er klar ist; trüber oder wolkiger Wein ist womöglich fehlerhaft. Bei längerer Flaschenreifung entsteht zwar ein Depot, aber der Portwein selbst sollte klar sein. Von der Mitte aus zum Rand hin ist eine farbliche Abstufung zu sehen, für die bei rotem Portwein gilt: Je breiter und bräunlicher der Rand ist, um so reifer ist der Wein.

Junge Jahrgänge sind purpurfarben bis fast schwarz und werden im Laufe der Reifung rubin- bis granatrot. Alte Tawnies können rotbraun bis braun sein, während weißer Portwein je nach Alter die Farbe eines alten Tawnies bzw. ein sehr blasses Zitronengelb haben kann. Lediglich Jahrgangsports dürfen ihre Farbe im Laufe der Zeit verändern.

Der Geruchseindruck ist möglicherweise der wichtigste Teil der Verkostung. Geruch und Geschmack sind sehr eng miteinander verbunden. Der Geschmackssinn bestätigt in der Tat nur die Aromen, die die Nase bereits wahrgenommen hat. Schwenken Sie den Wein im Glas, damit sich die Aromen entfalten, und atmen Sie langsam, aber tief durch die Nase ein. Riecht der Portwein nur ein wenig muffig oder nach Essig, dann ist der Wein fehlerhaft.

Der hohe Alkoholgehalt und das Klima, in dem die Trauben gedeihen, verleihen dem Portwein ein ausgeprägtes und volles Bukett. Rote Portweine neigen zu fruchtigen Aromen, wobei Noten von dunklen Beeren und sogar Schokolade bei jungen Weinen dominieren; Tawnies dagegen neigen zu einem nussigen Charakter.

So wie das Erscheinungsbild läßt auch die Nase auf das Alter des Weins schließen. Bei Jahrgangsport weichen die anfangs präsenten Fruchtaromen einem ausgereifteren Bukett; während die Fruchtigkeit nachläßt, entwickeln sich zusätzliche Aromaebenen mit komplexen Gewürz- und Kräuternoten, was den Wein um so interessanter macht.

EINE ELEGANTE DEKANTIERKARAFFE UND PORTWEINGLÄSER

Eine Auswahl von Portweingläsern

Der Geschmackssinn legt die Struktur des Weins offen, dabei sollte zuerst die Süße wahrgenommen werden, wobei es Abstufungen gibt.

Die Süße wiederum muß durch den Säuregehalt, einen für alle Weine wichtigen – und für süße Weine entscheidenden – Bestandteil, ausgeglichen werden. Zudem verhindert die Säure, die das Wasser im Mund zusammenzieht und ein Gefühl der Frische vermittelt, daß der Wein überladen wirkt.

Während Säure den Mund wässrig macht, hinterläßt das Tannin an Zähnen, Zahnfleisch und Zunge einen trokkenen Geschmackseindruck. Tannine werden bei der Rotweinherstellung aus den Traubenschalen gelöst und machen jungen Jahrgangsport etwas herb, sind jedoch ein wichtiges Konservierungsmittel. Während der Reifung werden die Tannine milder und setzen sich im Depot der Jahrgangsportweine ab.

Verschiedene Bereiche des Mundes nehmen unterschiedliche Geschmackskomponenten wahr; daher ist es wichtig, einen ordentlichen Schluck zu nehmen und im Mund hin und her zu bewegen bzw. zu »kauen«, damit er in alle Bereiche gelangt. Zusätzliche Geschmacksnoten können sich entfalten, wenn man mit gespitzten Lippen Luft einsaugt (wenngleich das dabei entstehende Geräusch in Gesellschaft unpassend sein mag). Anschließend sollte der Wein ausgespuckt werden.

Es empfiehlt sich, bei jeder Weinverkostung Notizen zu machen, die im Laufe der Jahre eine Sammlung von Weinbeurteilungen ergeben. Sie können auch ein »Kellerbuch« verwenden, in das Sie die vorrätigen Weine und Ihre jeweiligen Eindrücke eintragen (dort sollte protokolliert werden, welche Weine Sie wann und mit wem verkostet haben). Dies erleichtert es Ihnen, die Entwicklung eines Weins zu beobachten und einzuschätzen, wann er trinkreif ist – und so Ihre Kapitalanlage zu schützen.

Professionelle Verkostungen finden immer unter neutralen Bedingungen statt: bei ausreichendem Tageslicht, mit sauberen, weißen Flächen, fern störender Gerüche und vor dem Mittagessen, wenn der Geschmackssinn am freiesten ist. Sie können für eine Verkostung zwar keine klinischen Voraussetzungen schaffen und alle Gerüche vermeiden, aber einige einfache optische Akzente wie ein weißes Tischtuch oder eine weiße Serviette sowie ein nicht zu volles Glas in der passenden Form steigern Ihren Genuß bereits beträchtlich.

PORTWEIN GENIESSEN: DIE VERKOSTUNG

BEURTEILEN SIE FARBE UND ERSCHEINUNGSBILD.

SCHWENKEN SIE DEN WEIN, DAMIT SICH DIE AROMEN ENTFALTEN.

PRÜFEN SIE DAS BUKETT.

KOSTEN SIE DEN WEIN.

SAUGEN SIE LUFT EIN.

EINIGE VERKOSTUNGSBEGRIFFE

Biß Körperreiche Rotweine (eingeschlossen Portwein) enthalten oft eine beträchtliche Menge Tannine, die dem Wein – in Verbindung mit Säuregehalt und Frucht – seine Struktur verleihen. Von einem Wein mit fester Struktur sagt man auch, daß er »Biß« hat.

Bukett (»**Nase**«) Der Duft eines Weins; er enthüllt seinen Charakter und läßt oft auch auf seinen Reifegrad schließen.

Charakter Das am Bukett (»Nase«) erkennbare Aroma des Weins.

Farbe Die Portweintypen variieren farblich von sattem Purpur und Rot bis hin zu Lohfarben und Weiß. Im allgemeinen werden rote Portweine beim Altern heller bzw. eher bräunlich; weiße dagegen werden dunkler bzw. tiefgolden.

Körper Das Gewicht des Weins und das Gefühl, das er im Mund hervorruft; nicht notwendigerweise vom Alkoholgehalt abhängig. Die meisten Portweine sind im Vergleich zu anderen Weinen körperreich (vollmundig), aber wie bei der Süße gibt es auch hier graduelle Abstufungen.

Nachtönung/Abgang Der Zeitraum, in dem man einen Wein nach dem Schlucken noch schmecken kann. Grundsätzlich gilt: Je länger der Abgang, um so besser der Wein.

Rancio Ein sehr altes und reifes Bukett, das dem eines sehr alten Cognacs ähnelt. Der Wein kann einen an Pilze erinnernden Duft annehmen, was eine Eigenart und kein Fehler ist.

Rand In einem Glas, das über einer klaren und hellen Fläche schräg gehalten wird, läßt sich die tatsächliche Farbe des Weins an seinem äußeren Rand erkennen.

Tannine Eine Gruppe chemischer Verbindungen, die aus den Traubenschalen gelöst werden und im Mund ein Gefühl der Trockenheit auslösen. Sie können bei einem jungen Wein hart und streng wirken, sind aber wichtig für seine Konservierung.

Zurückhaltend Einige Weine (v. a. junge) durchleben eine Entwicklungsphase, in der ihr Aroma und Bukett »zurückhaltend« bzw. »verschlossen« und nicht leicht zu ermitteln sind.

PORTWEIN ZUM ESSEN

Immer mehr Leute interessieren sich für die Wahl des richtigen Weins zum Essen. Heute werden die alten Regeln (z. B. Weißwein zu Fisch) in Frage gestellt und neue Kombinationen ausprobiert, was oft zu überraschenden Ergebnissen führt. Portwein paßt gut zu vielen Speisen, wenn er auch kaum geeignet ist, eine gesamte Mahlzeit zu begleiten.

Üblicherweise reicht man Portwein zu Stilton-Käse, da sein kräftiges Aroma dem pikanten Käse entspricht – und genau dies ist bei der Kombination von Speisen und Wein auch das Entscheidende: In erster Linie sollte die Geschmacksintensität berücksichtigt werden. Die Verbindung von Portwein und Stilton funktioniert z. B. bei einem vollmundigen, roten Portwein, wogegen ehrwürdige Jahrgangsweine mit zarten Aromen von einem zu kräftigen Käse leicht übertönt werden; ein milderer Käse (z. B. ein guter Gouda) mag dann die bessere Wahl sein. Im Douro-Tal reicht man eine heimische Käsesorte zusammen mit einem festen Quittengelee, und diese süß-pikante Kombination ergänzt die Süße des Portweins ausgezeichnet. Zu sehr süßen Desserts paßt Portwein allerdings weniger gut, obwohl er selbst süß ist.

APPETITHÄPPCHEN PASSEN GUT ZU WEISSEM PORTWEIN.

Käse und Dessert stehen am Ende des Menüs; welches Getränk aber wählt man vor und während der Mahlzeit? Ein gekühlter Tawny oder ein weißer Portwein passen sehr gut zu Appetithäppchen vor dem Essen – insbesondere zu Räucherschinken oder schmackhaften Salamis. Der nussige Charakter eines alten Tawny ergänzt leicht gesalzene, geröstete Mandeln (eine weitere Douro-Spezialität).

Ältere White Ports und Tawnies konkurrieren bei der Begleitung von Suppen mit Sherry und Madeira, während junger Jahrgangsport einzigartig zu englisch gebratenem Steak schmeckt.

Die Proteine des Fleisches lassen die Tannine im Wein milder wirken, und auch in punkto geschmacklicher Intensität passen beide gut zusammen.

Keine Angst vor Experimenten: Unzählige Gerichte haben eine ganz eigene Süße und harmonieren dann doch auf sehr angenehme Weise mit der Süße des Portweins. Und noch etwas: Lassen Sie sich nicht durch den Alkoholgehalt abschrecken. Viele Weine haben 13 oder 14 Volumenprozent Alkohol, werden aber in viel größeren Mengen genossen.

PORTWEIN IST EIN GUTER BEGLEITER FÜR VIELE SPEISEN, INSBESONDERE FÜR KÄSE.

TEIL ZWEI

PORTWEIN-VERZEICHNIS

Das Verzeichnis enthält Portwein-Handelsfirmen, Genossenschaften und einzelne Quintas. Die meisten Informationen zu den Unternehmensprofilen wurden von den Firmen selbst in Form von Fragebögen und Interviews geliefert. Für Hintergrundinformationen wurden zudem publizierte Quellen verwendet (vgl. die Bibliographie, S. 222). Schließlich brachten Recherche-Reisen in die Douro-Region Informationen von unschätzbarem Wert, die – soweit möglich – auf dem neuesten Stand sind. Denken Sie jedoch daran, daß Firmen und Weinberge ständig gekauft und verkauft werden, Verschnitte und damit auch die Produktpaletten sich ändern.

HERSTELLUNSLEGENDE

Quintas im Besitz der Firma

Gibt an, ob die Firma Trauben/Wein einkauft, und – falls möglich – wieviel der Jahresproduktion durch diese Quellen gedeckt wird.

Bei einer »vertikalen« Weinverkostung nimmt man Stichproben von einer Jahrgangsportauswahl desselben Herstellers; bei einer »horizontalen« Verkostung dagegen werden Weine desselben Jahrgangs von verschiedenen Herstellern parallel verkostet. Für dieses Buch wurden Weine desselben Alters wenn möglich gemeinsam verkostet; die 10jährigen Tawnies und die LBVs wurden nebeneinander verkostet. Auf diese Weise bekommt man einen besseren Eindruck von der Qualität der Weine eines Herstellers.

Die meisten Stichproben wurden speziell für dieses Buch zur Verfügung gestellt und waren daher im bestmöglichen Zustand. Ergänzend dazu wurden Portweine sowohl in London als auch in Portugal verkostet; alle Verkostungen fanden zwischen 1996 und 1997 statt. Vergessen Sie in diesem Zusammenhang nicht, daß Weine sich ändern (vor allem die mit Jahrgangsangabe); unreife Weine entwickeln sich, und dieser Reifungsprozeß muß in Rechnung gestellt werden. Auch Weine ohne Jahrgangsangabe können durch ausgedehnte oder unsachgemäße Lagerung bzw. eine beabsichtigte Änderung des Verschnitts beeinflußt werden.

Bei jedem Verzeichniseintrag gibt es einen »Informations«-Kasten. Er gibt an, ob und wie Lagerhäuser oder Quintas besucht werden können und empfiehlt Weine, die als Vertreter ihrer Sorte gut sind, aber nicht notwendigerweise die besten Weine des Herstellers sein müssen. Für jede Firma gibt es schließlich noch eine Gesamtbewertung, in der die Qualität ihrer Weine im allgemeinen benotet wird. Im Abschnitt »Portwein-Handelsfirmen« informiert zudem ein weiterer Kasten darüber, ob die Firma Quintas besitzt bzw. ob sie Trauben oder Wein von anderen Quintas einkauft.

GESAMTWERTUNG

★ *Firmen, die grundsätzlich gute und reelle, aber nicht sehr aufregende Weine herstellen*

★★ *Firmen, die qualitativ hochwertige Weine herstellen*

★★★ *Hersteller ausgezeichneter Weine*

ABSCHNITT 1

PORTWEIN-HANDELSFIRMEN

Die portugiesische Weinbranche bestand schon immer aus einer großen Anzahl von Weinbauern neben einigen wenigen Händlern, die den Wein verkauften; während man beim Bordeaux nach dem Namen des Château Ausschau hält, ist bei Portwein der Name des Händlers nach wie vor am wichtigsten. Die Gründe dafür sind historisch bedingt: In Portugal gilt das napoleonische Erbfolgerecht, demzufolge nach dem Tod eines Weingutinhabers sein Grundbesitz unter den Erben aufgeteilt wird, was zu immer mehr Weinbergparzellen und -besitzern führt.

Zur Zeit gibt es im Douro-Gebiet mehr als 85 000 eingetragene Weingüter, von denen die meisten bei weitem zu klein sind, um genug Wein für eine moderne Kellerei herzustellen. Aus diesem Grund verkaufen die meisten Weinbauern ihre Trauben bzw. ihren Wein, der auf die allereinfachste Methode – nämlich durch das Maischen der Trauben mit den Füßen – hergestellt wird, an die Händler bzw. über Genossenschaften (s. S. 186).

Die Händler haben dabei mit den Weinbauern oft langfristige Verträge, die seit Generationen bestehen und bei denen ein Handschlag das einzige förmliche Abkommen darstellt. Ist die Zeit für einen Jahrgangswein gekommen, besucht ein Führungsmitglied der Handelsfirma jeden Zulieferweinbauern, um zu sehen, wie die Ernte läuft, und um über die besonderen Schwierigkeiten des Jahres zu plaudern. Dazu wird ein Glas sehr alter Tawny aus dem privaten Vorrat des Besitzers gereicht. In früheren Zeiten waren die Angestellten der Handelsfirmen noch mit dem Pferd unterwegs und konnten daher nur drei oder vier Weingüter pro Tag besuchen. Heute erreichen sie in derselben Zeit bis zu einem Dutzend.

Die Handelsfirmen kaufen nicht nur Wein von den Quintas, sondern besitzen auch Prestigegüter (vor allem die größeren Farmen im Cima Corgo und im Douro Superior). Diese Weingüter stellen den Hauptanteil für die Jahrgangsport-Verschnitte und liefern in guten, aber nicht ausgezeichneten Jahren oft einen Single-Quinta-Jahrgangsport. Solche Single-Quinta-Weine, die von den Quintas eines bestimmten Händlers stammen, werden hier eher unter dessen Namen angeführt und nicht unter dem der Quinta.

Aida Coimbra Ayres de Mattos & Filhos, Lda.

Rua de Alcântara, 221
4300 Porto, Portugal

Die Ayres de Mattos sind seit sieben Generationen in Galafura bei Régua ansässig. Ihre Weine gewannen schon im Jahr 1900 Preise, die in unserem Jahrhundert in Kraft getretenen Gesetze hinderten sie allerdings daran, ihre Weine weiterhin direkt zu verkaufen – ein Zustand, der sich dann aber im Jahre 1986 wieder änderte.

Die Familie besitzt mehrere Güter im Douro-Gebiet: Quinta da Costa, Quinta das Condessas, Quinta da Laceira, Quinta de Fojo und eine weitere in der Nähe von Penafiel.

Die wichtigste Quinta für Portwein ist die Quinta da Costa am Rande des Cima Corgo, in deren Nachbarschaft sich auch das Weingut Valriz befindet (von dem der Markenname herrührt). Von hier aus haben Besucher einen der besten Rundblicke über das untere Douro-Gebiet und können auch eine der wenigen noch erhaltenen *feitoria*-Markierungen sehen – in Granit gemeißelte Zeichen, die die Demarkationslinie der Gegend anzeigen und aus der Zeit des Marquês de Pombal stammen. Das Weingut selbst ist relativ klein (um die 11 Hektar); in seiner Mitte befindet sich eine alte Kellerei (*armazem*), über deren Eingang die Jahreszahl »MDLXXV« (1575) angebracht ist, wie auf den Firmenetiketten zu sehen ist.

Der gesamte Boden des heutigen Weinbergs wurde in den letzten 20 Jahren unter kombinierter Anwendung der beiden modernen Methoden (*patamares* und *vinha ao alto*) neu bepflanzt. Der Wein wird in der firmeneigenen »Kellerei des Rausches« (so wörtlich für Adega do Rosca) in

INFORMATION

BESUCHE *nur nach Vereinbarung*
Tel. (351–2) 521540
(Büro in Porto)

EMPFOHLENE WEINE
20 Years Old,
Colheita de 1958

GESAMTWERTUNG ★★

der Nähe von Régua hergestellt, und zwar ausschließlich durch automatische Vinifikation; anschließend läßt man ihn in großen, alten Kastanienholzfässern im Douro-Gebiet selbst reifen. Eine kleine Menge sehr alten Weins (über 100 Jahre alt) wird ferner für Verschnitte und besondere Gäste gelagert. Das für den Handel bestimmte Sortiment besteht fast ausschließlich aus Tawnies (mit Altersangabe oder als Colheita). Zudem hält es noch einen weißen Portwein modernen Typs bereit – leicht und trocken mit 17 Volumenprozent Alkohol.

TYPISCHES BEISPIEL EINER DOURO-KELLEREI: ADEGA DO ROSCA

VERKOSTUNGSNOTIZEN

10 YEARS OLD Lebhafte, rotbraune Farbe, jugendhaftes Erscheinungsbild. Ausgesprochen fruchtiges Bukett (Rosinen und Pflaumen), mit Räucherschinken-Noten. Süß und spritig im Geschmack, adäquate Frucht, aber ein wenig gebacken und leicht überladen. Gut in Gewicht und Nachtönung.

COLHEITA DE 1958 Der 1984 abgefüllte Wein hatte bei der Verkostung 26 Jahre im Faß und 12 in der Flasche gelagert. Leichtes, subtiles, kräuterartiges Bukett (Holzrauch und geröstete Nüsse). Halbsüß, mit sehr frischer, spritziger Säure. Feiner, subtiler und doch konzentrierter Geschmack mit vorzüglicher Nachtönung.

ALTER TAWNY

20 YEARS OLD Wie bei dem 10-jährigen Gegenstück hat die Firma (unüblicherweise) Einzelheiten des Verschnitts bekanntgegeben; in diesem Fall handelt es sich um einen Verschnitt der Jahrgänge 1970 und 1969. Bernstein- bis lohfarben, nicht vollkommen klar (aufgrund einer natürlichen Trübe, die darauf hinweist, daß der Wein nicht zu stark gefiltert wurde). Feuriges, »gebackenes«, aber dadurch sehr gefälliges Bukett. Nicht so süß wie der 10jährige; Säure und Frucht stehen in ausgewogenerem Verhältnis. Konzentrierter, reifer Geschmack mit gutem, wenngleich vom Alkohol dominierten Abgang.

HERSTELLUNG

Unter anderem Costa, Fojo, Laceira, Valriz

Entfällt

Sociedade Agrícola Barros

Rua Sporting Club de Coimbrões, Apartado 101, 4401 Vila Nova de Gaia Codex, Portugal

Die Weine der Sociedade Agrícola (oder Barros Agricultural Corporation) werden unter dem Namen »Vista Alegre« vertrieben und wurden erst 1994 auf den Markt gebracht, womit sie zu den jüngsten Portweinmarken gehören. Die Firma und ihre Vorläufer stellen allerdings schon seit etwa fünf Generationen Wein her.

Die Barros-Familie gehört zu den alteingesessenen Grundbesitzern am Douro; ihre Güter in Pinhão, Tabuaço (am Távora-Fluß, südlich des Douro), Santa Marta (in der Nähe von Régua) und Sabrosa (am oberen Ende des Pinhão-Tals) wurden 1973 von der neu gegründeten Sociedade Agricola Barros übernommen. Deren Anteilseigner sind direkte Nachfahren der ursprünglichen Besitzer, so daß die Familienholding zwar in ein neues Unternehmen umgewandelt wurde, die Beteiligung der Barros-Familie aber weiter bestehen bleibt.

Die Firma besitzt die vier Güter Quinta da Vista Alegre (nach der die Marke benannt wurde), Quinta de Valongo, Quinta de Vilarinho und Quinta da Lameira. Insgesamt liefern diese Güter ungefähr vier Fünftel der Jahresproduktion von 2992 Hektolitern; der Rest wird eingekauft. Für einen kleinen Teil des Portweins werden noch die *lagares* verwendet, für den größeren Teil verwendet man Remontage. Es gibt auch noch einige Autovinifikatoren, die jedoch lediglich im Falle eines beträchtlichen Produktionsüberschusses eingesetzt werden. Die Weine reifen im Douro-Gebiet selbst; Lagerhäuser befinden sich auf den Quintas und in Régua. Damit ist die Sociedade Agrícola Barros eine der wenigen Firmen, deren sämtliche Produktionsabläufe ausschließlich im Douro-Gebiet abgewickelt werden.

Information

Besuche *in der Quinta da Vista Alegre und den Lagerhallen von Régua Tel. (351–2) 3707252*

Empfohlene Weine
Reserve Port

Gesamtwertung ★

Herstellung

Lameira, Valongo, Vilarinho, Vista Alegre

1/5 der Jahresproduktion

Verkostungsnotizen

RESERVE PORT Ein alter Tawny, vor der Abfüllung 5–8 Jahre in Eichenfässern ausgebaut. Helles Braun; volles Bukett (Marzipan und geröstete Walnüsse; süß (auf die leicht klebrige Art vieler im Douro-Gebiet gereifter Portweine), aber körperreich, mit ausgewogener Säure und weichem Abgang.

20 YEARS OLD Halbdunkles Walnußbraun. Leichtes, stark spritiges Bukett (Dörrobst und Holzrauch). Süß und etwas überladen, aber körperreich und angenehm aromatisch, wenngleich von etwas angesengtem Charakter.

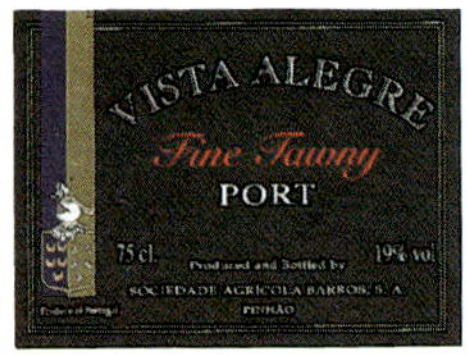

Barros, Almeida & Ca. Vinhos, S. A.

Rua D. Leonor de Freitas, 180–182,
P.O. Box 39, 4401 Vila Nova
de Gaia Codex, Portugal

Barros/Almeida ist einer der größten portugiesischen Portweinhändler und bestreitet ungefähr 6% des gesamten Portweinumsatzes. Vor allem aufgrund ihrer verschiedenen Marken ist die Firma jedoch nicht sehr bekannt; zur Zeit handelt sie unter folgenden vier Namen: Barros, Almeida & Ca. Vinhos, S. A.; C. N. Kopke & Ca. Lda.; H. & C. J. Feist Vinhos, S. A. und Hutcheson, Feuerheerd & Associados Vinhos, S. A. (s. a. die einzelnen Einträge). Aufkäufe haben die Firma wachsen lassen, zu deren Gruppe Rocha, Douro Wine Shippers, Vieira de Souza, A. Santos Pinto und Almeida gehören.

INFORMATION

BESUCHE *der Lagerhallen möglich*
Tel. (351–2) 3752320

EMPFOHLENE WEINE
Colheita 1966

GESAMTWERTUNG ★★

Die Expansion begann im Jahr 1913 mit dem Beitritt von Manoel Barros in die Firma Almeida, von dem es heißt, er habe als Laufbursche in der Firma angefangen, dann aber Matilde de Almeida, die Schwester des Firmengründers, geheiratet und sei schon bald zum Partner avanciert. Zur selben Zeit bekam die Firma ihren heutigen Namen.

Nachdem Barros dazugestoßen war, wurde die Firmenstrategie wesentlich aggressiver. Eine umsichtige Unternehmensführung während der 1920er Jahre und der Depression in den 30er Jahren ermöglichte es Barros, andere, kränkelnde Firmen aufzukaufen. Trotz der Schwierigkeiten, die sich während des Zweiten Weltkriegs für den Handel ergaben, schaffte es die Firma, sich über Wasser zu halten, und nicht lange nach Kriegsende befand man sich mit dem Kauf der seinerzeit ältesten Portweinfirma, C. N. Kopke & Ca. Lda., wieder auf der Akquisitionsschiene.

Barros besitzt eine Reihe von Quintas im Douro-Gebiet. Die wichtigste davon ist zweifellos São Luiz, die beinahe ausschließlich für die Kopke-Marke produziert. Sie verfügt nicht nur über ausgedehnte Weinberge, sondern auch über die größten Vinifikationsanlagen der Barros-Gruppe; diese Anlagen decken ungefähr die Hälfte des Firmenbedarfs.

Angesichts des Produktionsumfangs von Barros überrascht es nicht, daß die Firma in der Hauptsache einfache Ruby- und Tawny-Weine herstellt, die hauptsächlich in den Niederlanden, in Frankreich und Belgien als Aperitifs getrunken werden. Daneben werden jedoch seit Mitte der 30er Jahre auch alte Tawnies und Colheitas produziert. Die Jahrgangsports sind nicht ganz so gut, da die Weine trotz deklarierter Jahrgänge eher leicht sind und schnell reifen – sogar die aus den besten Jahren.

HERSTELLUNG

Unter anderem Alegria, Dona Matilde, Mesquita, São Luiz

95% der Jahresproduktion

VERKOSTUNGSNOTIZEN

COLHEITA 1966 Helles Gelbbraun, vollreif. Volles, frisches und reifes Bukett (Nüsse und gereifter Alkohol), das durch Rauch- und Gewürznoten komplex und sehr interessant wirkt. Halbsüß mit hohem, aber ausgewogenem Säuregehalt; mittelschwer, hochkonzentrierte, reife Aromen. Ein ausgezeichneter Wein.

VINTAGE 1985 Helles Granatrot; ein farblich bereits sehr reifer Wein. Subtiles, reifes Bukett (dunkle Früchte, Alkohol und Gewürze) mit ein wenig von dem Rauch, der in mehreren Weinen der Barros-Familie festzustellen war. Leichter, halbsüßer Geschmack mit reifen Tanninen und recht konzentrierter Frucht. Ein eleganter Wein, der jetzt auf seinem Gipfel ist; er hält sich noch mehrere Jahre, wird sich aber nicht weiter verbessern, was für einen so heißen und reifen Jahrgang ungewöhnlich ist.

Sociedade dos Vinhos Borges & Irmão, S.A.

Rua General Torres, 923
4401 Vila Nova de Gaia, Portugal

Den Namen Borges lernt jeder Portugalbesucher kennen, und zwar nicht unbedingt über den Portwein, sondern aufgrund der Banco Borges & Irmão, die zur selben Gruppe wie die Weinfirma gehört. Das Portweinunternehmen ist einer von Portugals wichtigsten Produzenten; ihm gehören zudem weitere internationale Marken, darunter Gatão Vinho Verde und Trovador Rosé.

Als Borges in den 80er Jahren des 19. Jahrhunderts von den Brüdern António und Francisco Borges gegründet wurde, war die Firma eine Vertriebsgesellschaft, die mit einer breiten Produktpalette handelte. Ein Jahrzehnt später gewann der Weinhandel an Bedeutung, aber die Brüder machten erst zu Anfang des 20. Jahrhunderts ihre erste Lagerhalle in Vila Nova de Gaia auf und kauften gleichzeitig auch ihre ersten Quintas.

Die Quinta da Soalheira liegt im Tal des Rio Torto und ist von der Hauptstraße aus nur über einen schwierigen Anfahrtsweg zu erreichen. Da ihr Traubengut zur Zeit in der Quinta do Junco vinifiziert wird, bleiben die *lagares* hier ungenutzt. Dennoch trägt der 10jährige Tawny den Markennamen »Soalheira«. Die beiden Quintas do Junco und da Casa Nova, die Borges 1926 kaufte, befinden sich im Pinhão-Tal, flußaufwärts von Eira Velha und Foz. Alle Spitzenweine, alten Tawnies und Jahrgangsports kommen von diesen drei Quintas, und ihre Vinifikation findet vorrangig in der Zentralkellerei von Junco statt – wobei die nicht in den *lagares* produzierten Weine durch Autovinifikation hergestellt werden. Im Gegensatz zu Soalheira befinden sich die Quintas des Pinhão-Tals innerhalb des ursprünglich festgelegten Portwein-Herkunftsgebiets von 1756.

Die Jahrgangsports von Borges sind eher leicht und müssen jung getrunken werden; die Tawnies sind ein wenig interessanter.

Information

Besuche *des Lagerhauses in Gaia montags bis freitags, der Quinta nach Vereinbarung.*
Tel. (351–2) 3755002

Empfohlene Weine
Soalheira 10 Years Old

Gesamtwertung ★

Verkostungsnotizen

WHITE Sehr helles Zitronengelb (heller als die meisten weißen Portweine), sehr junges Erscheinungsbild. Recht unbestimmtes Bukett (Äpfel und andere grüne Früchte). Trocken bis halbtrocken mit guter Säure (was ihn erfrischend macht), aber zu wenig Fruchtaroma. Gute Basis für ein Mix-Getränk.

LATE BOTTLED VINTAGE 1992 Sehr dunkles Purpur- bis Rubinrot. Junges Bukett (schwarze Johannisbeeren und wilde Brombeeren). Süß, mit ausgewogener Säure und milden Tanninen. Leicht bis mittelschwer, nicht so voll wie Farbe oder Bukett vermuten lassen. Ein moderner Typ des LBV, der recht bald zu trinken ist.

SOALHEIRA 10 ANOS Dunkles Rostbraun. Volles, reiches und reifes Bukett (getrocknete Feigen und Backpflaumen). Reif, aber noch etwas fruchtig. Sehr süß, die Säure nur knapp ausgewogen. Schmackhaft und sehr dickflüssig, was den Wein nach dem ersten oder zweiten Glas etwas überladen wirken läßt.

VERKOSTUNGSNOTIZEN

RUBY

RUBY Mittleres Rubinrot. Leichtes, jugendhaftes Bukett (rote Früchte und Alkohol). Süßer Geschmack (etwas nach Orangenmarmelade), nicht so frisch wie das Bukett erwarten läßt. Mittelschwer, mittlerer Abgang.

WHITE PORT

WHITE (s. S. 72)

ALTER TAWNY

SOALHEIRA 10 ANOS
(s. S. 72)

HERSTELLUNG

Casa Nova, Junco, Soalheira

Entfällt

LBV

LATE BOTTLED VINTAGE 1992
(s. S. 72)

JAHRGANGSPORT

VINTAGE 1994 Ein dunkelfarbener Wein mit stark spritigem Bukett, beinahe wie ganz junger Cognac. Mittlerer bis voller Körper, halbsüß und mit recht festen Tanninen, aber keiner hohen Fruchtkonzentration. Ein recht guter Wein für den mittelfristigen Verbrauch.

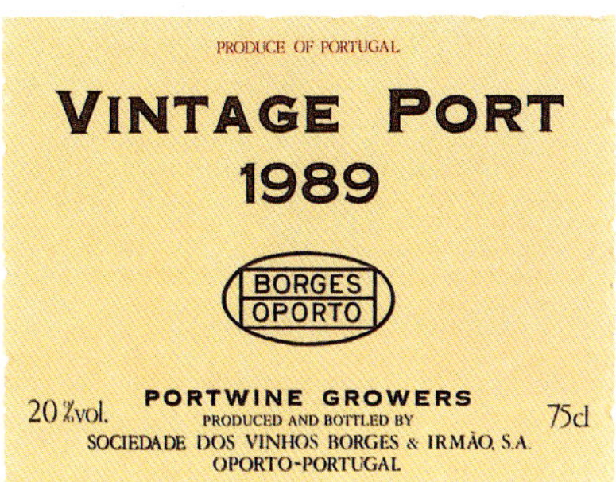

J. W. Burmester & Ca. Lda.

Rua de Belomonte, 37°
4000 Porto, Portugal

Das Haus Burmester ist zwar nicht so bekannt, aber verdient durchaus, daß man sich mit ihm vertraut macht. Es handelt sich um eine recht kleine Firma, die auf qualitativ hochwertige alte Tawny-Portweine spezialisiert ist. Da die Firma nach wie vor vollständig im Besitz der Familie des Gründers ist, kann sie mit peinlicher Genauigkeit auf Qualität und Tradition achten.

Information

Besuche *nur Geschäfts- und Pressebesuche*

Empfohlene Weine *Tawnies mit Altersangabe, traditionelle LBVs*

Gesamtwertung ★★

1730 wurde die Firma Burmester gegründet, doch wie bei so vielen alten Firmen war auch hier Portwein anfangs nicht das einzige Produkt – so gehörten die Burmesters auch zu den Gründern der englischen National Westminster Bank. Erst 1750 rückte der Portweinhandel in den Vordergrund. Der Familienname rührt vom Amt des Bürgermeisters (»Burgmeester«) der Stadt Mölln (in der Nähe von Lübeck) her, das die Familie innehatte, bevor sie im 15. Jahrhundert vor religiöser Verfolgung nach England floh. Gemeinsam mit einem Engländer namens John Nash gründeten sie in Portugal das Unternehmen Burmester Nash und machten zwei Kontore auf, eines in London und eines in Porto, deren Leitung die Brüder Edward Frederic Burmester übernahmen; doch zur Zeit der Napoleonischen Invasionen setzten sich beide im sicheren London zur Ruhe.

Johann Wilhelm Burmester

Mitte des 19. Jahrhunderts ging die Leitung der gesamten Firma auf Johann Wilhelm Burmester über, dessen Enkelkinder zur heutigen Firmenleitung gehören.

Ursprünglich kaufte Burmester sein Traubengut im Pinhão-Tal und in der Umgebung der Gemeinde Sabrosa ein. Im Jahr 1991 jedoch erwarb die Firma die Quinta Nova de Nossa Senhora do Carmo, ein Weingut der A-Kategorie in Sabrosa, das jetzt beinahe ein Drittel seines Bedarfs an

Weintrauben deckt. Sein alter Weingarten erstreckt sich über ein etwa 120 Hektar großes Areal, von dem ungefähr 45 Hektar mit den fünf Spitzenrebsorten bepflanzt sind. Für die restliche Produktion wird kein fertiger Wein, sondern Traubengut eingekauft und weiterverarbeitet. Dabei entstehen etwas weniger als ein Fünftel der Weine durch Maischen mit den Füßen.

Das Burmester-Lagerhaus befindet sich nicht weit von dem der Taylors mitten im Herzen von Vila Nova de Gaia.

Herstellung

Nova de Nossa Senhora do Carmo

9/10 der Jahresproduktion

Die Tawnies von Burmester gehören zu den besten auf dem Markt; die Jahrgangsports sind im allgemeinen leichter als andere und eignen sich eher für den baldigen Verbrauch (obwohl sich der 1963er nach wie vor sehr gut präsentiert). Burmester gehört auch zu den vielen, die behaupten, als erste einen LBV produziert zu haben, da die Firma einen 1964er hergestellt hat (Regelungen, die diesen Weintyp erlaubten, wurden 1962 formell verkündet). Burmesters LBV gehört zum traditionellen Typ, der ein Depot bildet und dekantiert werden muß. Der 1964er ist – wenn auch in geringen Mengen – noch immer auf dem Markt erhältlich; unter den jüngeren Jahrgängen sind ein 1982er und ein 1985er.

Quinta Nova de Nossa Senhora do Carmo

Verkostungsnotizen

10 ANOS Mittleres Rubinrot, ähnelt eher einem reifen Burgunder als einem Tawny und sieht noch relativ jung aus. Das Bukett ist nur eine Spur angesengt (geröstete Nüsse und dunkle Orangenmarmelade). Sehr süßer Geschmack, aber mit reinigender Säure; gehaltvoller, weicher und dickflüssiger Eindruck im Mund; nachhaltiger Abgang.

OVER 40 YEARS OLD Dunkel bernstein- bis lohfarben. Intensives, reifes und sehr nussiges Bukett; nur leicht spritig. Halbsüß mit recht wenig Säure und einem gehaltvollen, abgerundeten, weichen Geschmack nach Nüssen und getrockneten Fruchtschalen.

COLHEITA 1937 Dunkles Braun mit lebhaftem gelbem Rand (wie bei einem alten Madeira). Stechendes, reifes Bukett (Toffee und Fondant), kaum typisch für einen Portwein. Süß und sehr voll. Die Zeit hat die Aromen zu komplexer Vollmundigkeit verdichtet.

VERKOSTUNGSNOTIZEN

LATE BOTTLED VINTAGE 1992 Volles und sehr jugendhaftes Bukett (schwarze Johannisbeeren und Minze). Sehr süß, mit festen Tanninen, ausgewogener Säure und vorzüglichem Abgang. Ein herausragender Wein, der noch bis zu seinem Gipfel ein paar Jahre gelagert werden sollte.

LATE BOTTLED VINTAGE 1964 Fünf Jahre im Faß gereift, hat er die Qualität eines Jahrgangsports. Granatrote Farbe, die von beträchtlicher Reife zeugt. Reifes, aber fruchtiges Bukett, leicht spritig und würzig. Im Mund seidenweich mit nur einer Spur verbliebener Tannine und einem ungeheuer nachhaltigen, subtilen Abgang.

VINTAGE 1991 Halbdunkles bis dunkles Rubinrot, aufgeschlossenes, betontes Bukett (süße, reife Früchte und Melasse). Gehaltvoller, süßer Stil mit milder Frucht, moderatem Tanningehalt und ausgewogener Säure. Bereits jetzt recht gefällig, nach 5–10 Jahren sicher noch besser. Trotzdem kein Wein für langfristige Lagerung.

VERKOSTUNGSNOTIZEN

ALTER TAWNY

10 ANOS (s. S. 76)

20 YEARS OLD Halbdunkles Orangerot. Reintöniger, gereifter, nussiger und leicht duftiger Fruchtcharakter; Rauch- und Karamelnoten. Halbsüß; der Alkohol ist nicht zu präsent, der Abgang nachhaltig und nussig. Von den verkosteten 20jährigen Tawnies einer der besten.

OVER 40 YEARS OLD (s. S. 76)

COLHEITAS

COLHEITA 1987 Im Vergleich zum 10jährigen Tawny verkostet: nicht so komplex, mit einem Toffee- und Frucht-Bukett, das auch an geröstete Nüsse erinnert. Im Mund sehr süß und recht dickflüssig. Ein sehr schmackhafter Portwein.

COLHEITA 1937 (s.S. 76)

LBV

LATE BOTTLED VINTAGE 1992 (s. S. 77)

LATE BOTTLED VINTAGE 1985 Es ist interessant, LBVs und Jahrgangsports desselben Hauses und Jahrgangs zu vergleichen – vor allem, da dieser LBV bereits ein entsprechendes Flaschenalter aufweist. Erwartungsgemäß ist er weiter entwickelt: eher granat- als rubinrot, mit einem vollen, vollreifen Bukett (in Richtung Gewürze und Dörrobst). Die Tannine sind milder als beim Jahrgangsport, und der LBV ist überhaupt leichter, aber beide sind als Vertreter ihres jeweiligen Typs hochwertige Weine.

LATE BOTTLED VINTAGE 1964 (s. S. 77)

JAHRGANGSPORT

VINTAGE 1994 Halbdunkles bis dunkles Rubinrot. Gehaltvolles, reifes und für einen so jungen Wein sehr aufgeschlossenes Bukett. Im Geschmack süße, reife, pflaumenartige Frucht neben relativ milden Tanninen. Eher ein Wein für den mittelfristigen als für den langfristigen Verbrauch.

VINTAGE 1991 (s. S. 77)

VINTAGE 1985 Halbdunkles Rubinrot mit nur ganz geringen Anzeichen von Reifung; intensives, reiches Bukett (dunkle Schokolade und Pflaumen, daneben etwas Holzrauch). Mehr als halbsüß, aber mit ausreichend Säure zum Ausgleich und einem kräftigen Tanningerüst. Kraftvolle und konzentrierte Frucht. Ein sehr guter Wein für den mittel- bis langfristigen Verbrauch.

VINTAGE 1970 Einer der leichteren Weine dieses herausragenden Jahrgangs, vollreif, mit einem Rosinen- und Dattel-Bukett. Im Geschmack süß bei moderater Säure und nur geringfügigem Tanningehalt, gute Fruchtkonzentration; kein weiteres Entwicklungspotential.

VINTAGE 1963 Hell bis halbdunkel und eindeutig reif, mit einem Gewürz- und Rosinen-Bukett. Im Geschmack halbsüß bis süß bei sehr milden Tanninen; ein seidiges Gefühl am Gaumen, das die lange Lagerung bewirkt. Dieser Wein ist jetzt reif und wird sich nicht weiter verbessern, wahrscheinlich aber auch nicht so bald abbauen.

A. A. Cálem & Filho, Lda.

Rua da Reboleira, 7
4000 Porto, Portugal

Die Firma Cálem ist nicht nur am Portweingeschäft beteiligt, sondern auch an zahlreichen weiteren Handelsvertretungen für andere portugiesische Weine und sogar an der örtlichen Niederlassung für Ferrari-Sportwagen. Die Portweinfirma wurde 1859 gegründet und wird heute von Joaquim Cálem, der in direkter Linie von den Cálems abstammt, geleitet.

Die Gegend um Pinhão wird oft als Herzland des Douro-Gebiets bezeichnet, und wenn das zutrifft, hat Cálem einen idealen Standort gewählt, denn die Quinta da Foz liefert seine besten Weine. In nicht ganz so guten Jahren wird Quinta da Foz als Single-Quinta-Jahrgangsport verkauft. Foz ist das portugiesische Wort für »Flußmündung«, und die Quinta liegt genau am Zusammenfluß des Pinhão und des Douro. Sie mußte allerdings ein kleines Stück ihrer Grundfläche an die Eisenbahn abtreten, weshalb Gäste, die ein ruhiges Diner auf der Terrasse genießen, nicht selten von einem der Douro-Züge überrascht werden, der so nah vorbeifährt, daß man meint, auf dem Bahnsteig zu sitzen.

Information

Besuche *der Lagerhallen das ganze Jahr über*
Tel. (351–2) 2004867
(Die korrekte Aussprache des Namens ist in etwa »Kalei«, die letzte Silbe wird hierbei nasaliert.)

Empfohlene Weine
Vintage 1970 und 1994, Colheitas

Gesamtwertung ★★

Im Besitz von Cálem sind auch die benachbarten Quintas do Sagrado, de Santo António und do Vedial. Genau wie die Quinta da Foz wurden sie in beträchtlichem Umfang renoviert und *patamares* angelegt. Wenn die Weinberge ihren vollen Ertrag abwerfen, können sie das Unternehmen mit mehr als 300 Pipen Wein der A-Kategorie beliefern; nur wenige einzelne Standorte sind in der Lage, solche Mengen herzustellen.

Die Produktion dieser Quintas reicht jedoch nur für etwa ein Zehntel der Gesamtproduktion von Cálem, der auch das Traubengut anderer Anbauer kaufen muß.

Herstellung

Foz, Sagrado, Santo António, Vedial

9/10 der Jahresproduktion

Für die Quinta-Weine werden die Trauben noch mit den Füßen gemaischt, wogegen das Gros des eingekauften Traubengutes in der modernen Kellerei in Santo Martinho de Anta verarbeitet wird.

In den späten 80er und frühen 90er Jahren unterstand die Herstellung der Weine und Verschnitte Jeremy Bull, der zuvor bei Taylor Karriere gemacht hatte. Er hat sich inzwischen zur Ruhe gesetzt, doch sein Einfluß wird noch weiter bestehen bleiben – besonders durch den 1994er Jahrgangsport, der unter seiner Aufsicht hergestellt (aber nicht verschnitten) wurde. Dieser Jahrgangsport präsentiert sich zur Zeit bereits sehr gut.

Die Firma Cálem hat einige ausgezeichnete Jahrgangsports hergestellt und Colheitas zu ihrem Spezialfach gemacht, aber den größten Teil ihres Umsatzes machen die vom IVP als *Current* Ports eingestuften Sorten aus. Ihren größten Markt hat sie in Portugal selbst, wo sie auch die meistverkaufte Einzelmarke – Velhotes – absetzt.

Cálem hat – wie Sandeman – eines der Handelshäuser, das Touristen in Porto zuerst besuchen, da seine Lagerhalle an der Dom-Luis-Brücke liegt und so leicht zu erreichen ist. Früher stellte dieser Standort sicher, daß der Wein problemlos von den Booten ins Lagerhaus transportiert werden konnte und keine Ochsenkarren mit steilen Kopfsteinpflasterstraßen kämpfen mußten. Führungen durch die Lagerhalle zeigen den Besuchern allerdings auch die Kehrseite dieser günstigen Lage, nämlich die Flutmarkierungen an der Lagerhallenwand, von denen einige ein gutes Stück über Kopfhöhe reichen und z.T. recht jungen Datums sind. Die Ständer der Pipen sind im unteren Bereich der Lagerhalle mit Haken und Ketten versehen, damit die Fässer verankert werden können, wenn eine Flut vorhergesagt wird.

Quinta da Foz

VERKOSTUNGSNOTIZEN

10 YEARS OLD Halbdunkles bis dunkles Orangebraun; noch recht jugendhaftes Erscheinungsbild. Volles Bukett (Alkohol und Dörrobst); nicht sehr reif, aber voll und süß im Geschmack, mit ausgewogener Säure und guter Nachtönung. Ein sehr gut hergestellter, aber einfacher Wein.

COLHEITA 1987 Helles Topasorange; sehr leuchtend. Leichtes, frisches Bukett, das in der Tat nicht viel von dem preisgibt, was im Geschmack vollständig präsent ist. Volle, kräftige Marzipan- und Mandelölaromen, halbsüß mit sehr spritziger und dennoch ausgewogener Säure.

LATE BOTTLED VINTAGE 1990 Dunkles Rubinrot, volles Früchtekuchen-Bukett, sehr jugendhaft und doch komplex. Süßer und frischer Geschmack mit festen, reifen Tanninen und vorzüglicher Nachtönung. Wie die meisten LBVs nach der Abfüllung zu trinken (eine Flasche, die zufälligerweise einige Jahre gelagert wurde, baute dramatisch ab).

VERKOSTUNGSNOTIZEN

QUINTA DA FOZ 1992 Sehr dunkles Purpurrot; verschlossenes Bukett. Recht voll, mit enormer Tanninstruktur; eher im trockeneren Bereich des Spektrums. Volle Frucht, mit Pflaumen und Vanille; gute Nachtönung. Nicht so gut wie der 1994er; ein Wein für den mittelfristigen Verbrauch.

VINTAGE 1994 Sehr dunkles Purpurrot. Volles, sehr aufgeschlossenes, leicht spritiges Bukett; intensive Noten schwarzer Früchte in Bukett und Geschmack. Körperreich, mit sehr fester Struktur. In Gewicht und Nachtönung vorzüglich – ein Wein, der einmal ausgezeichnet sein wird (Die abgebildete Flasche ist eine Verkostungsstichprobe).

VINTAGE 1970 Noch sehr jugendhafte Farbe, nicht so entwickelt wie viele 1970er. Dunkles Rubinrot mit einer Spur Reife am Rand. Aufgeschlossenes, intensives Bukett (Früchte und Gewürze) mit einer Spur Alkohol. Voller, reiferer Geschmack, halbsüß mit spritziger Säure und festen Tanninen. Sehr nachhaltiger Abgang.

VERKOSTUNGSNOTIZEN

RUBY

FINE RUBY Halbdunkles, pulsierendes Rubinrot mit herrlich jungen, frischen Fruchtaromen (Kirsche und Himbeere). Halbsüßer, gut ausgewogener Geschmack. Als Vertreter seines Typs gut. Weine dieser Art halten sich nicht und verlieren ihre Frische schnell.

VINTAGE CHARACTER Ein besserer Ruby; sehr dunkles Granatrot und ein Frucht- und Gewürz-Bukett, das von einiger Reife zeugt. Halbsüß und abgerundet, mit milden Tanninen und ausgewogener Säure sowie einer für Weine dieser Größenordnung sehr guten Nachtönung. Cálem hat diesen Wein in kleinen Flaschen unter der Bezeichnung »Port for Two« auf den Markt gebracht.

WHITE PORT

FINE WHITE Ein heller Portwein mit jugendhaftem, wenngleich unbestimmtem Bukett: leicht fruchtig und floral, aber nicht genau festzulegen. Halbtrocken, mit ausgewogener Säure und angemessener Nachtönung.

TAWNY

VELHOTES Ein 5–6 Jahre gelagerter Wein von heller, rubinroter Farbe. Frisch-fruchtig in Bukett und Geschmack. Halbsüß; mittlerer Körper mit niedrigem Tanningehalt und ausgewogener Säure. Ein gefälliger, leicht trinkbarer Portwein.

ALTER TAWNY

10 YEARS OLD (s. S. 81)

COLHEITA

COLHEITA 1987 (s. S. 81)

COLHEITA 1962 Sattes Braun (wie erwartet). Intensives, reifes Bukett (altes Holz, Gewürze und Nüsse, aber auch leicht muffig). Süß, aber nicht überladen; gute Säure und ausgezeichnete Geschmackskonzentration. Hervorragend.

LBV

LATE BOTTLED VINTAGE 1990 (s. S. 81)

SINGLE-QUINTA-JAHRGANGSPORT

QUINTA DA FOZ 1992 (s. S. 82)

QUINTA DA FOZ 1990 Eine leicht »gebackene«, angesengte Fruchtigkeit in Bukett und Geschmack. Hat jedoch eine gute Konzentration leicht konfitürenartiger Frucht sowie eine moderat-kraftvolle Struktur, die ihn einige Jahre konserviert.

JAHRGANGSPORT

VINTAGE 1994 (s. S. 82)

VINTAGE 1991 Halbdunkel. Aufgeschlossenes, reifes Bukett (Schokolade und frische Frucht). Mittelschwer bis körperreich; reintöniger, frischer Geschmack mit guter Nachtönung. Schon jetzt gefällig, aber erst in etwa zehn Jahren auf dem Gipfel.

VINTAGE 1985 Dieser Wein scheint sich in einer sehr zurückhaltenden Phase zu befinden; es kostete Anstrengung, dem Bukett überhaupt einige Charakteristika abzugewinnen, und geschmacklich wirkt er leicht; trotzdem ist seine Konzentration zu spüren. Die Farbe ist noch sehr dunkel, und feste Tannine verleihen ihm eine kraftvolle Struktur.

VINTAGE 1970 (s. S. 82)

Churchill Graham, Lda.

Rua da Fonte Nova, 5
4400 Vila Nova de Gaia, Portugal

Die meisten Firmen und Hersteller, die in diesem Buch besprochen werden, haben eine lange Tradition; auch die Geschichte der erst kürzlich auf den Markt gekommenen Portweine einzelner Quintas reicht Jahrhunderte zurück. Im Gegensatz dazu ist Churchill Graham ein echter Neuling.

John Graham gab 1981 seine Position bei Cockburn auf, um sein eigenes Portweinhaus aufzumachen. Zu diesem Zeitpunkt war es mehr als 50 Jahre her, daß sich eine neue britische Firma auf dem Markt etabliert hatte. Gleich nach der Gründung kam es zu einer Auseinandersetzung, da Graham eine der besten Marken der Symington-Gruppe ist, so daß John Graham seine Firma schließlich »Churchill Graham« nannte und seine Weine unter dem Namen seiner Frau Caroline Churchill etikettierte.

Bis zum gegenwärtigen Zeitpunkt besitzt Churchill Graham keine eigene Quinta, sondern kauft seinen Wein von drei Spitzen-Lagen ein: Die Grundweine seines Verschnitts liefern die Quinta da Manuela, ein Weinberg mit Südwestlage im oberen Pinhão-Tal, die Quinta da Agua Alta (Südlage am Nordufer des Douro) und die Quinta do Fojo (ebenfalls im Pinhão-Tal gelegen). Da Graham die Portweine auf traditionelle Art herstellt und mehr Wert auf Qualität als auf Quantität legt, zeigte sich schon bald die Qualität seiner Weine.

Da die Firma erst vor relativ kurzer Zeit ihre Produktion aufgenommen hat, gibt es leider noch keine wirklich alten Portweine von Churchill. Ein 10jähriger Tawny wurde gerade auf den Markt gebracht, aber bis zum jetzigen Zeitpunkt waren nur weiße und rote Weine, Jahrgangsports und LBVs erhältlich. Bei wiederholten Verkostungen einiger früher Jahrgangsports, das sollte an dieser Stelle erwähnt werden, zeigte sich ein deutlicher Flaschenunterschied; einige dieser Weine wirkten so unbeständig, daß sich ihr wahrer Charakter nicht zeigte.

Information

Besuche *der Lagerhallen nach Vereinbarung (nur Kleingruppen)*
Tel. (351–2) 3703641

Empfohlene Weine
White, Traditional LBV

Gesamtwertung ★★

Verkostungsnotizen

WHITE Dunkle Bernsteinfarbe. Volles, reiches Bukett (getrocknete Fruchtschalen und Honig). Trockener, intensiv-fruchtiger Geschmack; sehr nachhaltig. Am besten gekühlt reichen, aber nicht zu kalt, da sonst das Aroma nicht zur Entfaltung kommt. Interessant als Aperitif oder zu einem nicht zu süßen Dessert.

QUINTA DA AGUA ALTA 1987 Noch sehr dunkle Farbe. Stechender Pflaumen- und Feigenduft sowie eine ganz schwache Ledernote. Im Begriff, trinkreif zu werden, aber noch immer jugendhaft. Verträgt ein paar weitere Jahre der Lagerung.

VINTAGE 1991 Ein sehr dunkelfarbener Wein mit leicht spritigem Bukett (reife Damaszener Pflaumen). Recht weicher, aufgeschlossener Stil mit ziemlich festen Tanninen, die den Wein mittelfristig konservieren.

Verkostungsnotizen

WHITE PORT

WHITE (s. S. 85)

LBV

TRADITIONAL LBV 1990 Gutes Preis-Leistungsverhältnis; voller und komplexer als die meisten LBVs zu diesem Preis. Noch sehr dunkle Farbe: beinahe schwarzer Farbkern mit einem schmalen purpur- bis rubinroten Rand. Dieser pflaumige Wein besitzt ausreichend Tannin-Struktur, um einige Zeit gelagert zu werden, ist jedoch zur Zeit besonders gut trinkbar.

SINGLE-QUINTA-JAHRGANGSPORT

QUINTA DA AGUA ALTA 1987 (s. S. 85)

QUINTA DO FOJO 1986 Bereits recht hell; im Bukett Noten roter Früchte; halbsüß mit nur wenig Tanninen. John Graham bezeichnet ihn als »hübschen« Wein – ein selten für Portwein verwendetes Adjektiv, das in diesem Fall jedoch zutrifft. Jetzt angenehm zu trinken; baut vermutlich nicht weiter aus.

JAHRGANGSPORT

VINTAGE 1994 Halbdunkle Farbe. Mittelgewichtig mit einem vergleichsweise schlankeren, strengeren und nicht ganz so reifen Fruchtcharakter, aber festen Tanninen und guter Nachtönung. Ein etwas eleganterer Wein für den mittelfristigen Verbrauch.

VINTAGE 1991 (s.S. 85)

VINTAGE 1985 Sehr gehaltvoll und reif, mit der sofort hervortretenden Fruchtigkeit dieses Jahrgangs, aber auch genug Struktur, um lange gelagert werden zu können. Jetzt ausgezeichnet trinkbar, aber eine lange Einkellerung wird sich lohnen.

John Graham

Herstellung

Entfällt

Einkauf bei Agua Alta, Fojo und Manuela

Cockburn Smithes & Ca. S.A.

Rua das Coradas, 13
4401 Vila Nova de Gaia, Portugal

Das Unternehmen wurde 1815 von Robert Cockburn gegründet und ist mit einem Anteil von mehr als einem Drittel des gesamten Portwein-Umsatzes der absolute Marktführer in England .

Exporte waren für Cockburn schon immer wichtig, und bereits 15 Jahre nach der Firmengründung wurde die erste Londoner Niederlassung von den Söhnen des Gründers eröffnet. 1854 traten die Brüder John und Henry Smithes in die Firma ein, wo sie für den portugiesischen Zweig zuständig waren, bis sich John Smithes 1971 schließlich zur Ruhe setzte. John Smithes genoß bei den Weinbauern, mit denen er Geschäfte machte, immer hohes Ansehen – und ebenso bei seinen Konkurrenten, die ihn zu den Leuten mit dem besten Geschmackssinn in der Branche zählten.

Die dritte Familie in der Geschichte von Cockburn sind die Cobbs. Frederick Cobb trat dem Londoner Unternehmen 1863 bei, und bis 1939 leitete Reggie Cobb zusammen mit John Smithes den Firmenzweig in Porto. Heute gibt es in der Belegschaft keine Nachfahren der Cockburns oder Smithes' mehr, wohingegen ein Cobb, nämlich Peter (der Neffe von Reggie), Direktor bei Cockburn ist.

Im Jahr 1962 fusionierte Cockburn mit Harvey's of Bristol, der seinerseits ein Jahr zuvor Martinez Gassiot aufgekauft hatte. Beide Firmen haben jedoch jeweils ihr eigenes Weinsortiment, das nach wie vor getrennt vertrieben wird, und gehören ferner zu Allied Domecq Spirits and Wines, einem der weltweit größten Unternehmen der Getränkeindustrie, wodurch Cockburn zu einem beachtlichen internationalen Vertriebsnetz Zugang hat.

INFORMATION

BESUCHE *der Lagerhäuser nach telefonischer Absprache montags bis freitags, 9.30–17.00 Uhr (Vor Ort ist Cockburn nicht sehr bekannt, und die meisten Taxifahrer in Porto fahren einen lieber zu einer der Lagerhallen am Ufer.) Besuche von Weingärten am Douro sind nur nach Vereinbarung möglich.*
Tel. (351–2) 3794031

EMPFOHLENE WEINE
Die meisten Jahrgangsports

GESAMTWERTUNG ★★★

QUINTA DOS CANAIS

Die Quinta dos Canais, ein beeindruckendes Landgut am westlichen Rand des Douro Superior lieferte viele Jahre lang die Grundweine für Cockburns Jahrgangsports und wurde 1989 von Cockburn aufgekauft. Auf dieser riesigen Quinta, die auf dem Landweg nur schwer zu erreichen ist, traf man sich einst zu Jagdgesellschaften und fürstlichen Bällen. Besucher gelangen am besten mit dem Boot zur Quinta. Fast zwei Drittel der Weinstöcke waren über 25 Jahre alt, als Cockburn den Besitz übernahm, und wurden noch auf den alten Terrassen gepflanzt. Unverzüglich wurde ein Programm zur Neubestockung aufgestellt, um einerseits die Produktion von weniger als 100 Pipen auf über 300 zu steigern und andererseits die Kosten durch den Bau von Patamar-Terrassen zu reduzieren.

Die Quinta do Tua im Cima Corgo gehört der Firma bereits seit 1889 und ist heute eine von Cockburns Zentralkellereien, die das Traubengut, das von anderen Weingütern eingekauft worden ist, verarbeiten. Kurz nach dem Kauf begann John Smithes, mit verschiedenen Methoden der Veredelung und des Rebschnitts sowie unterschiedlichen Rebsorten zu experimentieren. Tua wird deshalb als eines der ersten Versuchsweingüter der Region betrachtet.

Noch ein halbes Dutzend anderer Weingüter kommen in den Büchern der Firma vor, aber für jeden Önologiestudenten ist die Quinta do Atayde am eindrucksvollsten. Sie liegt nahe der spanischen Grenze in einem weitläufigen Tal, was einen Rebanbau ohne Terrassen ermöglicht. Da der Boden hier praktisch eben ist, ist die Mechanisierung zu einem Grade möglich, den man woanders nie in Betracht zöge; sogar die automatisierte Traubenlese wurde erprobt (wenngleich ohne großen Erfolg). Dieses Weingut ist auffallend gesund, da es mit einer speziell gezüchteten virusresistenten Rebsorte bepflanzt wurde.

QUINTA DO TUA

Für ungefähr zehn Prozent des produzierten Weins werden die Trauben mit den Füßen gemaischt, vor allem bei Wein, der von kleineren Weinbauern gekauft wird. Cockburn setzt während der Weinernte auf jeder Quinta Techniker aus Gaia zur Überwachung der

Weinproduktion ein – was außergewöhnlich ist, aber das bestmögliche Ergebnis garantiert. Die vielerorts beliebten Autovinifikatoren (Systeme der geschlossenen Gärung) werden überhaupt nicht verwendet, denn nach Cockburns Ansicht hat der Weinhersteller bei dieser Methode nicht die volle Kontrolle. Die übrigen 90% des Weins werden deshalb durch Remontage, also mechanisches Umpumpen, hergestellt. Es sind jedoch auch andere Methoden ausprobiert worden.

Die Ergebnisse der rotierenden »Vinimatic«, einer Maschine, die gärenden Most und Traubenschalen mischt, waren wenig zufriedenstellend; das Thermoextraktionsverfahren dagegen, bei dem das Traubengut kurz erhitzt wird, damit sich die Farbe leichter herauslöst, wird bei einigen Rubies angewandt.

Cockburn zeichnet sich durch die Herstellung reeller, für den Massenmarkt gedachter Weine in sehr großen Mengen aus; Fine Ruby, Tawny und die Vintage-Character-Marke »Special Reserve« sind ausgezeichnete Vertreter der jeweiligen Weintypen. Die relativ kleinen Mengen von Jahrgangsports und alten Tawnies können dabei durchaus zur Spitze gerechnet werden.

In der Vergangenheit hat Cockburn einige Jahrgänge ganz unorthodox deklariert, der 1967er etwa wurde dem 1966er vorgezogen und niemals ein 1977er verkauft, obwohl das ein echtes Spitzenjahr war. In jüngerer Zeit dagegen war man mit den übrigen Herstellern weitgehend auf einer Linie und deklarierte einen 1983er, 1985er, einen 1987er Single-Quinta-Jahrgangsport, einen 1991er, einen 1992er Single Quinta-Jahrgangsport sowie 1994 einen richtigen Jahrgangsport.

HERSTELLUNG

Unter anderem Atayde, Canais, Tua

Trauben und Wein

COCKBURNS FÜHRENDE MARKE »SPECIAL RESERVE«

Verkostungsnotizen

SPECIAL RESERVE Cockburns führende Marke, für die er mit dem Slogan wirbt: »Immer besonders: Warum also aufbewahren?« Jugendhafter und fruchtiger als viele andere Weine mit Vintage-Charakter; ein weicher, fruchtiger Wein mit einem Bukett von gekochten Pflaumen und leichter Konfitüre und nicht im geringsten »gebacken«.

10 YEARS OLD Orange bis gelbbraun mit noch recht starkem Rot. Volles, fruchtig-nussiges Bukett (Feigen, Rosinen und Mandeln); ein wenig spritiger als die roten Portweine. Der Qualitätssprung zwischen einem Fine Tawny und diesem Wein ist enorm (und das bei einem relativ kleinen Preissprung).

ANNO LATE BOTTLED VINTAGE 1992 Zur Zeit der Verkostung wechselte der Jahrgang des Weins von 1990 zu 1992. Der 1990er weist ein beträchtliches Flaschenalter auf. In früheren Verkostungen erwies er sich als guter Wein, wird jetzt jedoch matter. Der 1992er ist farblich nur halbdunkel, noch sehr jung (Aromen roter Früchte) und hat einen recht niedrigen Tanningehalt.

VERKOSTUNGSNOTIZEN

RUBY

SPECIAL RESERVE (s. S. 90)

TAWNY

FINE TAWNY Ein Fine Tawny ist in der Regel uninteressant, da er ein einfacher Verschnitt aus Rubies und weißen Portweinen ist. Kauft man ihn frisch ein, ist dieser Cockburn's halbsüß und hat mehr Aroma als die meisten vergleichbaren Weine. Erfrischend fruchtig, eher hellrosa als braun, mit einem Himbeer- und Toffee-Bukett. Kein großer Wein, aber ein sehr guter Vertreter dieser Sorte.

ALTER TAWNY

10 YEARS OLD
(s. S. 90)

LBV

ANNO LATE BOTTLED VINTAGE 1992 (s. S. 90)

SINGLE-QUINTA-JAHRGANGSPORT

QUINTA DO TUA 1987 Noch sehr verschlossen; reifer Pflaumen-Charakter mit etwas Schokolade. Ein ausgezeichneter Wein für den mittelfristigen Verbrauch (wird vermutlich im ersten Jahrzehnt des 21. Jahrhunderts trinkreif).

VINTAGE

VINTAGE 1994 Mäßig dunkle Farbe; überdurchschnittlich intensives Bukett mit fruchtigem Pflaumen- und Brombeercharakter. Der Geschmack verrät mehr als das Bukett; voller und reifer als erwartet. Halbsüß bis süß; Tannine und ausbalancierte Säure geben ihm festen Halt. Dieser Wein läßt sich auch in 25 oder 30 Jahren noch gut trinken. Einer der besten 1994er.

VINTAGE 1991 Für Cockburn ist dies kein so guter Jahrgangswein; leicht pflanzlich und unter dem üblichen Niveau.

VINTAGE 1985 UND 1983 Von diesen zwei konzentrierten Weinen ist der 1985er vorzuziehen – groß und voll und doch mit der durchdringenden Fülle des Jahrgangs, die ihn schon jetzt sehr trinkreif erscheinen läßt. Beide Weine sollten etwa 2000–2010 getrunken werden.

VINTAGE 1975 Weine dieses Jahrgangs waren noch nie herausragend; sie haben ihren Gipfel erreicht. Sie werden sich sicher nicht weiter verbessern, sondern eher in Kürze beginnen abzubauen.

VINTAGE 1970 Nach wie vor sehr gut und jetzt vollreif. Granatrot, mit feinem, reifem Bukett und von mittlerer Festigkeit. Nicht der beste 1970er Jahrgangsport, aber trotzdem gut.

VINTAGE 1967 Nur wenige Händler bevorzugten wie Cockburn 1967 gegenüber 1966. Die Weine haben noch ihren Reiz, wenngleich sie eher subtil und zerbrechlich sind. Sie sollten jetzt getrunken werden.

COCKBURN NENNT SEINE LBVS »ANNO«.

Croft & Ca. Lda.

Largo de Joaquim Magalhães, 23
Apartado 5, 4401 Vila Nova de
Gaia Codex, Portugal

Die Firmengeschichte von Croft, einer der ältesten Portweinfirmen, reicht bis ins Jahr 1678 zurück. Die aus Lancashire in England stammende Familie Croft kann ihren Stammbaum zwar mehr als 700 Jahre zurückverfolgen, aber erst durch die Verschwägerung mit den Thomsons aus York, die bereits Handelsbeziehungen nach Portugal unterhielten, kamen sie mit dem Weinhandel in Kontakt.

John Croft gründete die Portweinfirma, die von seinem Neffen weitergeführt wurde, und verfaßte auch ein Buch mit dem Titel »Treatise on the Wines of Portugal«, das 1788 erschien und seinerzeit – bis hinein ins 20. Jahrhundert – das Standardwerk zum Thema war.

> ### INFORMATION
>
> BESUCHE *nur für Fachbesucher*
>
> EMPFOHLENE WEINE *Distinction, 20 Years Old*
>
> GESAMTWERTUNG ★★

Doch mit Ruhm macht man kein Vermögen; dazu sind vielmehr die Bereitschaft zu harter Arbeit und ein guter Geschäftssinn erforderlich, und die Crofts besaßen diese beiden Eigenschaften. Im frühen 19. Jahrhundert war Croft einer der vier führenden Portwein-Exporteure, und bereits zu dieser Zeit begann das Unternehmen, seine Ware auch außerhalb von Großbritannien zu vermarkten: Amerika, Frankreich und die Benelux-Länder waren bereits wichtige Kunden. Croft handelt nach wie vor auf internationaler Ebene, und vor allem die Tatsache, daß die Firma zu einer der größten Unternehmensgruppen der Getränkeindustrie gehört, ermöglicht den weltweiten Vertrieb ihrer Marken. Im Jahr 1911 wurde Croft eine Tochter von Gilbey Vintners, die inzwischen zu den International Distillers and Vintners (IDV) gehören. Croft Port ist ferner ein Teilbereich der Firma Grand Metropolitan.

Die Quinta da Roêda ist die Vorzeige-Quinta der Firma und wurde auch als »Diamant im goldenen Ring des Flusses Douro« beschrieben. Sie liegt genau im Zentrum des Cima Corgo (etwas östlich von der Stadt Pinhão), wurde 1811 gegründet, 1844 von Taylor gekauft und ging 1875 in den Besitz von Croft über. Bereits im Besitz von Taylor genoß die Quinta einen ausgezeichneten Ruf, und sie brachte einige Single-Quinta-Jahrgangsports hervor. Ihr ausgedehnter, terrassierter Weinberg ist nicht so steil wie die meisten anderen Weinberge dieser Gegend, so daß einige sehr breite Terrassen angelegt werden konnten.

Das Quinta-Gebäude auf der Quinta do Bomfim gleicht einem kleinen Bungalow im Teeplantagenstil und steht auf den tiefer gelegenen Hängen in Flußnähe; zwischen ihm und dem Fluß befinden sich Rasenflächen und eine Kellerei, in der sowohl quinta-eigenes Traubengut als auch solches, das in Ribalonga und Vale de Mendiz eingekauft wurde, verarbeitet wird. Dabei werden *lagares* nur versuchsweise und für kleine Traubenmengen verwendet, für die kommerzielle Produktion dagegen greift man in erster Linie auf Remontage zurück.

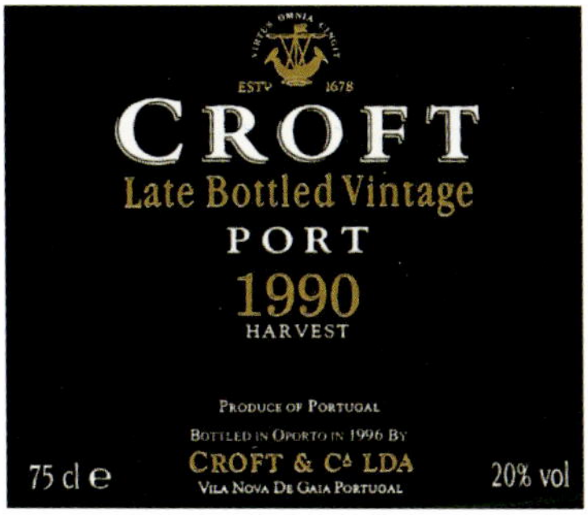

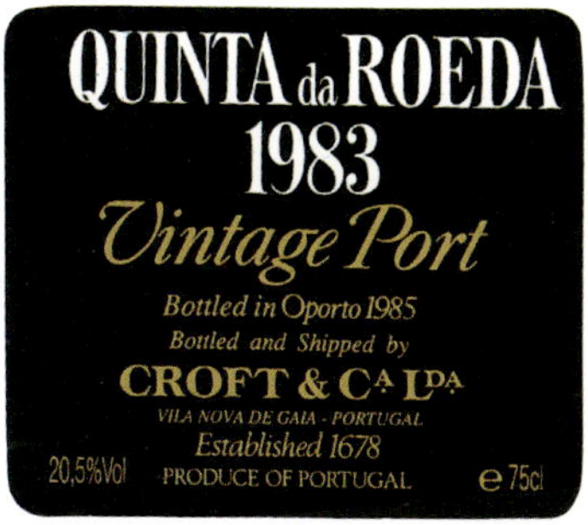

Verkostungsnotizen

LATE BOTTLED VINTAGE
Geschmacklich konstante LBVs, die nur geringe Unterschiede zwischen den einzelnen Jahrgängen aufweisen; gefiltert, von dunkel-rubinroter Farbe und mit reichem Bukett (Früchtekuchen und Gewürz); voll, üppig im Geschmack und mit gutem Gewicht; halbsüß, aber mit ausreichend Säure zum Ausgleich.

QUINTA DA ROEDA 1983
Mittleres bis helles Rubin- bis Granatrot mit vollerem Bukett als bei Crofts 1975er; für einen so jungen Wein sehr reif. Dörrobst mit Feigen und Datteln; spürbar alkoholisch. Mittlerer Körper und halbsüß; einige leichte Tannine sind noch übrig. Ein recht gefälliger Wein, der sich noch ein paar Jahre hält.

VINTAGE 1991 Halbdunkle, aber noch sehr purpurne Farbe. Reife Damaszener Pflaume; noch sehr verschlossen. Nicht allzu intensive Tannine, aber eine feste, elegante Struktur und ein kraftvoll-fruchtiger Geschmack, der ihn zu einem guten Wein für den mittelfristigen Verbrauch macht.

VERKOSTUNGSNOTIZEN

ALTER TAWNY

DISTINCTION Der Spitzen-Tawny dieser Firma ohne Alters- oder Jahresangabe auf der Flasche lagert vor der Abfüllung etwa acht Jahre. Rötlich-lohfarbener Farbton. Volles Bukett, das gerade reif genug ist, um Interesse zu wecken, und doch noch die gehaltvolle Fruchtigkeit der Jugend bewahrt. Mittelschwer mit vollem, fruchtig-nussigem Geschmack; sehr nachhaltig. »Distinction« ist einer der besseren Tawnies.

10 YEARS OLD Sehr junges Aussehen; orange-rot, mit einem von Haselnüssen und Dörrobst geprägten Charakter. Mittelschwer, mit moderater Fruchtintensität und adäquater Nachtönung.

20 YEARS OLD Insgesamt ein bedeutenderer Wein als der 10jährige. Tiefes Rot, vollreifes Bukett und intensiver Geschmack von getrockneten Feigen und Datteln sowie ein von Mandeln und Marzipan geprägter Charakter.

LBV

LATE BOTTLED VINTAGE
(s. S. 94)

SINGLE-QUINTA-JAHRGANGSPORT

QUINTA DA ROEDA 1983
(s. S. 94)

JAHRGANGSPORT

VINTAGE 1994 Einer der helleren 94er, bereits eher rubin- als purpurrot. Recht leichtes, gut entwickeltes und aufgeschlossenes Bukett (schwarze Johannisbeeren und Pfeffer). Überraschenderweise sehr süß; sehr feste Tannine. Eine Kombination aus intensivem Geschmacksbild und kurzem Abgang (vielleicht nur eine Phase des Weins). Ein Wein für den mittel- bis langfristigen Verbrauch.

VINTAGE 1991 (s.S. 94)

VINTAGE 1985 Noch ein Wein, der sich recht schnell entwickelt. Dunkles Rubin- bis Granatrot. Gehaltvolles Bukett (Früchtekuchen), sehr aufgeschlossen (dies scheint zur Zeit das Merkmal des gesamten Jahrgangs zu sein). Milde Tannine, durchschnittlicher Säuregehalt. Er ist schon jetzt gut trinkbar, wird sich jedoch noch einige Jahre lang verbessern; allerdings wird er nicht so langlebig sein wie viele andere Vertreter dieses Jahrgangs.

VINTAGE 1982 In diesem »gespaltenen« Jahrgang wählte Croft 1982 für den richtigen Jahrgangsport und 1983 für den Single-Quinta-Wein der Quinta Roêda. Der 82er sieht bereits ziemlich alt aus, rosafarben und recht hell. Mildes Bukett (Rosinen und Blütenblätter); der Geschmack verrät mehr, als das Bukett andeutet; halbsüß und mit sehr milden Tanninen, aber von ausreichendem Säuregehalt und recht vollem Geschmack, wenngleich etwas leichter Struktur. Hat seinen Gipfel jetzt erreicht und wird wahrscheinlich nicht mehr wesentlich besser, das Niveau jedoch halten.

VINTAGE 1975 Helles Granatrot; sehr reifes, ein wenig vornehmes und unbeständiges Bukett (reifes Dörrobst und Alkohol). Halbsüß, mit ausgewogener Säure und milden Tanninen; adäquate Nachtönung. Dieser Wein ist bereits seit den letzten Jahren voll trinkreif. Er baut nicht mehr aus und sollte getrunken werden, bevor er abbaut.

VINTAGE 1927 Helles Orangerosa, in keiner Hinsicht bräunlich. Volles und natürlich reifes Bukett mit floralen Zügen. Süßer, sehr zarter Geschmack, samtig-seidig; die Tannine sind bei milder Säure nur ganz leicht spürbar. Sehr nachhaltiges Aroma. Dieser Wein baut nicht mehr aus, hat sich jedoch sehr gut gehalten. Wenn Sie etwas davon haben, besteht – anders als bei einigen der jüngeren Jahrgänge – keine Eile, ihn zu trinken. Die Verkostung dieses Weins wurde 1993 großzügigerweise von Herrn Peter Hasslacher (Deinhard Ltd.) ermöglicht.

HERSTELLUNG

Roêda

Einkauf bei Reibalonga und Vale de Mendiz

Delaforce Sons & Ca. – Vinhos, Lda.

Largo de Joaquim Magalhães, 23
Apartado 6, 4401 Vila Nova de
Gaia Codex, Portugal

Delaforce gehört heute zusammen mit Croft zu International Distillers and Vintners (IDV). Die Firma wurde 1868 von George Henry Delaforce gegründet, dessen Vater John Fleurriet Delaforce bereits 1834 als Arbeiter in der Portweinbranche begonnen hatte. George Henry Delaforce baute das Geschäft auf und eröffnete den Handel mit vielen anderen europäischen Ländern (darunter Rußland, England, Irland, Deutschland, Frankreich und den skandinavischen Ländern). Die Firma Delaforce Sons & Ca. wurde dann 1903 gegründet, als Henry und Reginald Delaforce das Unternehmen übernahmen.

INFORMATION

BESUCHE *der Lagerhallen nach Vereinbarung*
Tel. (351–2) 3755514

EMPFOHLENE WEINE
His Eminence's Choice Tawny

GESAMTWERTUNG ★★

Wie sooft bei Portweinfirmen blieb die Verbindung zur Gründerfamilie bis heute bestehen: David Delaforce ist der derzeitige Hauptgeschäftsführer für Portweinmarken bei IDV und für den weltweiten Vertrieb sowohl von Croft als auch von Delaforce verantwortlich. Mit seinem Sohn Nicolas, der die Portwein-Verschnitte herstellt, ist bereits die sechste Generation der Familie für die Firma tätig.

Delaforce besitzt keine eigenen Weingüter, sondern hat einen Langzeitvertrag mit Exklusivrechten für das imposante Weingut Quinta da Corte, das ein wenig flußabwärts von Ramos Pintos Quinta do Bom Retiro liegt. Die Weinberge Cortes sind zum größten Teil in mauergestützten Terrassen angelegt, aber auch neue Anbauarten werden verwendet. Da Corte an einem Hang eines schmalen Tals liegt und seine Weingärten in einwandfreiem Zustand sind, tauchen Bilder dieses Weinguts in beinahe jedem Buch und Prospekt über Portwein auf, um genau zu veranschaulichen, in was für einer Art von Gelände sich die Weinberge befinden und welche Probleme bei ihrer Bearbeitung auftauchen.

Jahrgangsports von Delaforce sind zur Zeit eher für den mittelfristigen Verbrauch geeignet, obwohl sich einige der älteren noch sehr gut präsentieren. Die Weine sind fast überall auf dem Markt, aber in Deutschland besonders stark vertreten.

VERKOSTUNGSNOTIZEN

QUINTA DA CORTE 1984 Am Rand zeigt sich inzwischen das Alter ein wenig. Würzig-fruchtiges Bukett; leicht im Geschmack. Fester Tannin-Biß; nachhaltiger, eleganter Abgang.

VINTAGE 1985 Noch sehr dunkel. Sehr aufgeschlossenes und volles Bukett; im Moment wesentlich aussagekräftiger als viele andere Jahrgangsports. Reifer, feuriger Geschmack mit recht hohem, aber reifem Tanningehalt und angenehm kraftvollem Aroma.

DAS DELAFORCE-LAGER IN VILA NOVA DE GAIA

Auf der Quinta da Corte gedeihen Trauben für Spitzen-Portweine.

Verkostungsnotizen

ALTER TAWNY

HIS EMINENCE'S CHOICE TAWNY
Die führende Marke der Firma. Nach ungefähr acht Jahren Faßlagerung befreit sich der Wein gerade eben von jugendhafter Röte. Ein etwas vornehmes Bukett (exotische Gewürze), verbunden mit einem süßlichen, recht vollen und komplexen Geschmack, macht aus ihm einen besonders angenehmen Tropfen.

LBV

LBV Dunkles Rubinrot. Voll und reich in Körper und Geschmack, mit angemessenem Fruchtgehalt. Kein Wein für die Lagerung, aber ein guter Vertreter seines Typs.

SINGLE-QUINTA-JAHRGANGSPORT

QUINTA DA CORTE 1991
Halbdunkle Farbe. Volles, reiches Bukett (Pflaumen und Schokolade mit ein wenig Rauch). Reifer, süßer Geschmack mit milderen Tanninen als erwartet und guter Nachtönung.

QUINTA DA CORTE 1984 (s. S. 97)

JAHRGANGSPORT

VINTAGE 1994 Sehr intensiv-schwarzer Farbkern mit sehr schmalem Rand; Bukett und Geschmack entsprechen jedoch nicht der dunklen Farbe. Nur im Geschmack moderat kraftvoll, das Bukett dagegen relativ leicht und fruchtig. Ein eleganter Wein für den mittelfristigen Verbrauch.

VINTAGE 1992 Mäßig dunkle Farbe mit intensiv pflaumenartigem und sehr aufgeschlossenem Bukett; entwickelt sich bereits. Voller, süßer Geschmack mit festen Tanninen und guter Nachtönung.

VINTAGE 1985 (s. S. 97)

Herstellung

Entfällt

Hauptlieferant Quinta da Corte

H. & C. J. Feist – Vinhos, S. A.

Rua Serpa Pinto, 534
4401 Vila Nova de Gaia, Portugal

Feist wurde 1836 von zwei deutschen Cousins unter dem Namen H. & C. J. Feist in London gegründet. Bis 1870 hatte das Geschäft stark expandiert, und Carl Feist ging nach Porto, um dort eine neue Filiale zu eröffnen. Dieser Firmenzweig blieb weitgehend in der Hand der Familie. Zunächst übernahm der Schwiegersohn, später der Enkel des Gründers die Leitung.

Während des Zweiten Weltkriegs wurde die Londoner Niederlassung bei einem Luftangriff zerstört. Der Schaden war so groß, daß sie nicht wiedereröffnet wurde und somit nur der portugiesische Zweig des Unternehmens übrigblieb, der weiter unter dem Namen H. & C. J. Feist – Vinhos, S.A. arbeitete, bis er später von Barros/Almeida, einer der größten Portwein-Handelsgruppen (s. S. 69), aufgekauft wurde. Feist ist inzwischen nurmehr eine Marke dieser Firma und genießt nicht die Autonomie seiner Schwesterfirma Kopke.

Der größte Teil des Traubengutes für Feist-Weine wird eingekauft, und nur ein sehr kleiner Anteil stammt von der firmeneigenen Quinta da Fonte Santa, die Kopkes Quinta de São Luiz benachbart ist. Feist hat sich auf Colheitas spezialisiert, von denen eine große, bis zur Ernte von 1937 zurückgehende Auswahl erhältlich ist. Wie bei Barros/Almeida selbst werden relativ viele Jahrgänge deklariert (in den 80er Jahren waren es sechs), und die Weine reifen früh.

Information

Besuche *der Lagerhallen*
Tel. (351–2) 3752320

Empfohlene Weine
Colheita 1963

Gesamtwertung ★

Herstellung

Fonte Santa

Wie bei Barros/ Almeida selbst

Verkostungsnotizen

20 YEARS OLD Helle, orangene Farbe; sehr leuchtend. Leichtes Bukett (Rauch und Zitronat). Süßer, überladener Geschmack, bei dem die Süße dominiert und nur vom Alkohol getragen wird. Zu wenig Frucht.

COLHEITA 1963 Dunkle, walnußbraune Farbe. Volles, reifes und sehr oxidatives Bukett. Alkohol, geröstete Nüsse und Dörrobst; daneben Toffee. Sehr süßer, toffeeartiger Geschmack, mit ausgewogener Säure und hoher Geschmackskonzentration. Guter, nachhaltiger Abgang. Groß, schneidig und kraftvoll, wenngleich mit etwas zu wenig Eleganz.

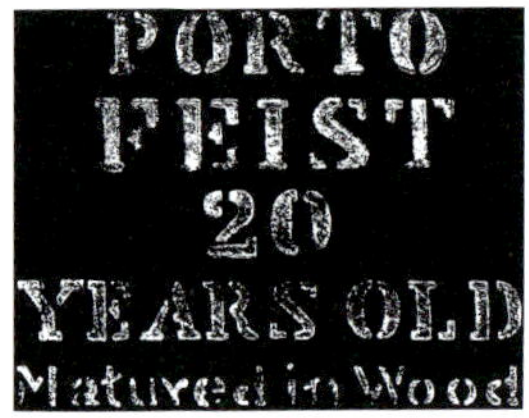

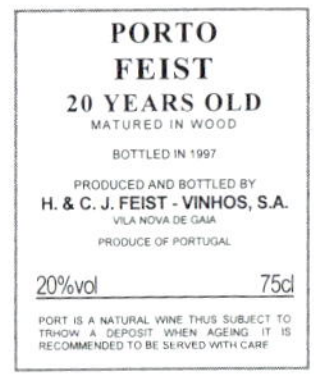

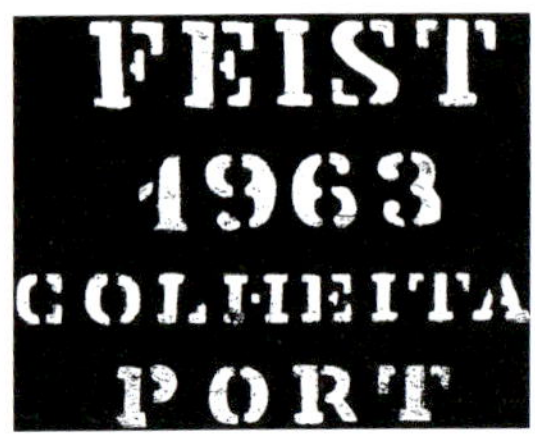

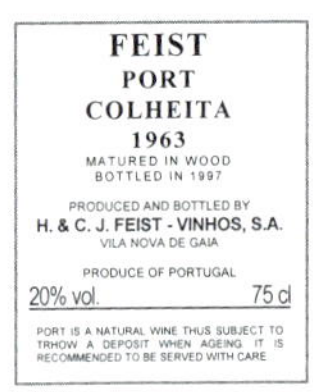

A. A. Ferreira S. A.

Postalische Adresse
P.O. Box 3002, 4301 PORTO CODEX
Büro und Lagerhalle
Rua da Carvalhosa, 19/103
4400 Vila Nova de Gaia, Portugal

Ferreira ist eine der Größen der Portweinwelt; einige beachtliche Weingüter und eine lange Weinbautradition geben dieser Firma die ideale Basis für die Herstellung von Spitzen-Qualitätsweinen.

Mitte des 18. Jahrhunderts wurde die Handelsfirma von José Ferreira gegründet (der tragischerweise von den Napoleonischen Truppen erschossen wurde, da sie ihn aufgrund seines fließenden Französisch irrtümlicherweise für einen Deserteur hielten), doch erst einer der Nachkommen begründete den heutigen Ruf der Firma: Dona Antónia Adelaide Ferreira, liebevoll Ferreirinha (»Ferreiralein«) genannt. Sie war die Grande Dame der Portweinbranche und, wenn man so will, Portugals Antwort auf Veuve Nicole-Barbe Clicquot-Ponsardin, eine der berühmtesten Gestalten der Champagnerbranche.

Die bereits mit Anfang 30 verwitwete Dona Antónia widmete ihre außerordentliche Energie genau wie Veuve Clicquot ganz ihrer Firma. Sie gehörte zu den ersten, die im Douro-Gebiet beträchtliche Investitionen tätigten, kaufte Quintas im Cima Corgo und Douro Superior und ließ das Straßennetz ausbauen. Als sie mit über 80 Jahren starb, hatte sie zwei Dutzend Quintas um sich gesammelt und dazu Krankenhäuser und Kliniken in dieser entlegenen Gegend gestiftet.

Ferreirinha genoß bei den Ortsansässigen immer ein hohes Ansehen, und beide Seiten unterstützten sich oft gegenseitig. So kaufte sie z. B. vom besonders ertragreichen Jahrgang 1868, in dem die Winzer aufgrund des Überangebots auf ihren Wein sitzenblieben, eine beträchtliche Menge (obwohl sie keinen Bedarf hatte) und lagerte ihn ein.

Information

Besuche *Die Lagerhalle ist montags bis freitags von 9.30–17.00 Uhr geöffnet (mittags geschlossen); von April bis Oktober auch samstags von 9.30–12.00 Uhr. Keine Anmeldung erforderlich. Die Quintas können nach Absprache besichtigt werden. Tel. (351–2) 3745292.*

Empfohlene Weine *Quinta do Porto 10 Years Old, Duque de Bragança 20 Years Old, Vintage 1982*

Gesamtwertung ★★★

Ferreira besitzt auch heute noch drei vorzügliche Quintas: In der Nähe von Pinhão befinden sich die Quintas do Porto und do Seixo, und die Quinta da Leda liegt weiter flußaufwärts in Richtung spanischer Grenze. Zwar hält man sich an die von Dona Antónia begründete Tradition, aber Ferreira gehört nach wie vor zu den innovativsten Firmen der Region. Das *Vinha-ao-alto*-Anbausystem wurde hier und bei Ramos Pinto erstmals in größerem Rahmen verwendet und wird von beiden Firmen auch energisch verteidigt. Die Quinta do Porto besteht noch zum größten Teil aus Terrassen; auf der Quinta do Seixo dagegen sind über die Hälfte der Weinstöcke in vertikalen Zeilen gepflanzt, was für eine Quinta dieser Größenordnung in diesem Teil des Douro-Gebiets beträchtlich ist.

DIE QUINTA DA LEDA IM DOURO SUPERIOR

Ferreira war bis in die späten 80er Jahre in Familienbesitz und wurde dann vom Sogrape-Handelsimperium, das vor allem durch die halbtrockene Rosé-Marke Mateus berühmt geworden ist, aufgekauft. Aber wie bei vielen Portweinfirmen sind noch immer Nachkommen der Familie am Ruder.

Da Ferreira trotz seiner Preise, die ungefähr 15% über denen der Konkurrenz liegen, die größte portugiesische Marke ist, verwundert es nicht, daß auch die Tawnies der Firma einen exzellenten Ruf genießen. Einige Fachleute neigen leider dazu, die Jahrgangsports zu vernachlässigen, doch bei der Mehrzahl von ihnen handelt es sich um sehr elegante Weine, die außerdem ein ausgezeichnetes Stehvermögen haben. Jahrgangsports von Ferreira können im Vergleich zu anderen sehr fein erscheinen, sollten aber nicht als Leichtgewichte abgetan werden. Das von der Firma bevorzugte behutsamere Extraktionsverfahren führt zwar zu einem niedrigeren Tanningehalt, aber die meisten Weine haben dennoch reichlich Rückgrat. Durchschnittliche Rubies und Tawnies machen ca. 70% der Produktion von Ferreira aus, und White Port kommt auf 17%, was viel ist; letzterer wird in drei Sorten angeboten: trocken, halbsüß und *lágrima*, ein sehr süßer Dessertwein.

DIE QUINTA DO PORTO BEI PINHÃO

Verkostungsnotizen

DONA ANTONIA FERREIRA PERSONAL RESERVE Dieser Wein ist anders als die übrigen Rubies, die für dieses Buch verkostet wurden. In ungefähr sechs Jahren Faßlagerung nimmt er einige der würzigen Züge an, die ein Zeichen von Reife sind. Nicht so voll und fruchtig wie die anderen, aber komplexer.

VINTAGE CHARACTER Dieser Wein hat echten Charme; eleganter und reifer als der Ruby, von dunkler Farbe, intensiv-körperreichem Geschmack und sehr jugendhaftem Stil.

WHITE PORT Ein gefälliger Wein von heller Farbe, mit frischem Bukett (Pfirsich oder Aprikose) und mehr Charakter als die meisten anderen. Im Geschmack halbsüß und mit erfrischender Säure, die einen reintönigen Abgang bewirkt.

Verkostungsnotizen

QUINTA DO PORTO 10 YEARS OLD Die Südlage dieses Weinbergs sorgt für stärkere Sonneneinstrahlung und macht diesen dunklen, orangebraunen Wein sehr reif und gehaltvoll; das Bukett erinnert an warmen Früchtekuchen, reich an Frucht und Gewürzen. Süßer als andere, aber von ausreichend Säure balanciert.

VINTAGE 1985 Er beginnt gerade, am Rand etwas Alter zu zeigen, ist jedoch noch sehr dunkel-rubinrot. Kompott-Bukett mit ein wenig Gewürzcharakter. Er hat seinen Gipfel noch nicht erreicht, ist aber im Begriff trinkreif zu werden, baut jedoch noch einige Jahre aus.

DUQUE DE BRAGANÇA 20 YEARS OLD Aufgrund der längeren Lagerung ist dieser Wein heller als der 10jährige und eindeutig eher braun als orange. Im Verschnitt können bis zu 40 Jahre alte Weine enthalten sein, was sich in der Komplexität der Aromen zeigt; darunter sind Noten von Dörrobst, Feigen oder Datteln und exotischen Gewürzen. Ein eleganter Wein mit anhaltendem Abgang.

VERKOSTUNGSNOTIZEN

RUBY

DONA ANTONIA FERREIRA PERSONAL RESERVE
(s. S. 103)

RUBY Dieser einfache Ruby ist ein tadelloser fruchtiger Jungwein, offensichtlich sehr umsichtig hergestellt, aber nicht so interessant wie der Vintage Character und Dona Antónia.

VINTAGE CHARACTER
(s. S. 103)

WHITE PORT

WHITE (s. S. 103)

ALTER TAWNY

QUINTA DO PORTO 10 YEARS OLD (s. S. 104)

DUQUE DE BRAGANÇA 20 YEARS OLD (s. S. 104)

JAHRGANGSPORT

VINTAGE 1994 Präsentiert sich gegenüber den anderen dieses Jahrgangs sehr gut. Voll, mit fester Struktur (aber vielleicht nicht so fest wie andere) und wuchtiger Fruchtkonzentration. Ein Wein für den mittel- bis langfristigen Verbrauch, der wohl kaum weniger als 20 Jahre bis zur Trinkreife benötigt.

VINTAGE 1991 Bei der ersten Verkostung kurz nach der Abfüllung hatte dieser Wein einen fruchtigen Charakter mit kräftiger, aber nicht herber Struktur; inzwischen hat er sich verschlossen. Bei einer erneuten Verkostung 1996 war er eher zurückhaltend, und es war schwierig, ihm etwas abzugewinnen, obwohl seine Konzentration noch immer spürbar war. Nicht so voll wie der 94er; eher ein Wein für den mittelfristigen Verbrauch, vermutlich in ungefähr 15 Jahren trinkreif.

VINTAGE 1985 (s. S. 104)

VINTAGE 1982 Junge, rubinrote Farbe, vitale Himbeer- und Erdbeer-Frucht; überhaupt kein Anzeichen von Alter. Halbsüß, mit verblüffend junger Frucht und einer festen, aber nicht im mindesten herben Struktur. Einer der besten 82er und sicherlich einer der am wenigsten entwickelten.

VINHA-AO-ALTO-REBFLÄCHEN AUF DER QUINTA DO SEIXO

HERSTELLUNG

Leda, Porto, Seixo

85% der Jahresproduktion

Fonseca Guimaraens – Vinhos S. A.

Rua Barão de Forrester, 404, Apartado 13
4400 Vila Nova de Gaia, Portugal

Fonseca stellt zweifellos einige der besten Portweine her und genießt auch bei der Konkurrenz höchstes Ansehen; für Portwein sind diese Firma und ihre Schwesterfirma Taylor quasi das Gegenstück zu den Spitzenweinen Châteaux Pétrus und Le Pin. Obwohl Taylor jetzt Firmeninhaber ist, unterstehen die alltäglichen Arbeiten im Weinberg und die Weinherstellung nach wie vor der Fonseca-Guimaraens-Familie. Weingut-Direktor Bruce ist zwar kürzlich in den Ruhestand getreten, aber sein Sohn David arbeitet in der Firma als Kellermeister.

Die Firma besteht seit 1822, als Manoel Pedro Guimaraens eine Handelsfirma namens Fonseca & Monteiro mit Sitz in Porto kaufte. Kurze Zeit später mußte er jedoch aus politischen Gründen, in einem Portweinfaß versteckt, aus seiner Heimat nach England fliehen. Während seines Exils entwickelte sich die Firma zu einem der größten Portwein-Exporteure.

Nach der Neugründung blieb die Firma bis 1927 in London ansässig; dann wurde die Firmenzentrale wieder nach Porto verlegt. Die Teilhaber verkauften ihre Anteile 1948 an Taylor, Fladgate & Yeatman, die die Firma bis heute besitzen.

Beide Unternehmen haben sicherlich von der Vereinigung ihrer Kräfte profitiert: Taylor hatte jetzt ein zusätzliches Eisen im Feuer, und Fonseca bekam ein stärkeres und erfolgreicheres Marketing. Trotz dieser Entwicklung behielt man die jeweiligen Stile der beiden Häuser weiterhin bei.

Fonsecas Vorzeigeweingut ist Panascal im Távora-Tal, etwa zehn Autominuten von Pinhão entfernt. Dies war eine der ersten Quintas, die ihre Tore für Besucher öffnete. Das ganze Jahr über werden hier Führungen veranstaltet; die Touristen können die jahrhundertealte Portweinherstellung in *lagares* sehen und einen Rundgang in den Weingärten

INFORMATION

BESUCHE *der Lagerhallen und der Quinta do Panascal*
Tel. (351–2) 3719999

EMPFOHLENE WEINE
Fonseca Guimaraens 1976, Fonseca 1985, Fonseca 1994

GESAMTWERTUNG ★★★

HERSTELLUNG

Cruzeiro, St. António, Panascal

Traubengut

QUINTA DO PANASCAL IM TAVORA-TAL

machen, um die terrassenförmigen Rebflächen und die imposante Távora-Landschaft zu betrachten. Panascal hat vorwiegend die ideale Südlage, und ein großer Teil des Bodens wurde kürzlich auf Patamar-Terrassen neu bepflanzt. Das Gut liefert seit vielen Jahren einen wichtigen Anteil für den Fonseca-Verschnitt, obwohl es erst 1978 gekauft wurde.

Fonseca besitzt außerdem die Quintas Santo António und de Cruzeiro im Mendiz-Tal. Auch sie gehören der A-Kategorie an; wie die meisten Quintas sind sie jedoch nicht der Öffentlichkeit zugänglich.

Das gesamte Traubengut der firmeneigenen Quintas wird mit den Füßen gemaischt, und Fonseca verfügt über den vermutlich neuesten *lagar* im Douro-Gebiet, der angeschafft wurde, um den Produktionsanstieg der 90er Jahre zu bewältigen.

Die Herstellung der Weine lag über hundert Jahre lang mit einer Ausnahme in den Händen von nur zwei Personen: Von 1896–1948 war Frank Guimaraens für die Jahrgangsweine zuständig und später Bruce Guimaraens, eine der bedeutendsten Figuren des Douro-Gebiets, der in den Weinbergen in seinem Element ist und sich am glücklichsten fühlt, wenn er landeinwärts im abgegrenzten Anbaugebiet ist.

Bruce Guimaraens setzte sich Ende 1995 zur Ruhe; sein Ausscheiden bedeutet jedoch nicht das Ende der Beteiligung der Guimaraens-Familie: Zum einen kommt er noch immer auf einen Sprung in der Lagerhalle vorbei, um bei Bedarf seinen Rat zu geben, und außerdem hat sein ältester, bei Roseworthy in Australien ausgebildeter Sohn David die

Weinherstellung übernommen. Auch sein anderer Sohn Christopher wird vermutlich in die Firma eintreten.

Aufgrund ihrer langen Londoner Handelstradition betrachtet sich Fonseca entschieden eher als britische denn als portugiesische Firma. Auch der Stil der Weine – elegante, langlebige Jahrgangsports und fruchtige Tawnies – ist eindeutig britisch. Bei zwei Häusern derselben Gruppe ist man natürlich geneigt, die verschiedenen Stile zu vergleichen: Während Taylor sehr starke, strukturierte Weine herstellt, sind die Gegenstücke von Fonseca größer und schneidiger und vielleicht auch ein wenig duftiger, aber beide Firmen sind gleichermaßen gut.

Eine Bemerkung zu den Jahrgangsports: Weine der Spitzenjahre werden als »Fonseca« deklariert. Falls die Weine gut, aber nicht sensationell sind, verwendet man das Etikett der Zweitmarke (»Fonseca Guimaraens«); diese Weine werden normalerweise auf den Markt gebracht, wenn sie trinkreif sind oder sich dem Reifestadium zumindest nähern. De facto entsprechen sie den Single-Quinta-Marken vieler anderer Firmen, können jedoch ein Verschnitt von Weinen unterschiedlicher Anbauorte sein. Gemessen an ihrer Reife und ihrem Marktpreis ist man mit Fonseca-Guimaraens-Jahrgangsports gut bedient.

Fonsecas hin und wieder produzierter Single-Quinta-Wein stammte in den letzten Jahren von der Quinta do Panascal. Das Bezeichnende dieses Weins ist, daß er sich weniger komplex als die Fonseca-Guimaraens-Weine darstellt – entweder aufgrund der jungen Reben auf Panascal (werden Reben älter, ist ihr Ertrag zwar geringer, aber Qualität und Komplexität nehmen zu) oder ganz einfach, weil sie von nur einem Anbauort kommen. Er gibt den Verbrauchern Gelegenheit, flaschengereiften Fonseca-Wein zu trinken, der sogar noch erschwinglicher ist als die Fonseca-Guimaraens-Jahrgangsports.

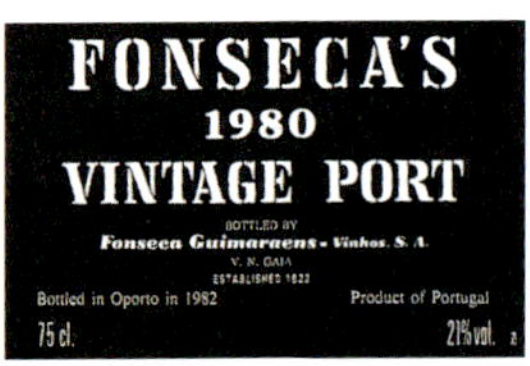

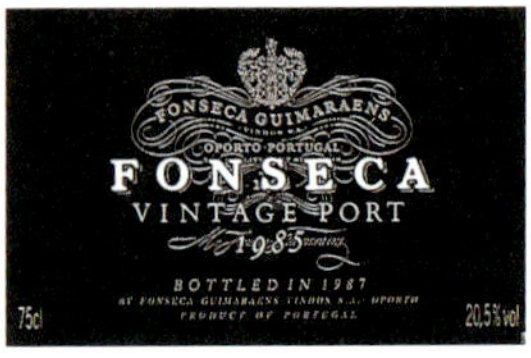

Verkostungsnotizen

BIN NO. 27 FINE RESERVE
Dies ist Fonsecas Vintage Character bzw. Spitzen-Ruby. Gehaltvoll und pflaumig, von sehr dunkler Farbe und bemerkenswert kräftiger Struktur; einer der besten dieses Typs.

20 YEAR OLD RICH TAWNY Ein heller, orangebrauner Wein mit kraftvollem Dörrobst-Aroma (besonders Aprikose und getrockneter Apfel nur leicht nussig. Halbsüß mit konzentriertem, elegantem Dörrobst- und Nußaroma. Sehr nachhaltiger Abgang.

FONSECA VINTAGE 1985 Ein Wein mit schwarzem Farbkern und sehr dunklem purpur- bis rubinrotem Rand. Florales Bukett (Veilchen und Rosenblüten sowie intensive schwarze Früchte); er wird daher oft als »duftig« beschrieben. Im Geschmack Alkohol und Tannine, völlig unentwickelte Frucht. Benötigt viel Zeit, bis er wirklich trinkreif ist.

VERKOSTUNGSNOTIZEN

RUBY

BIN NO. 27 FINE RESERVE
(s. S. 109)

ALTER TAWNY

20 YEAR OLD RICH TAWNY
(s. S. 109)

SINGLE-QUINTA-JAHRGANGSPORT

QUINTA DO PANASCAL 1984
Vom Erscheinungsbild her reif, aber das Bukett ist jugendhafter, als die granatrote Farbe vermuten läßt: noch fruchtig, mit Noten von Kirschen und roten Früchten. Milde Tannine. Jetzt trinkreif, kein Wein zum Aufbewahren.

JAHRGANGSPORT

FONSECA VINTAGE 1994
Schwarz, mit äußerst schmalem, purpurrotem Rand. Verschlossenes Bukett mit enorm konzentrierter Frucht (Pflaumen und Backpflaumen) und einigen Tabaknoten. Sehr mundfüllend, halbsüß, mit sehr festen Tanninen und mächtiger Konzentration.

FONSECA VINTAGE 1992
Blauschwarze Randfarbe; kaum eine Veränderung seit der ersten Verkostung, als er auf den Markt kam. Noch sehr verschlossen, subtileres Bukett als andere 1992er, aber mit relativ vollem Geschmack reifer, dunkler Früchte, der von der Produktgüte dieser Firma zeugt.

FONSECA VINTAGE 1985
(s. S. 109)

FONSECA GUIMARAENS VINTAGE 1984 Dunklere Farbe als der 82er und der 78er, und doch noch ein recht reifes Rubin- bis Granatrot. Reifes Bukett (Gewürze und Tabak); auf die gefällige Art spritig. Mittelschwer mit festen Tanninen und guter Konzentration. Einer der besten aus der Reihe jüngerer Guimaraens-Weinen, wenngleich nicht so gut wie der 76er.

FONSECA VINTAGE 1983 Noch dunkelfarbig, aber mit eher rubin- als purpurrotem Rand. Stechendes, ja rohes Bukett (schwarze Früchte); halbsüß mit starken Tanninen, durch die Säure gut ausbalanciert. Schneidige Aromen dunkler Früchte und ein nachhaltiger, kraftvoller Abgang. Ein ausgezeichneter Wein, der Zeit braucht. Nicht so gut wie der 85er, aber auf jeden Fall herausragend.

FONSECA GUIMARAENS 1982 VINTAGE Schon sehr weit entwikkelt; bereits helles Granatrot. Das Bukett wird durch Gewürze und altes Holz bestimmt, nur mäßig betont und nicht so kraftvoll, wie man es bei einem Jahrgangsport erwarten würde. Halbsüß, mit leichten Tanninen und ausgewogener Säure. In den nächsten Jahren trinkfertig.

FONSECA VINTAGE 1980
Angenehm, aber von den Fonsecas der schwächste – allerdings könnte er sich zu einem interessanten Wein entwickeln, wenn man ihm Zeit läßt. Helle, reife Farbe und reifes Bukett (Gewürze und Alkohol); leicht, eher zu wenig Frucht.

FONSECA GUIMARAENS VINTAGE 1978 Helles Granatrot, eindeutig reif. Feines, subtil-fruchtiges Bukett mit Noten von Vanille und altem Holz. Halbsüß, mit spürbaren, aber nicht mehr zu mächtigen Tanninen und einem nachhaltigen, reifen Abgang. Kein Wein zum Aufbewahren.

FONSECA GUIMARAENS VINTAGE 1976 Ganz gleich, welche Meßlatte man anlegt: Bei diesem Preis und angesichts der Tatsache, daß sein Hersteller ihn als zweitrangig einstuft, ein verblüffend guter Wein. Sehr dunkle Farbe; kaum Anzeichen von Alter im Erscheinungsbild. Sehr volles, fruchtiges und lakritzeartiges Bukett mit altersbedingt gehaltvollen, fleischigen, beinahe wildbretartigen Zügen. Halbsüß und sehr körperreich; mächtige Fruchtkonzentration und noch recht feste Tannine, die diesen Wein für viele Jahre konservieren. Vielleicht nicht so komplex wie ein mustergültiger Fonseca-Jahrgangsport, aber einigen ebenbürtig und besser als viele andere Jahrgangsweine auch aus besseren Jahren.

FONSECA VINTAGE 1975 Nur wenige 75er sind noch in gutem Zustand; die meisten sollten inzwischen getrunken sein. Dieser Wein macht da eine Ausnahme; er ist einer der besten dieses Jahrgangs. Jetzt vollreif, mit etwas zarter Fruchtigkeit nach dem Öffnen (nicht zu lange in der Karaffe stehen lassen), aber ausreichend Struktur, um sich noch ein paar Jahre zu halten.

Forrester & Ca., S.A.

Rua Guilherme Braga, 38, Apartado 61
4400 Vila Nova de Gaia, Portugal

Joseph James Forrester (später: Baron Forrester) war einer der großen Männer in der Geschichte des Portweins. Der Name dieses Önologen, der auch Geograph, Kartograph und Künstler war, zählt zu den berühmtesten der ganzen Branche, und sogar eine Straße in Porto ist nach ihm benannt. Ungeachtet all diesen Ruhms verwendet die Firma, die seinen Namen trägt, den Namen Offley für ihre Weine.

> **INFORMATION**
>
> **BESUCHE** *nur Fachbesucher*
>
> **EMPFOHLENE WEINE** *Tawnies, insbesondere 10 Years Old und 20 Years Old*
>
> **GESAMTWERTUNG** ★★

Die Familie Offley stammt aus Westengland; William Offley I. war ab 1517 in Stratford Sheriff und sein Sohn Oberbürgermeister von London. Die Handelsverbindung nach Portugal entstand jedoch erst 200 Jahre später, als William Offley VII. 1737 in Porto eine Firma gründete.

Im Jahr 1803 trat der Onkel des berühmten Joseph James Forrester der Firma bei und vermachte seinen Anteil 1831 seinem Neffen, der bis zu seinem tragischen Tod im Fluß Douro (1862) an der Firma beteiligt war. Forrester kenterte nach einem Essen bei Dona Antónia Ferreira mit einem Boot in den Stromschnellen bei Baleira und wurde, so heißt es, von einem Goldsäckchen, das für die Bezahlung der Pflanzer bestimmt war, nach unten gezogen. Seine Begleiterinnen aus dem Boot dagegen wurden von ihren Reifröcken über Wasser gehalten und in sicheres Gewässer getrieben.

Auch die jüngere Firmengeschichte war bewegt, denn das Unternehmen war Gegenstand mehrerer Übernahmen und Swapgeschäfte. In den frühen 60er Jahren wurde es von Sandeman gekauft; der Wermut-Riese Martini & Rossi erwarb einen Firmenanteil, und 1980 wurde Seagram von Sandeman und Martini von Forrester übernommen. Trotz all dieser Wechsel hat die Firma die Qualität ihrer Spitzenmarken gewahrt. Unlängst wurde die Firma an Sogrape verkauft, in dessen Besitz bereits Ferreira, der Markenführer in Portugal ist. Es wird interessant sein zu beobachten, ob bzw. wie sich die Firmenphilosophie angesichts der Position, die Ferreira als Spitzenmarke auf dem heimischen Markt innehat, ändert.

Verkostungsnotizen

BARON DE FORRESTER 20 YEARS OLD Volles Braun, kaum eine Spur von Rot; betontes Toffee- und Fondant-Bukett mit getrockneten Feigen. Halbsüß mit spritziger Säure und ein wenig Tannin. Im Geschmack ist die Frucht sehr ausgeprägt und offen; ein komplexer Wein mit guter Nachtönung.

BARON DE FORRESTER 1975 RESERVE Offley ist nicht auf Colheitas spezialisiert, aber dieser hier sollte Beachtung finden. Recht dunkel; mittelbraun (inzwischen ohne jegliches Rot). Mittelkräftiges Bukett, etwas Rauch und Gewürz, mit Dörrobst und Karamel. Halbsüß mit exakt ausgewogenem Säureanteil; körperreich und konzentriert, mit nachhaltigem Abgang.

BOA VISTA VINTAGE 1985 Noch dunkles Rubinrot; kaum Anzeichen von Reife. Volles Bukett (Pflaumen und schwarzer Pfeffer); im Begriff, sich zu entwickeln. Voller Geschmack mit festen Tanninen und ausgewogener Struktur. Ein voller und beachtlich komplexer Wein; bald gut trinkbar.

Verkostungsnotizen

ALTER TAWNY

BARON DE FORRESTER 10 YEARS OLD Dunkles Rostbraun mit leichtem Marzipan-Bukett; der Alkohol ist nicht zu offenkundig. Halbsüß, mit noch ein wenig milden Tanninen und einem vollen, reichen und konzentrierten Nußgeschmack, der Charme besitzt.

BARON DE FORRESTER 20 YEARS OLD (s. S. 112)

COLHEITA

BARON DE FORRESTER 1975 RESERVE (s. S. 112)

SINGLE-QUINTA-JAHRGANGSPORT

BOA VISTA VINTAGE 1994 Halbdunkle bis helle Farbe (heller als die meisten). Leichtes, fruchtiges Bukett (eher rote als schwarze Früchte); ein wenig unbeständig. Halbsüß mit festen, aber nicht zu aggressiven Tanninen, die die Frucht ein wenig übertönen. Bei der Verkostung war er noch nicht lange auf Flaschen gezogen. Dies ist aller Wahrscheinlichkeit nach ein Wein für den mittelfristigen Verbrauch – aber es wird interessant sein zu sehen, wie er sich entwickelt.

Herstellung

Boa Vista

Traubengut

Böttcher fertigen die Pipen und reparieren sie.

BOA VISTA VINTAGE 1989 Dunkles Rubinrot mit feuriger, »gebackener« Frucht und einem Bukett von schwarzem Pfeffer. Mittelschwer mit festen Tanninen, die Frucht ist im Geschmack ein wenig zu angesengt, was ihm ein wenig Eleganz nimmt. Noch nicht trinkreif, aber kein Wein für den langfristigen Verbrauch.

BOA VISTA VINTAGE 1987 Für sein Alter relativ weit entwickelt. Halbdunkel, voll-fruchtiges und würziges Bukett; Piment tritt recht stark hervor. Halbsüß und ausgewogen, mit moderater Säure, mittelschwer. Ein Wein für den mittelfristigen Verbrauch, der jetzt trinkreif wird und seinen Gipfel vermutlich in einigen Jahren erreicht.

BOA VISTA 1985 VINTAGE (s. S. 112)

BOA VISTA VINTAGE 1983 Nicht ganz so dunkel wie der 85er, aber mit demselben pfeffrigen Charakter und voller, pflaumiger Frucht. Im Geschmack weniger konzentriert und eindeutig nicht so komplex wie der 85er. Aufgrund der milderen Tannine ist dieser Wein jetzt gut trinkbar und wird es auch noch für einige Jahre sein.

Im Forrester-Lagerhaus in Gaia

Garrett & Ca., Lda.

Av. da Républica, 796, Apartado 27
4431 Vila Nova de Gaia Codex, Portugal

Garrett wurde 1984 von seiner Schwesterfirma Sociedade dos Vinhos Borges (s. S. 71) gegründet und ist daher relativ neu auf dem Portweinmarkt.

Die Produktpalette der Firma ist zur Zeit noch sehr begrenzt; lediglich ein junger White Port, ein einfacher Tawny und ein Ruby werden hergestellt, aber überhaupt keine Weine der Spitzenklasse. Die Weine sind bewußt für das preiswertere Marktsegment konzipiert und wahren so Borges' guten Ruf für Qualitätsweine, während sie ihm zugleich ermöglichen, mit reellen und beständigen Produkten auf diesem wichtigen und umkämpften Markt Fuß zu fassen.

Information

Besuche *nicht möglich*

Empfohlene Weine
White Port

Gesamtwertung ★

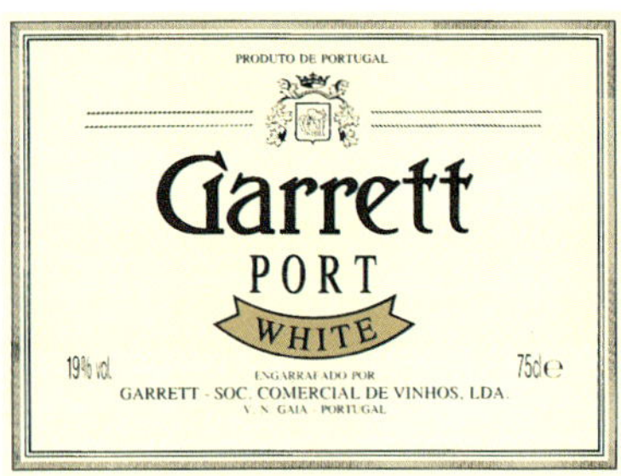

Herstellung

Entfällt

Einkauf bei den Borges-Quintas

Verkostungsnotizen

WHITE PORT Halbdunkle, goldene Farbe mit aufgeschlossenem, fruchtigem und floralem Bukett, sehr frisch und ansprechend. Halbtrocken mit spritziger Säure und mittelschwer. Im Gegensatz zum Bukett recht spritig im Geschmack; mittlere Nachtönung. Eignet sich ganz gut als süßer Aperitif oder als Grundlage für Mixgetränke.

TAWNY Für einen Tawny von sehr dunkler, rubinroter Farbe. Leichtes, frisches Bukett von roten Früchten (Kirschen und Himbeeren). Halbsüß mit ausgewogener Säure und sehr wenig Tannin. Ein gefälliger, unkomplizierter Wein von leichtem Körper und Geschmack, ohne allzuviel Charakter.

Gilberts & Ca., Lda.

Rua Ferreira Borges, 69- 2° Frente
4000 Porto, Portugal

Die Söhne von Karl Gilbert, früherer Teilhaber und Direktor von Burmester und selbst Burmesterabkömmling, kauften ein kleines, 1914 gegründetes portugiesisches Unternehmen zusammen mit seinem Vorrat edler Tawny-Portweine auf und benannten ihre Firma zu Ehren ihres Vaters.

Karl Gilbert wurde im französischen Metz (Lothringen) geboren, aber seine Mutter kam aus Porto und der Portweinbranche, weshalb er in seiner Jugend in das Familienunternehmen eintreten sollte. Er wurde nicht nur ein hochangesehenes Branchenmitglied, sondern bis 1918 auch Honorarkonsul der österreichisch-ungarischen Monarchie in Porto. Alle Direktoren der Firma stammen aus den Familien Gilbert oder Burmester, aber die beiden Firmen Gilberts und Burmester werden getrennt verwaltet.

Da die Quinta Nova de Nossa Senhora do Carmo im Besitz Burmesters ist, überrascht es nicht, daß die Schwesterfirma Gilberts (die keine eigenen Weingüter besitzt) den größten Teil ihres Weins von dort bezieht. Man läßt die Weine in Vila Nova de Gaia reifen, um sie nicht dem extremen Sommerwetter der Douro-Region auszusetzen. Die Lagerhallen können nicht besichtigt werden.

Wie die Muttergesellschaft stellt auch Gilberts einige Jahrgangsports her, die angenehm zu trinken sind; die faßgelagerten Portweine (Tawnies und Colheitas) sind jedoch weitaus interessanter. Weine von Gilberts können sehr süß sein, wodurch unter Umständen die Aromen übertönt werden.

INFORMATION

BESUCHE *nicht möglich*

EMPFOHLENE WEINE
Colheita 1940,
Vintage 1994

GESAMTWERTUNG ★

HERSTELLUNG

Entfällt

Lieferant ist die Quinta Nova de Nossa Senhora do Carmo

Verkostungsnotizen

10 YEARS OLD Brauner als der Vertreter der Schwesterfirma (Burmester); lohfarben mit breitem orangefarbenem Rand. Sehr volles, spritiges Bukett (Holzrauch und getrocknete Fruchtschalen). Sehr süß mit nur knapp ausgewogener Säure. Im Geschmack kommt ein rauchiger Charakter stark durch; nachhaltiger, alkoholischer Abgang.

COLHEITA 1940 Klare, dunkle Karamelfarbe. Sehr intensives, spritiges Bukett mit Noten von getrockneten Fruchtschalen und Karamel; ein sehr reifes Bukett, das keine Frucht mehr hat, aber inzwischen hochkonzentriert ist und an den allerbesten und ältesten Amontillado-Sherry erinnert. Ein im Geschmack extrem süßer Wein (etwas für Leute, die Süßigkeiten mögen); die Süße verdeckt aber viel vom Geschmack.

VINTAGE 1994 Schwarzer Farbkern mit purpurrotem Rand. Das Bukett ähnelt Fruchtsaftkonzentrat; sehr jugendhaft und recht stechend. Süß, mit festen Tanninen und vollem Körper. Nicht so frisch und lebhaft wie manch anderer; besitzt jedoch alles, was ein Wein für den mittel- bis langfristigen Verbrauch benötigt.

Verkostungsnotizen

ALTER TAWNY

10 YEARS OLD (s. S. 117)

20 YEARS OLD Helles Orange mit breitem reifem Rand. Kraftvoll rauchiges Bukett mit Noten von Orangen und getrockneten Fruchtschalen. Reif, aber nicht karamelartig; sehr süß, mit der Fruchtigkeit von Orangenmarmelade. Guter, nachhaltiger Abgang, aber nicht so konzentriert wie das Gegenstück von Burmester.

COLHEITA

COLHEITA 1955 Dunkles Walnußbraun. Toffee- und Fondant-Bukett, sehr reif und oxidiert (dies ist natürlich beabsichtigt). Im Geschmack süß, beinahe klebrig, mit genau ausgewogener Säure. Trotzdem sehr hohe Geschmackskonzentration und in Textur und Geschmack recht medizinisch. In Nachtönung und Komplexität vorzüglich. Ein guter Wein für den, der diese Art mag.

Karl Gilbert

COLHEITA 1940 (s. S. 117)

LBV

LATE BOTTLED VINTAGE 1985 Wieder ein traditioneller LBV, der dekantiert werden muß, da er ein umfangreiches Depot gebildet hat. Halbdunkle bis dunkle, granatrote Farbe; recht reifes Erscheinungsbild. Volles Gewürz- und Rosinen-Bukett. Sehr süß, mit milden Tanninen und ausgewogener Säure.

JAHRGANGSPORT

VINTAGE 1994 (s. S. 117)

VINTAGE 1985 Etwas Reife am Rand, jedoch ein jugendhaftes Backpflaumen- und Feigen-Bukett. Mittelschwer und süß mit milden Tanninen und guter Konzentration. Bald trinkreif.

VINTAGE 1963 Vollreif, granatrot. Komplexes Bukett nach altem Holz, Gewürzen und Früchtekuchen. Die Süße ist nicht so betont wie bei anderen Gilberts-Weinen (vermutlich aufgrund der besonderen Komplexität), der Abgang lang und anhaltend.

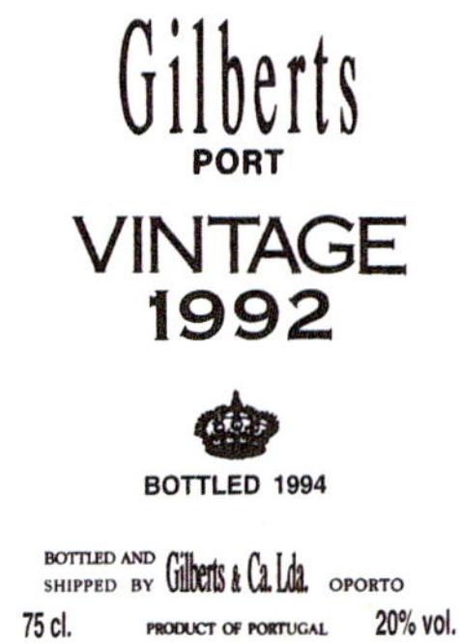

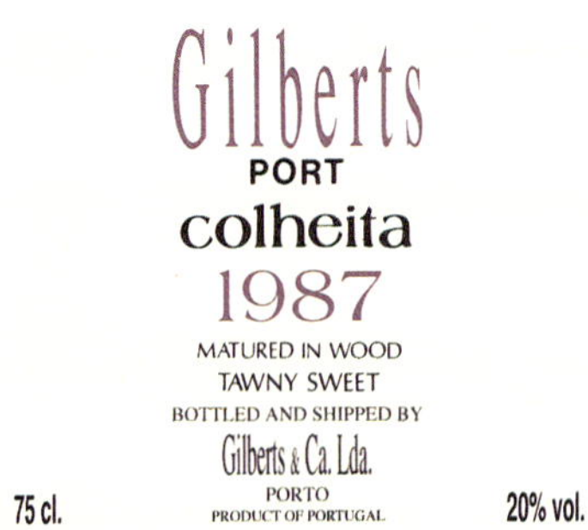

Gould Campbell

Trav. Barão de Forrester, Apartado 26,
4401 Vila Nova de Gaia Codex, Portugal

Gould Campbell gehört – neben Warre & Ca. Lda., W. & J. Graham & Co., Silva & Cosens Lda., Smith Woodhouse & Ca. Lda. und Quarles Harris & Ca., S. A. – zu den Portweinhäusern der Symington-Gruppe. Die Herstellung von Qualitäts-Portwein hat bei dieser Firma, die 1797 gegründet wurde, lange Tradition, und Blindverkostungen haben oft gezeigt, daß sie nach wie vor guten Wein herstellt. Trotzdem gilt Gould Campbell – ungerechterweise – als eine unbedeutendere Marke, und sogar in den Augen von Symingtons PR-Abteilung gehört diese Firma zur zweiten Garnitur.

Information

Besuche *der Lagerhalle nur nach Vereinbarung Tel. (351–2) 3796063*

Empfohlene Weine *Vintage 1983, Vintage 1985*

Gesamtwertung ★★

Die Weine von Gould Campbell gehören in der Regel natürlich nicht in dieselbe Kategorie wie die der Spitzenmarken von Symington (Dow's, Graham und Warre), aber wenn man sie als zweitrangig abtut, läßt man sich einige sehr gute Ports entgehen.

Für ungefähr 92% der Produktion von Gould Campbell wird eingekauftes Traubengut verwendet. Ein großer Teil davon stammt von kleinen, traditionellen Gütern, in deren Rebzeilen unterschiedliche Rebsorten nebeneinander stehen, so daß die verwendeten Traubensorten nicht näher bestimmt werden können. Die übrigen 8% stammen von der Quinta de Santa Magdalena im Rio-Torto-Tal, die nur ungefähr acht Hektar groß und blockweise mit Reben auf Patamar-Terrassen bepflanzt ist.

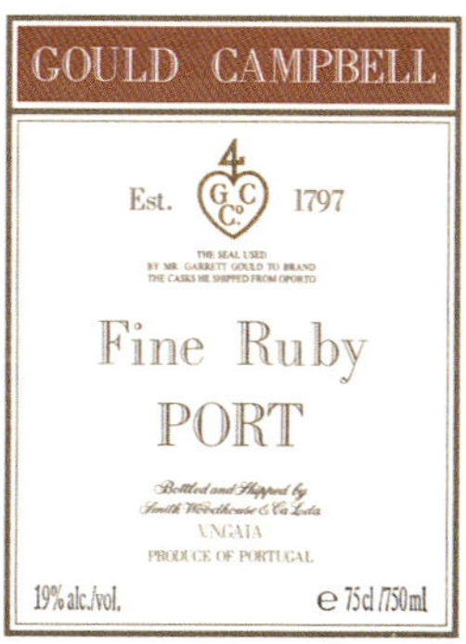

Herstellung

Santa Magdalena

92% der Jahresproduktion

VERKOSTUNGSNOTIZEN

LATE BOTTLED VINTAGE 1990 Im Gegensatz zum LBV von Smith Woodhouse ist dies einer des modernen Typs. Halbdunkles bis dunkles Rubinrot mit Frucht- und Gewürznoten. Mittelschwer mit frischer, reintöniger Säure und reichem, halbsüßem Geschmack. Ein gutes Beispiel für einen LBV der Mittelklasse.

VINTAGE 1991 Sehr dunkle Farbe. Gehaltvolles, fruchtiges Bukett. Nur eine Spur zu schlank im Geschmack, mit schönem, reintönigem Abgang. Noch viel zu jung; dieser Wein benötigt etwa weitere 10 Jahre, um seinen Gipfel zu erreichen.

RUBY

FINE RUBY Ein gefälliger, unkomplizierter, jugendhafter Ruby mit leichtem bis mittlerem Körper, ausgewogener Säure und sehr niedrigem Tanningehalt. Ein leicht zu trinkender Portwein.

JAHRGANGSPORT

VINTAGE 1994 Seit der Deklarierung zweimal verkostet. Halbdunkle Farbe. Das Bukett hat zunächst eine leicht erdige, pflanzliche Note, die stieliger Frucht weicht. Eine bei der ersten Verkostung erbetene zweite Flasche brachte dasselbe Ergebnis, und auch eine Verkostung jüngeren Datums ließ keine nennenswerte Veränderung erkennen. Kein geglückter Jahrgangsport für dieses Haus.

VINTAGE 1985 Dunkel-rubinrote Farbe, sieht noch sehr jung aus. Reiches, volles und sehr reifes Bukett voll pflaumiger Frucht. Halbtrocken mit fester Struktur und gutem Abgang. Ein ausgezeichneter Wein für den langfristigen Verbrauch.

VINTAGE 1983 Unter den verkosteten Weinen von Gould Campbell einer der besten. Noch sehr dunkle Farbe. Volles, reifes Bukett, machtvolle Frucht. Jugendhafter, noch nicht entwickelter Geschmack mit hohem Tanningehalt, aber auch ausreichend Fruchtkonzentration, um ihn zu überdauern. Ein Wein, der sehr lange lagern muß.

W. & J. Graham & Co.

Trav. Barão de Forrester, 85, Apartado 19
4400 Vila Nova de Gaia, Portugal

Graham zählt ohne Zweifel zu den besten Portweinhändlern und produziert einige der vollsten und reichsten Portweine überhaupt. Die im frühen 19. Jahrhundert gegründete Firma gehört heute zum Symington-Handelsimperium. Anfangs war sie in der Textilbranche tätig und stieg eher durch Zufall in den Portweinhandel ein.

Obwohl die Firma in Glasgow ansässig war, hatte sie eine Niederlassung in Porto, die in den 20er Jahren des letzten Jahrhunderts Portwein zur Begleichung eines Außenstands akzeptierte. Dieser Wein fand allgemeinen Anklang, und schon bald ersuchte die schottische Muttergesellschaft die zwei Geschäftsführer in Portugal – die Brüder William und John Graham – um weitere Lieferungen. Gegen Ende des 19. Jahrhunderts war Portwein dann ihre wichtigste Handelsware geworden.

Information

Besuche *der Lagerhalle und des Museums im Sommer täglich, 9.30–18.00 Uhr; im Winter an Wochenenden und von 12.30–13.30 Uhr geschlossen*
Tel. (351–2) 3776300

Empfohlene Weine
LBV und Jahrgangsports, besonders der 1985er und der 1994er

Gesamtwertung ★★★

Andrew James Symington kam 1882 aus Schottland nach Portugal und tat sich mit den Grahams zusammen, verließ das Unternehmen jedoch bald wieder zugunsten von Warre. Doch fast ein Jahrhundert später sollte die Verbindung erneuert werden, als die Grahams ihr Unternehmen an das Symington-Imperium verkauften.

Nach dem Verkauf war die Firmenleitung sehr darauf bedacht, Image und Stil ihrer Marken zu wahren. Die Produkte der verschiedenen Unternehmen der Gruppe besitzen individuelle und sehr präzise Merkmale; so sind die Weine von Graham z. B. voll, reich und recht süß.

Die Quinta dos Malvedos, Vorzeige-Quinta des Unternehmens, liegt im Cima Corgo, am Nordufer des Douro. Heute blickt man von der Quinta aus auf die aufgestauten, ruhigen Fluten des Flusses, in alten Zeiten aber war die Strömung hier so stark, daß davon der Name der Quinta (wörtlich: »schlechte Wege«) inspiriert wurde. 1890 von Graham erworben, wurde sie von Symington bei der Übernahme wieder verkauft, da sie zu jener Zeit mit großen Verlusten arbeitete.

Im Jahre 1982 kauften die Symingtons, die »Malvedos« bereits als Markennamen verwendeten, das Gut zurück und investierten viel in eine Neubestockung und eine allgemeine Verbesserungen der Kellerei. Fast alle Reben befinden sich auf *patamares* – abgesehen von einem kleinen Weingarten für Besichtigungen. Daß Malvedos erst 1984 an das Stromnetz angeschlossen wurde, zeugt von der Abgeschiedenheit der Douro-Region.

Die Quinta dos Malvedos deckt ungefähr ein Viertel von Grahams Jahresbedarf; der Rest wird eingekauft, vor allem von der Quinta das Lages im Rio-Torto-Tal. Sie verkauft ihren Wein seit beinahe 80 Jahren an Graham, und ihre Spitzenlage hat für so manchen Jahrgangsport von Graham die Grundweine geliefert. Der Direktor dieser Quinta ist nicht nur stolz darauf, daß seine Weine an eine so bedeutende Firma gehen, sondern auch darauf, daß diese Handelsbeziehung nur auf Vertrauen und einem Handschlag beruht – und nicht auf einem schriftlichen Vertrag.

Ein hoher Prozentsatz der Gesamtproduktion von Graham wird auf die traditionelle Art und Weise hergestellt; so wird das Traubengut auf Malvedos und Lages überwiegend mit den Füßen gemaischt. Der Rest (etwas mehr als die Hälfte) wird durch Autovinifikation produziert, die Symington der Remontage vorzieht. Beinahe zwei Drittel der Produktion werden vom Instituto do Vinho do Porto als »Special Category«, das heißt als Spitzen-Portweine eingestuft. Grahams LBV, der auch in den USA sehr beliebt ist, ist seit kurzem der meistverkaufte LBV in Großbritannien und hat in dieser Rolle den von Taylor abgelöst. Besonders stolz ist die Firma jedoch auf ihre Jahrgangsweine, und das zu Recht.

DER JAHRGANGSPORT VON GRAHAM

Verkostungsnotizen

SIX GRAPES Der Spitzen-Ruby-Verschnitt der Firma. Sehr dunkles Rubinrot mit karmesin- bis purpurrotem Rand. Ausgeprägte, jugendhafte Frucht mit Noten von schwarzen Johannisbeeren und Kirschen. Süß, doch mit frischer Säure, milden aber dennoch spürbaren Tanninen sowie adäquater Nachtönung.

10 YEARS OF AGE TAWNY
Dunkles Rostbraun, sieht nicht so reif aus wie andere 10jährige. Reiches und sehr volles Bukett (reife Pflaumen und Backpflaumen, daneben getrocknete Feigen und Aprikosen). Äußerst voller Geschmack; recht süß, aber mit ausgewogener Säure und vorzüglicher Nachtönung. Ein sehr guter Vertreter dieses Weintyps.

20 YEARS OF AGE TAWNY
Wesentlich reiferes Erscheinungsbild, jetzt richtig nussig (eindeutig Hasel- und Paranüsse). Süß und mit seidiger Textur, was den im Bukett ganz deutlich spürbaren Alkohol auf der Geschmacksebene verdeckt. Einer der Weine, von denen man leicht zuviel trinkt.

Verkostungsnotizen

MALVEDOS 1984 Da der Wein nicht »Quinta dos Malvedos« heißt, kann es sich um einen Verschnitt mit Weinen anderer Güter handeln. Mittleres Rubin- bis Granatrot; würzig-komplexes Bukett. Süß mit moderatem Tanningehalt und gutem Gewicht. Für den sofortigen oder kurz- bis mittelfristigen Verbrauch.

VINTAGE 1994 Halbdunkle Farbe, aber noch bläulich-purpurn. Leichtes, zunächst eher ausdrucksschwaches Bukett, das sich erweitert und einen reifen Charakter (Schokolade und dunkle Früchte) erkennen läßt. Im Geschmack intensiver; süß, mächtige Struktur und hohe Fruchtkonzentration. Ein vorzüglicher Wein für den langfristigen Verbrauch.

VINTAGE 1985 Sehr dunkles, noch schwarzes Äußeres mit nur schmalem Purpurrand. Konzentriertes Bukett (schwarze Früchte), in dem auch Teer- und Blumennoten mitschwingen. Sehr süß, aber durch genügend Säure ausbalanciert; mit ausreichend Tanninen und Fruchtkonzentration, um weitere 20–30 Jahre zu reifen.

Verkostungsnotizen

RUBY

SIX GRAPES (s. S. 123)

ALTER TAWNY

10 YEARS OF AGE TAWNY (s. S. 123)

20 YEARS OF AGE TAWNY (s. S. 123)

LBV

LBV 1990 Einer der beständigeren LBVs. Dunkles Rubinrot mit nur einer Spur Reife am Rand. Sehr volle, schwarze Frucht und ein Bukett von Früchtekuchen und Gewürz. Äußerst kraftvoller, süßer Geschmack; Säure und Tannine sind ausgewogen, so daß ein sehr mundfüllender Eindruck entsteht. Gehört zu den besten LBVs des modernen Typs, der süßer und nicht ganz so kraftvoll wie Taylors LBV ist, aber von gleicher Qualität.

Herstellung

Malvedos

75% der Jahresproduktion

SINGLE-QUINTA-JAHRGANGSPORT

MALVEDOS 1984 (s. S. 124)

JAHRGANGSPORT

VINTAGE 1994 (s. S. 124)

VINTAGE 1991 Verrät wie der 94er sehr wenig im Bukett; verschlossen. Entpuppt sich jedoch im Geschmack als äußerst gehaltvoller Wein mit konzentrierter, pflaumiger Frucht. Vielleicht nicht ganz so konzentriert wie der 94er, aber ebenfalls ein Wein für den langfristigen Verbrauch.

VINTAGE 1985 (s. S. 124)

VINTAGE 1983 Noch sehr dunkle Farbe. Betontes Bukett von frischen Früchten und Dörrobst; darunter Pflaumen und Feigen, eine Spur Früchtekuchen und pfeffriger Alkohol. Voll und reich; typischer Graham-Stil. Nicht so fruchtig wie der 85er Jahrgangsport; etwas schlanker, aber trotzdem voll und mit sehr nachhaltigem Abgang. Einer der besten 83er, für den langfristigen Verbrauch.

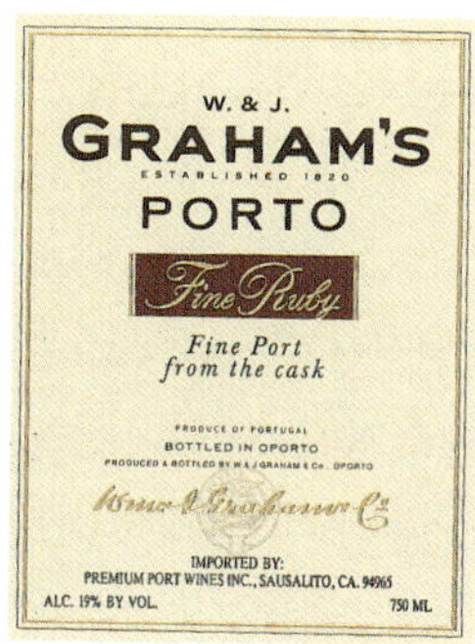

Die Lagerhalle von Graham in Gaia

Hutcheson, Feuerheerd & Associados – Vinhos, S.A.

Rua Serpa Pinto, 534
P.O. Box 39, 4400 Vila Nova de Gaia
Portugal

Hutcheson wurde 1881 von den zwei britischen Händlern Thomas Page Hutcheson und Alexander Davidson gegründet.

Thomas Hutcheson begab sich 1920 in den Ruhestand, und an seine Stelle trat Augustus Bouttwood, der die Firma zusammen mit Alexander Taylor bis zu dessen Tod im Jahre 1925 leitete. Da keiner der beiden Gründer Erben zurückließ, konnte nur eine Übernahme die Zukunft der Firma sichern – im Jahr 1927 kaufte sie das damals noch junge Unternehmen Barros/Almeida auf.

INFORMATION

BESUCHE *der Lagerhalle*
Tel. (351–2) 3752320

EMPFOHLENE WEINE
Feuerheerd Vintage 1987

GESAMTWERTUNG ★

Die Geschichte von Feuerheerd ist länger. Dieses Unternehmen wurde 1815 von den Vorfahren der Familie Bergqvist, der Besitzerin der Quinta de la Rosa, gegründet, und eine Zeitlang besaßen die Bergqvists sowohl das Feuerheerd-Unternehmen als auch die Quinta. Als die Handelsfirma in den 30er Jahren jedoch in Konkurs ging, wurde sie an Barros/Almeida verkauft, die Quinta dagegen blieb im Besitz der Bergqvists.

Hutcheson und Feuerheerd fusionierten 1996; zur selben Zeit organisierten Barros/Almeida die Marken ihres Geschäftsbereichs neu, indem sie Vieira de Souza, A. Pinto Santos Junior, Rocha und Almeida mit Hutcheson und Feuerheerd zusammenlegten. Mit diesem Zusammenschluß ging somit eine ganze Handvoll Portweinmarken verloren.

Da sich das Unternehmen nicht mehr auf die Quinta de la Rosa stützen kann, bezieht es seine Weine von der Quinta de Santa Ana im Baixo Corgo sowie der Quinta de Dom Pedro, überdies kauft es Traubengut ein. Mehr als 90% der Firmenproduktion machen einfache Rubies, Tawnies und weiße Portweine aus; daneben ist jedoch auch eine ganze Palette von Colheitas erhältlich.

HERSTELLUNG

Dom Pedro, Santa Ana

Traubengut

Verkostungsnotizen

SOUZA COLHEITA 1983 Dunkle, rötlich-braune Farbe. Toffee- und Fondant-Bukett; der Alkohol ist allerdings etwas übermächtig. Sehr süßer, karamelartiger Geschmack, der dazu neigt, etwas überladen zu wirken, wenn der Wein nicht gut gekühlt ist; voller Körper und ziemlich nachhaltiger Abgang.

FEUERHEERD VINTAGE 1987 Dunkles Rubinrot mit rubinrotem Rand. Zurückhaltendes Bukett mit medizinischem Zug, rauchig und kräuterartig. Süß, mit nur knapp ausreichender Säure und moderaten Tanninen. Sehr alkoholisch im Geschmack (sehr feuriger Nachgeschmack). Innerhalb der nächsten fünf Jahre zu verbrauchen.

RUBY

HUTCHESON CHRISTMAS PORT Dunkles, sehr jugendhaftes, bläuliches Rubinrot. Unbetontes, fruchtiges Bukett (dunkle, bittere Kirschen und Himbeeren), aber mit einer Konfitürenote. Süß im Geschmack, ohne ausreichend Struktur, um den Zuckergehalt zu stützen.

HUTCHESON VINTAGE CHARACTER Dunkles Rubinrot. Betontes Bukett roter Früchte, aber mit einer grasigen Note im Hintergrund, was erkennen läßt, daß die Frucht vielleicht nicht reif genug war. Im Geschmack süß, aber ausreichend Säure, um die Süße auszubalancieren. Sehr milde Tannine, mittlerer Körper und mittellanger Abgang.

C. N. Kopke & Ca, Lda.

Rua Serpa Pinto, 183–191
P.O. Box 39, 4400 Vila Nova de Gaia,
Portugal

Die Firma C. N. Kopke ist das älteste noch bestehende Portweinhaus, das allerdings außer in Portugal und den Beneluxstaaten kaum Beachtung findet. Dennoch genießt Kopke ein gewisses Maß an Autonomie innerhalb der Barros/Almeida-Gruppe, und einige Weine dieser Firma haben bei internationalen Wettbewerben begehrte Preise gewonnen.

Das Archiv der Firma wurde 1882 bei einem Brand zerstört, wodurch viele Detailinformationen zur Firmengeschichte verlorengegangen sind. Es ist jedoch bekannt, daß die Firma bereits 1638 von dem Deutschen Christian Kopke gegründet wurde. Zu jener Zeit war Portwein nur eines seiner Handelsgüter, er hat sich aber letztendlich am längsten gehalten.

Mehrere Mitglieder der deutschen Familie Kopke und der holländischen Familie van Zellers haben mehrfach untereinander geheiratet, und infolge einer dieser Verbindungen übernahm Kopke den Betrieb der berühmten Quinta do Roriz, von der aus er im 18. Jahrhundert einen der ersten Single-Quinta-Jahrgangsports exportierte. Die Quinta ist nach wie vor im Besitz der van Zellers, aber ihr Traubengut wird nicht mehr an Kopke verkauft.

Das Herzstück des Verschnitts stammt jetzt von der Quinta São Luiz. Sie wurde 1922 von Kopke erworben und von Barros/Almeida zusammen mit der Handelsfirma 1953 aufgekauft. Diese Quinta deckt gemeinsam mit den benachbarten Quintas Lobata und Mesquita die entscheidenden 8% Spitzenqualität des Firmenbedarfs, womit die Weingüter zur A-Kategorie gerechnet werden.

Die traditionellen Terrassen wurden nach und nach durch moderne *patamares* oder *Vinha-ao-alto*-Pflanzungen ersetzt; bei Barros ist man besonders stolz darauf, ganz auf modernen Weinbau eingeschworen zu sein. Dementsprechend wird auch nur noch eine sehr kleine Weinmenge in den *lagares* und der größte Teil per Remontage hergestellt.

Information

BESUCHE *der Lagerhallen möglich, Rua Serpa Pinto, 183, Vila Nova de Gaia Tel. (351–2) 3752445*

EMPFOHLENE WEINE
1991 Vintage

GESAMTWERTUNG ★★

Verkostungsnotizen

COLHEITA 1977 Mittleres Gelbbraun, ganz leicht ins Rote spielend. Volles Bukett (Toffee und Karamel sowie Nußöl und Alkohol). Süß (fast zu süß), mit vollem Alkohol- und Karamelaroma. Sehr nachhaltiger Abgang. Voll und sehr reif; gute Qualität, aber zu wenig von der Frische, die diesem Weintyp seine Eleganz verleiht.

VINTAGE 1991 Sehr dunkles Rubinrot mit schmalem blauem Rand. Jugendhafte, konzentrierte rote und schwarze Früchte. Noch völlig unentwickelt; im Geschmack recht groß und voll. Süß, mit ausgewogener Säure und festen Tanninen. Schwarze Früchte mit schokoladigen Obertönen. Erreicht etwa ab dem Jahr 2000 seinen Gipfel.

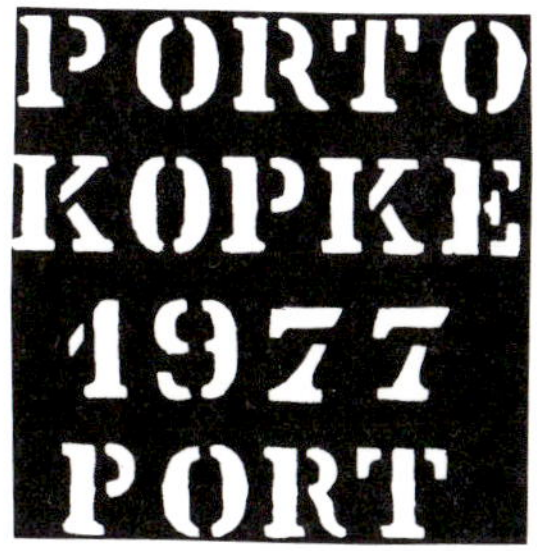

Herstellung

Lobata,
Mesquita,
São Luiz

92% der Jahresproduktion

Martinez Gassiot & Co. Ltd.

Rua das Coradas, 13, Apartado 20
4400 Vila Nova de Gaia Codex, Portugal

Im Jahr 1790 gründete der Spanier Sebastian Gonzalez Martinez dieses Unternehmen, das seinen Namen trägt und anfangs An- und Verkäufe von Sherry, Portwein und Zigarren tätigte. Martinez tat sich 1822 mit dem Engländer John Peter Gassiot zusammen, dessen Name ebenfalls in den Firmennamen aufgenommen wurde. Die 1834 gekaufte Lagerhalle der Firma in Vila Nova de Gaia wurde schon bald darauf von John F. Delaforce verwaltet, dem Vater von George Henry Delaforce, der später das gleichnamige Unternehmen gründete. Erst 1849 – also nach fast 60 Jahren! – setzte sich Martinez zur Ruhe und Gassiot und seine beiden Söhne John und Charles übernahmen die ständige Leitung der Firma.

Information

Besuche *nur nach Vereinbarung*
Tel. (351–2) 3794031

Empfohlene Weine
Vintage 1970, Vintage 1994, 30 Years Old Tawny

Gesamtwertung ★★

Das Unternehmen wurde 1902 in eine Aktiengesellschaft umgewandelt. Es heißt, daß der Seniorchef von Cockburn Smithes, Jonnie Teage, nach Bekanntwerden dieser Neuigkeit gedrängt wurde, nach London zu reisen, um die Möglichkeit einer Zusammenarbeit zwischen den beiden Firmen auszuloten. Letztendlich fuhr er aber doch nicht, da er mit Reparaturarbeiten im Lagerhaus von Cockburn beschäftigt war. Kurioserweise fanden sich die beiden Unternehmen dann 60 Jahre später gemeinsam unter dem Dach von Harvey's of Bristol wieder.

Martinez bezieht sein Traubengut von denselben Weingütern, die auch für Cockburn arbeiten, und zusätzlich von der Quinta da Eira Velha. Sie ist im Besitz der aus Westengland stammenden Händlerfamilie Newman und wird von Cockburn und Martinez geleitet; ihr Wein wird jedoch unter dem Namen Martinez verkauft. Die Geschichte von Eira Velha ist gut dokumentiert; sie ist eine der ältesten Quintas in diesem Gebiet, und ihr Wein wird auch häufig als Single-Quinta-Jahrgangsport vertrieben.

Die Jahrgangsports von Martinez werden oft unter dem Namen Harvey's verkauft, insbesondere in den USA.

Verkostungsnotizen

VINTAGE CHARACTER Jung; recht helles Rubinrot. Ein moderat betontes Bukett von roten Früchten und Kräutern, etwas pfeffrig. Saftige Frucht; halbsüß mit spritziger Säure, was einen sehr lebhaften und fruchtigen Weinstil ergibt. Milde Tannine; mittelgewichtig, mit reintönigem Abgang.

30 YEARS OLD TAWNY Helles Bernstein-Gelbbraun. Leichtes, sehr reifes Bukett (Alkohol und Holzrauch mit einer Spur gerösteter Kastanien). Halbsüß, voller Dörrobst- und Nußgeschmack. Spritzige, den Geschmackssinn reinigende Säure, sehr nachhaltiger Abgang.

VINTAGE 1985 Selbst nach 10 Jahren noch ein dunkles Karmesinrot. Kraftvolles Bukett (Feigensirup und frische Datteln). Recht süß, mit festen Tanninen und frischer Säure (beinahe wie Zitronensaft); von der geschmacklichen Frische eines Sorbets. Ungewöhnlich, aber durchaus gefällig.

VERKOSTUNGSNOTIZEN

RUBY

VINTAGE CHARACTER
(s. S. 131)

ALTER TAWNY

30 YEARS OLD TAWNY
(s. S.131)

JAHRGANGSPORT

VINTAGE 1994 Sehr dunkle, schwarze bis purpurne Farbe. Hochintensives Bukett, in dem schwarze Früchte dominieren. Im Geschmack äußerst kraftvoll, mit der Konzentration sehr dunkler Schokolade, festen Tanninen und vorzüglicher Nachtönung. Bei der Verkostung im Juli 1996 äußerst beeindruckend; rangiert unter den besten des Jahrgangs. Ein Wein, der eine Ewigkeit überdauert.

VINTAGE 1991 Eher halbdunkle als dunkle Farbe; fruchtiges, wenngleich etwas unbeständiges, sehr spritiges Bukett (Aceton). Milde, reife Frucht in Bukett und Geschmack, mit starker Tannin- und Säurestruktur; kann lange lagern. Bei einer Parallelverkostung schneidet dieser besser ab als der 91er von Cockburn, obwohl beide Weine vom selben Team hergestellt wurden.

VINTAGE 1985 (s. S. 131)

VINTAGE 1970 Oktober 1996 in einer »blinden« Parallelverkostung zusammen mit zwei anderen 70ern verkostet. Dieser Wein ist jetzt hellrubinrot mit breitem, lohfarbenem Rand, hat jedoch ein wuchtig-aufgeschlossenes, reifes Bukett (Pfeffer und Gewürz). Schmackhaft, mit nach wie vor festen Tanninen sowie vorzüglicher Geschmackskonzentration und Nachtönung. Jetzt auf seinem Gipfel, hält sein Niveau allerdings noch viele Jahre.

HERSTELLUNG

Entfällt

Wichtiger Lieferant ist Eira Velha.

Sociedade Agrícola e Comercial dos Vinhos Messias S.A.

Rua José Mariani, 139, Apartado 66
4400 Vila Nova de Gaia, Portugal

Die 1926 von Messias Baptista gegründete Firma Porto Messias stieg 1934 ins Portweingeschäft ein und wurde 1973 von dessen Söhnen übernommen.

Der entscheidende Anteil ihrer Weinverschnitte stammt von der Quinta do Cachão, und nicht weit entfernt davon liegt auch das zweite Weingut des Unternehmens, die Quinta do Rei. Die beiden Güter decken jedoch nur einen kleinen Teil des Bedarfs, weshalb der größte Teil überwiegend als Traubengut von anderen Quintas eingekauft werden muß.

Wie viele portugiesische Firmen kann Messias eine große Auswahl an Colheitas liefern, die bis auf das Jahr 1947 zurückgeht. Die Liste der deklarierten Jahrgänge ist dagegen kurios: In den 80er Jahren wurden fünf Jahrgänge deklariert, darunter 1982, 1984 und 1989, aber 1985 fehlt. Ganz ähnlich war die Entscheidung der Firma, 1967 und 1968 zu deklarieren, nicht aber 1966.

Die Weine tendieren dazu, leicht und recht schlicht zu sein.

Information

Besuche *nur Fachbesucher*

Empfohlene Weine *Ruby*

Gesamtwertung ★

Herstellung

Cachão, Rei

Traubengut bei Gütern der Umgebung

DIE IMPOSANTEN WEINBERGE DER QUINTA DO CACHÃO

Verkostungsnotizen

RUBY Helles Rubinrot. Sehr jugendhaftes, frisches Bukett (Kirschen und Himbeeren); Düfte sommerlicher Früchte. Süß und von leichtem Körper; zu wenig Tiefe und Konzentration. Man reicht ihn besser gekühlt, um die Frische hervorzuheben, und achtet weniger auf seine Komplexität.

COLHEITA 1980 Leicht unklares Gelbbraun. Reintöniges, recht intensives Bukett, das dem kräuterartig-würzigen Charakter von rotem Wermut ähnelt (»Wermut-Gewürz«). Süß, mit niedrigem Säuregehalt sowie spritigem, süßem Abgang. Im Geschmack eher schlicht.

VINTAGE 1982 Rubinrote Farbe, ins Granatrote übergehend. Recht volles Bukett (Pflaumen und Gewürze), leichter als die meisten 80er. Süß und von leichter Struktur; nur moderater Tanningehalt und milde Säure; nach dem Bukett etwas enttäuschend im Geschmack. Dieser Wein sollte jetzt getrunken werden.

Niepoort (Vinhos) S.A.

Rua Infante D. Henrique, 39/2°
4000 Porto, Portugal

Diese winzige holländische Firma, die jährlich nur eine halbe Million Flaschen herstellt, gehört zu den unbekanntesten Firmen der Branche. Ihre Weine verdienen jedoch einen größeren Kundenkreis.

Die 1842 gegründete Firma Niepoort wird heute von der vierten und fünften Generation der gleichnamigen Familie geleitet – von Rolf und seinem Sohn Dirk, dem die Weinherstellung sowie die Arbeiten in den Weinbergen unterstehen. Der innovative Portweinhersteller begeistert sich für Weine aus der ganzen Welt. Vor einem Diner bei den Niepoorts reicht man daher genausogut australischen Chardonnay oder Jahrgangs-Champagner wie weißen Portwein oder Super-Bok-Bier (die in dieser Gegend zur Massenware gehören).

INFORMATION

BESUCHE *nicht möglich*

EMPFOHLENE WEINE
10 and 30 Years Old Tawny, Colheitas, Vintages

GESAMTWERTUNG ★★★

Bis vor kurzem kaufte die qualitätsorientierte Firma ihr gesamtes Traubengut bei kleinen Weinbauern im Cima Corgo ein, und zwar nur von Weingütern der A-Kategorie. Nachdem die Firma 140 Jahre lang ohne eigene Quinta bestanden hatte, erwarb man in den späten 80er Jahren gleich drei: Nápoles und Carril in den Jahren 1988 bzw. 1989 sowie die Quinta do Passadouro im Jahr 1990. Diese drei Quintas decken in etwa ein Siebtel des Firmenbedarfs.

Die Quinta do Nápoles, das Schmuckstück der Firma, liegt südlich des Douro und ist eine der überhaupt ältesten Quintas der Region, deren Geschichte 500 Jahre zurückreicht. Allerdings ist das Gebäude zur Zeit in schlechtem Zustand, es wurde jedoch in die Neubestockung der Weinberge und die Anschaffung von Edelstahltanks investiert.

Passadouro liegt nicht weit von Noval im Pinhão-Tal und besteht aus vier benachbarten kleinen Quintas, die zu unterschiedlichen Zeitpunkten gekauft wurden. Das Hauptgebäude nutzt man heute als Gästehaus, obwohl die lange und unebene Straße dorthin nicht übermäßig gastfreudlich wirkt.

Der größte Teil des Niepoort-Besitzes wird biologisch, also ohne Verwendung von Pestiziden oder Herbiziden bewirtschaftet. Im trockenen Douro-Gebiet versuchen die meisten Weinbauern, Wildwuchs zwischen den Reben und auf den Terrassen ganz zu vermeiden, damit die Reben nicht überbeansprucht und dadurch die Erträge gemindert werden. Nach der Philosophie von Niepoort hält man das Unkraut kurz geschnitten und entfernt es nötigenfalls per Hand. Folglich bringen die Reben nur einen geringen Ertrag (manchmal nur etwa 86 l pro Hektar bzw. eine Drittelflasche pro Rebe). In der Weinbaukunde ist man im allgemeinen der Ansicht, daß sich bis zu einem gewissen Grade Quantität und Qualität zueinander umgekehrt proportional verhalten, insofern verbessert dieses Verfahren die Qualität der Trauben.

HERSTELLUNG

Carril, Nápoles, Passadouro

6/7 der Jahresproduktion

Trotz – oder vielleicht gerade aufgrund von – Dirk Niepoorts Erfahrungen in Kalifornien und seiner häufigen Besuche in anderen Weinländern ist dies eine durch und durch traditionelle, altmodische Firma. Hier hat nicht der Technokrat das Sagen, der die Beurteilung der Traubenqualität den Refraktometern überläßt, hier werden die Trauben einfach gekostet. Niepoort hat eine Vorliebe für reifere Tannine, und in manchen Jahren wartet er mit der Beerenlese wesentlich länger als andere Unternehmen. Folglich wirken seine jungen Weine nicht so adstringierend und roh, wenngleich sie aus Perspektive des Chemikers sehr tanninhaltig sind.

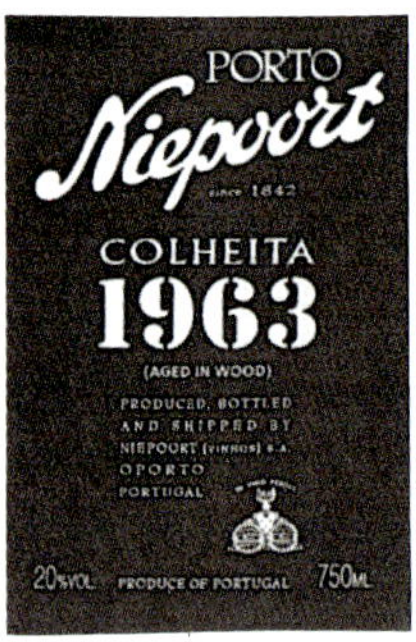

Für etwa 40% des Weins wird das Traubengut mit den Füßen gemaischt; für den Rest verwendet man als kleines Zugeständnis an die moderne Technologie das Remontage-Verfahren. Auch beim »Treten« verfolgt man bei Niepoort eine besondere Taktik: Die »Grundregel« (wenn es in einer so disparaten Gegend wie dem Douro-Gebiet überhaupt etwas derartiges geben kann) besagt, daß pro Pipe idealerweise eine Person im *lagar* arbeitet. Bei Niepoort besteht man darauf, daß es zwei sind; wenn also z. B. 20 Pipen gefüllt werden sollen, sollten 40 Personen im *lagar* treten. Es dürfte dann etwas gedrängt zugehen, aber zum Zwecke der Extraktion der Inhaltsstoffe ist diese Methode ausgezeichnet.

Auch die Lagerhalle ist antiquiert, klein und beengt. Die vergilbten Regale des musealen Verkostungsraums sind vom Boden bis zur Decke dicht vollgepackt mit Muster- und Referenzflaschen sowie einer Bibliothek, für längst vergangene Jahrgänge. In der Ecke stehen ein hoher Schreibtisch samt Bürostuhl aus dem letzten Jahrhundert – und zwar nicht nur fürs Auge, sondern für den täglichen Gebrauch: Beinahe könnte man meinen, hier würden auch die Briefe noch mit dem Federkiel geschrieben.

Verkostungsnotizen

20 YEARS OLD TAWNY
Komplexer und kraftvoller als der 10jährige. Halbdunkle Farbe. Kraftvolles, beinahe cognacartiges Bukett. Halbsüß mit vollem, nussigem Geschmack, der eine bezaubernde Frische bewahrt hat.

COLHEITA 1987 Kräftiges Gelbbraun. Frisches und recht subtiles Bukett (Nüsse und Dörrobst). Halbsüß, leicht bis mittelschwer. Ausgewogene Frucht, Süße und Säure; sehr nachhaltig.

LBV 1992 Dunkelfarben; in Bukett und Geschmack hochkonzentrierte dunkle Früchte mit fester Tannin- und Säurestruktur, die diesem Wein eine langjährige Reifung gestatten wird. Einer der traditionellsten unter den traditionellen LBVs.

Verkostungsnotizen

RUBY

RUBY Farblich recht hell; leichter Typ mit sehr frischem, fruchtigem und würzigem Charakter; nicht im geringsten konfitüreartig.

WHITE PORT

DRY Dunkles Orange mit einem Bukett von Zitrusfrucht, Gewürz und Zitronat. Ein trockener, leichter weißer Portwein; aber mit Rückgrat. Die weißen Ports von Niepoort werden genauso »getreten« und gelagert wie die roten, was ihnen zusätzliche Komplexität verleiht und sie interessanter macht.

TAWNY

JUNIOR TAWNY Helles Rubinrot. Etwas kirschartiger Frucht-Charakter. Mittlerer bis leichter Stil mit einer Frische, die ihn sehr gut trinkbar macht.

FINE TAWNY Trotz des Namens, der normalerweise die einfachste Tawny-Sorte bezeichnet, eindeutig ein ernstzunehmender Wein. Mit seinen fünf Jahren ist er komplexer, gehaltvoller und ein wenig süßer als der Junior Tawny, aber auch etwas zurückhaltender im Bukett.

SENIOR TAWNY Noch eine Stufe höher, ein gleichermaßen konzentrierter und eleganter Wein. Schneidiger als die jüngeren Versionen; einer der wenigen Niepoort-Weine, die in Bukett und Geschmack gleichermaßen kraftvoll wirken.

ALTER TAWNY

10 YEARS OLD TAWNY Mittleres Orangebraun. Subtiles Haselnuß-Bukett, das kaum spritig ist (sehr ungewöhnlich für einen Tawny). Halbsüß und perfekt ausgewogen, mit nachhaltigem, elegantem Abgang.

20 YEARS OLD TAWNY (s. S. 137)

30 YEARS OLD TAWNY Ein herausragender Wein. In diesem Alter bekommen viele Portweine einen Toffee- und Fondant-Charakter, werden recht dick und schwer und sind dann nicht so angenehm zu trinken. Dieser Wein ist sehr fein und trotz seines Alters nicht überladen. Walnüsse und Marzipan kommen durch, aber der Wein gibt nicht alles auf einmal preis. Erst nach einigen Verkostungen zeigt sich die Komplexität dieses Weins.

COLHEITA

COLHEITA 1988 Röter als der 87er; fruchtigeres Bukett und kraftvolle, fast aggressive Frucht im Geschmack. Halbsüß mit wenig Tannin und einem nachhaltigen Abgang.

COLHEITA 1987 (s. S. 137)

COLHEITA 1935 Der 1977 abgefüllte 35er ist dunkel-walnußbraun wie alter Oloroso-Sherry und hat einen gelben Rand wie bester Madeira. Dem spritigen Bukett folgen konzentriertes Dörrobst (Rosinen und Backpflaumen) und eine vorzügliche Nachtönung.

LBV

LBV 1992 (s. S. 137)

SINGLE-QUINTA-JAHRGANGSPORT

QUINTA DO PASSADOURO VINTAGE 1994 Dunkle Farbe; stark fruchtiges Bukett und eleganter Geschmack. Süß, mit reichlich Tannin und Säure, die diesen Wein viele Jahre konservieren werden. Im Vergleich zu vielen anderen 94ern erschien dieser zuerst relativ leicht, da die Tannine nicht so aggressiv sind.

JAHRGANGSPORT

VINTAGE 1970 Sehr dunkles Rubinrot. Volles und reiches Bukett, das erst beginnt, ein wenig von der reifebedingten Würze zu zeigen. Süß, mit spritziger Säure und massiver Struktur noch sehr fester, aber reifer Tannine. Äußerst nachhaltiger Abgang.

VINTAGE 1945 Die 45er Jahrgangsports findet man jetzt nur noch selten, und die meisten haben ihren Gipfel erreicht. Der 45er von Niepoort ist noch bemerkenswert jugendhaft mit seiner dunkelrubinroten Farbe und seinem intensiven und kraftvollen Bukett (dunkle, reife Frucht). Erstaunlich konzentriert, läßt sein Alter keineswegs erkennen und besitzt noch immer feste Tannine und reichlich Frucht.

Osborne (Vinhos de Portugal) & Ca. Lda.

Rua da Cabaça, 37
4400 Vila Nova de Gaia, Portugal

INFORMATION

BESUCHE *der Lagerhalle ganzjährig*
Tel. (351–2) 3752648

EMPFOHLENE WEINE
LBV

GESAMTWERTUNG ★★

Der schwarze Stier, mit dem die Weinfirma Osborne für ihre Sherries und Branntweine wirbt, ist in ganz Spanien wohlbekannt. Dagegen genießt ihr Portweinhandel bei weitem keinen solchen Ruf, was sich aber bald ändern könnte, da die Firma in der Hinsicht ein besonderes Engagement zeigt. Bis die Osborne-Portweine allerdings so berühmt sind wie ihre Sherries, dürfte noch einiges Wasser den Douro hinunterfließen.

Anfangs war Osborne eine britische Firma, wenngleich ihr Name normalerweise spanisch ausgesprochen wird (»Osborné«). Sie wurde 1772 von dem Engländer Thomas Osborne gegründet. Der portugiesische Zweig des Unternehmens ist dagegen wesentlich jünger: Ihre ersten Geschäfte in Portugal machte die Firma in den 1960er Jahren, und eine eigene Lagerhalle in Vila Nova de Gaia erwarb sie erst im Jahr 1988.

Bislang ist Osborne nur Händler und nicht Anbauer; die Firma aber verfügt über eine eigene Kellerei, die fast zwei Drittel des Weinbedarfs deckt. Der restliche Wein wird eingekauft. Das gesamte Traubengut stammt aus dem Cima Corgo und dem Douro Superior. Ungefähr 40% der Produktion kauft man bei kleinen Anbauern, die das Traubengut noch mit den Füßen maischen. Osborne ist ein mittelgroßer Betrieb mit einer Jahresproduktion von ungefähr einer Million Flaschen, wovon 20% zur Spitzenklasse gehören. Jahrgangsports von Osborne sind leicht und fruchtig, aber bemerkenswert elegant.

Besonders viel Wert legt Osborne auf sein Angebot an Fortbildungsmaßnahmen, um die Firma in den richtigen Kreisen bekannter zu machen. Hierzu gehört zum Beispiel ein Trainingsprogramm für Weinkellner aus der ganzen Welt. Aber auch die Weiterbildung von Verkaufspersonal soll dem Vertrieb von Portwein sowie den anderen Produkten der Firma dienlich sein.

Verkostungsnotizen

SPECIAL RESERVE Ein gealterter Tawny. Dunkles Orange bis Rubinrot. Würziges Bukett (Früchtekuchen und Dörrobst), das an Zimt und Piment erinnert. Halbsüß, mittlerer Körper, im Geschmack eindeutig alkoholisch (in der Gaumenmitte ziemlich feurig). Angenehme Aromaintensität, aber nicht von derselben Qualität wie der 10jährige.

10 YEARS OLD TAWNY Sehr helles Topasbraun. Reifes, spritig-fruchtiges Bukett mit etwas Gewürz und etwas Karamel. Halbsüß mit erfrischend spritziger Säure. Keine sehr hohe Fruchtkonzentration, aber schöner Abgang. Ein leichter, eleganter Wein.

LBV

LBV 1992 Hat kürzlich die 91er Version abgelöst. Dunkler, purpur- bis rubinroter Farbton. Volles, konzentriertes Bukett (Pflaumen und dunkle Schokolade). Im Geschmack voll und reich, mit einer für einen LBV guten Struktur und kraftvollen Fruchtaromen, die durch ausreichend Tannine und Säure ausbalanciert werden. Ein sehr gutes Exemplar. Oxidiert schnell; nach dem Entkorken nicht aufbewahren.

Jahrgangsport

VINTAGE 1994 Halbdunkler bis dunkler Farbton. Leichtes, fruchtiges und recht verschlossenes Bukett. Feste Tannine und volle Süße; mittlerer bis voller Körper mit ausgewogener Frucht und Struktur. Ein gelungener, eleganter Wein für den mittelfristigen Verbrauch.

Herstellung

Entfällt

100% der Jahresproduktion

Manoel D. Poças Junior – Vinhos, S. A.

Rua Visconde das Devesas, 186,
Apartado 1556
4400 Vila Nova de Gaia, Portugal

Poças Junior ist eine der wenigen Portwein-Handelsfirmen, die heute noch in Familienbesitz sind. Sie vertreibt ihre Weine unter den Markennamen Porto Poças, Pousada Porto und Porto Seguro.

Der Firmengründer Manoel D. Poças war ein Bauernsohn, der bereits mit zwölf Jahren nach Porto kam und dort als Laufbursche bei einer Versicherungsgesellschaft arbeitete. So kam er tagtäglich mit Handelsfirmen in Kontakt und stieg im Alter von 22 Jahren bei einem Portweinhändler ein, und zwar bei der Firma Ferreira.

> **INFORMATION**
>
> **BESUCHE** *nur Fachbesucher; Kontakt über einen heimischen Importeur*
>
> **EMPFOHLENE WEINE** *10 Years Old*
>
> **GESAMTWERTUNG** ★

Zu diesem Zeitpunkt befand sich die Branche in einer Rezessionsphase, aber gegen Ende des Ersten Weltkriegs erlebte der Handel einen Aufschwung, der bis zur Weltwirtschaftskrise zu Beginn der 30er Jahren andauern sollte. Manoel Poças faßte die Gelegenheit beim Schopf und stieg selbst mit einer Firma namens Poças & Comandita ins Geschäft ein. Sein Partner und Geldgeber war sein Onkel Manoel Francisco Gomes Junior, ein früherer Lagerhausverwalter der Portweinfirma Hunt, Roop & Co. Ihre Kooperation sollte jedoch nur sechs Jahre dauern; danach erhielt die Firma ihren heutigen Namen. Als sich zeigte, daß es schwierig war, im Exportbereich Fuß zu fassen, spezialisierte sich das Unternehmen darauf, andere Firmen mit dem für die Avinierung erforderlichen Branntwein zu beliefern.

Aber es sollte nicht alles glattgehen. Nach dem Staatsstreich von 1926 errichtete der Diktator Salazar ein staatliches Monopol auf den Branntweinverkauf und beraubte die Firma damit ihrer Existenzgrundlage. Erst in diesem Moment stieg Poças ins Weingeschäft ein, vor allem mit der Quinta das Quartas, die heute noch im Besitz der Firma ist.

Bis zum Zweiten Weltkrieg, der für den gesamten Portweinhandel katastrophale Folgen hatte, agierte die Firma recht erfolgreich. Während der Nachkriegsjahre stagnierte das Geschäft dagegen dermaßen, daß es fast Konkurs anmelden mußte. Erst in den 50er

Jahren erlebte die Branche wieder einen Aufschwung, und auch die 60er verliefen außergewöhnlich gut. Manoel setzte sich 1966 zur Ruhe, nachdem bereits einige Jahre zuvor andere Familienmitglieder als Teilhaber eingetreten waren.

Seither konnte die Firma aufgrund steigender Verkaufszahlen in Weinberge und Vinifikationsanlagen investieren. Ihre eigenen Weinberge (auf den Quintas das Quartas, de Val de Cavalos und Santa Bárbara) decken ungefähr 9% des Gesamtbedarfs. Quartas ist klein und besitzt ausschließlich mauergestützte Terrassen; die entscheidenden Bereiche der anderen beiden Quintas sind leichter mechanisch zu bearbeiten. Für nur etwa 2,5% des Weins wird das Traubengut mit Füßen gemaischt; der Rest wird per Remontage (auch dies ein Ergebnis vor kurzem getätigter Investitionen) hergestellt.

Auf dem deutschen Markt gibt es nur kleine Mengen von Poças-Portweinen; der Großteil geht nach Belgien, Spanien, Frankreich, Dänemark und in die Niederlande. Da die wichtigsten Absatzmärkte Länder sind, in denen Portwein gekühlt als Aperitiv gereicht wird (Beneluxstaaten und Frankreich), sind die Weine tendenziell süß und leicht konfitüreartig. Die Kühlung macht sie frischer, und selbst wenn sie nach der Mahlzeit genossen werden, sollten sie leicht gekühlt sein. Neben den im folgenden besprochenen Weinen produziert Poças eine Reihe von Colheitas (die z. T. noch aus den 60er Jahren stammen) sowie einige wenige Jahrgangsports, keiner dieser Weine wurde jedoch verkostet.

HERSTELLUNG

Quartas, Santa Bárbara, Val de Cavalos

91% der Jahresproduktion

BEERENLESE FÜR DIE PORTWEINE VON POÇAS

Verkostungsnotizen

TWO DIAMONDS RUBY Helles Rubinrot. Frisches, jugendhaftes Bukett (Himbeeren und Kirschen). Süß und leicht konfitüreartig im Geschmack, aber recht leicht und mit reintönigem, erfrischendem Abgang.

10 YEARS OLD Ein schneidiger Wein. Dunkles Gelbbraun; betont kräuterartig, daneben Toffee und Karamel. Sehr süßer, fetter Stil mit gehaltvollem, weichem Geschmack und relativ nachhaltigem Abgang.

TAWNY

POUSADA TAWNY PORT Helles, rötliches Braun. Anfangs jugendhaft und fruchtig, entwickelt im Glas jedoch das reifere Toffee- und Rosinenbukett, das man von einem Tawny erwartet. Sehr süß, mit Toffee- und Fondantcharakter. Kann ungekühlt etwas überladen wirken.

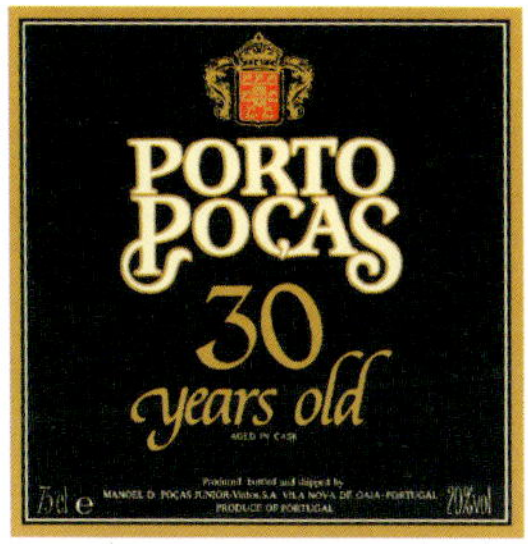

Quarles Harris & Ca. S. A.

Trav. Barão de Forrester, 85, Apartado 26
4400 Vila Nova de Gaia, Portugal

Quarles Harris ist eine der sechs Firmen der Symington-Gruppe, wurde 1680 gegründet und gehört daher zu den ältesten der Branche. Heute ist sie jedoch eher unbedeutend, denn die Symington-Familie konzentrierte ihr Marketing eher auf die anderen Marken ihres Geschäftsbereichs.

Im Gegensatz zu den großen Firmen der Gruppe besitzt Quarles Harris keine eigenen Weingüter. Die Weine für ihre Marke produziert man aus eingekauftem Traubengut, das auf Bomfim bzw. seit 1996 ein paar Meilen flußabwärts von Pinhão in einer neuen Kellerei vinifiziert wird. Eine kleine Menge in *lagares* hergestellten Weins wird eingekauft.

Da die Weine von Quarles Harris nicht sehr bekannt sind, sind ihre Preise eher niedrig; allerdings handelt es sich auch zweifellos um nicht so großartige Weine wie die von Dow's, Warre und W. & J. Graham. In punkto Süße gehen sie eher in die trockene Richtung.

Information

Besuche *der Lagerhalle nur nach Vereinbarung Tel. (351–2) 3776300*

Empfohlene Weine
Vintage 1994

Gesamtwertung ★★

Herstellung

Entfällt

100% der Jahresproduktion

Die Weine werden auf der Quinta do Bomfim vinifiziert.

VERKOSTUNGSNOTIZEN

20 YEARS OLD TAWNY Mittleres, leicht rötliches Braun. Spritiges, feigenartiges Bukett (eher Früchte als Nüsse, zudem etwas medizinisch und kräuterartig). Halbsüß mit ausgewogener Säure. Moderates Gewicht, frisch, mit angenehmem Abgang, aber ohne großartige Konzentration oder Nachtönung.

VINTAGE 1991 Halbdunkle Farbe. Leicht spritiges Bukett, das die noch verschlossene Frucht verdeckt. Im Geschmack Pflaumen und Schokolade, dabei halbsüß und von moderatem Tanningehalt. Derzeit anziehend, aber verschlossen. Weitere 5–10 Jahre Reifung sind sicher von Vorteil.

TAWNY

10 YEARS OLD TAWNY Rötlichbraune Farbe, sehr leuchtend und klar. Kraftvoll-aromatisches Bukett, aber mit schwachen Lösungsmittel- oder Lacknoten. Im Geschmack leichtgewichtig, halbsüß mit spritziger Säure und mittlerer, nussiger Nachtönung.

JAHRGANGSPORT

VINTAGE 1994 Ein äußerst dunkler, schwarzer Wein mit noch sehr verschlossenem Bukett. Noten von schwarzen Johannisbeeren und Minze. Mittlerer bis voller Körper mit festen, aber nicht zu aggressiven Tanninen sowie ausgewogener Säure. Ein guter Wein, der mittelfristig (in etwa 10–15 Jahren) trinkreif wird.

VINTAGE 1985 Dies ist einer der reiferen 85er. Rubinrot und halbdunkel. Gehaltvolles, aufgeschlossenes Bukett (reife, feurige Frucht). Im Geschmack ein wenig streng, trockener als viele 85er, mittlerer Körper und milde Tannine.

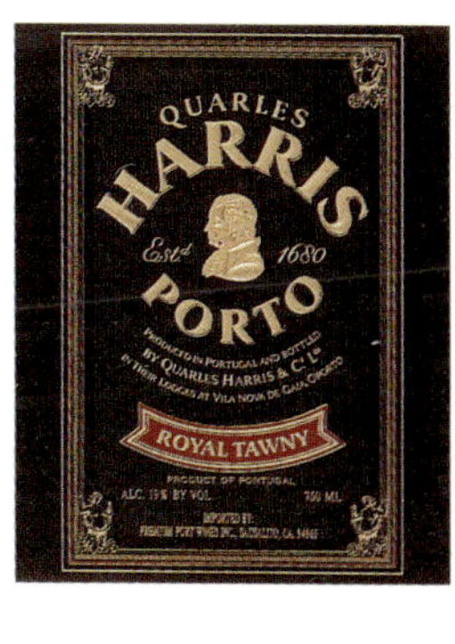

Adriano Ramos-Pinto (Vinhos) S.A.

Av. Ramos-Pinto, 380, Apartado 1320
4400 Vila Nova de Gaia Codex, Portugal

Ramos-Pinto gehört zu den innovativsten Unternehmen der Portweinbranche und ist in vielen önologischen Forschungsbereichen im Douro-Gebiet führend. Die Firma hat einen ausgezeichneten Ruf für edle, alte Tawnies, und ihre Jahrgangsports sind elegant und raffiniert.

Als Adriano und António Ramos-Pinto die gleichnamige Firma im Jahr 1880 gründeten, hatten sie den südamerikanischen und vor allem den brasilianischen Markt im Sinn. Bald schon hatte sich die Firma sowohl durch ihre Weine als auch durch ihr gutes Marketing einen Namen gemacht. Für die Herstellung auffälliger Werbeplakate mit oft hedonistischen oder mythologischen Motiven bediente man sich wiederholt berühmter zeitgenössischer Künstler.

Derzeit hat Champagner-Hersteller Louis Röderer die Mehrheitsbeteiligung an der Firma, aber sie wird noch immer von João Nicolau de Almeida, einem direkten Nachfahren der Gründer, geleitet. De Almeida hat viele Jahre auf die Erforschung des Weinanbaus in der Region verwendet, und wie es sich für eine Firma ziemt, die von einem leidenschaftlichen Winzer geführt wird, kann Ramos-Pinto seinen Bedarf zum größten Teil durch die Produktion eigener Quintas decken – was eine wesentlich bessere Kontrolle der Endqualität des Weins gestattet.

Ramos-Pinto war Vorreiter in der Auswahl der fünf Spitzentraubensorten, und auch bei der Bewirtschaftung der Weinberge setzt man hier schon fast mit religiöser Überzeugung in das *Vinha-ao-alto*-Verfahren. Der Diplom-Önologe João de Almeida erklärt seine Ansichten mit größtem Vergnügen anhand graphischer Darstellungen und Tabellen wie ein Wissenschaftler in seinem Element. Die Verwirklichung seiner Theorien kann man auf Quinta da Ervamoira sehen – einem der wenigen größeren Weingüter, auf denen es überhaupt keinen Terrassenanbau gibt.

Information

Besuche *der Lagerhalle. Führungen im Sommer, täglich 10.00–18.00 Uhr, im Winter, täglich 9.00 –17.00 Uhr Tel. (351–2) 3707000*

Empfohlene Weine *Quinta da Ervamoira 10 Years Old Tawny, Quinta do Bom Retiro 20 Years Old Tawny, Ramos Pinto Vintage 1991*

Gesamtwertung ★★★

Die Quinta da Ervamoira liegt im Tal des Flusses Côa, unweit der spanischen Grenze im Douro Superior. Der Traum eines jeden Weinbauern ist hier Wirklichkeit geworden: 100 Hektar erstklassiger und ganz ohne Terrassen bepflanzter Douro-Boden. Die Trauben von Ervamoira werden für den Jahrgangsport-Verschnitt und einen 10jährigen Single-Quinta-Tawny verwendet.

HERSTELLUNG

Bom Retiro, Bons Ares, Ervamoira, Urtiga

Gelegentlich kleinere Mengen, aber zunehmend selbstversorgend

Das Schmuckstück der Firma ist die Quinta do Bom Retiro bei Pinhão. In der Kellerei hinter dem Hauptgebäude zeigen sich die für das Portweingeschäft so typischen Gegensätze: Eine computergesteuerte Kellerei und ein gut ausgestattetes Labor befinden sich neben zwei steinernen *lagares*, die noch immer für das beste Traubengut verwendet werden. Die geschützte Ostlage dieses Weinguts verleiht dem ausgezeichneten 20jährigen Tawny, der unter dem Namen der Quinta verkauft wird, einen frischen Zug.

Die benachbarte Quinta da Urtiga besitzt einige der ältesten firmeneigenen Weinberge mit einigen Terrassen aus dem 18. Jahrhundert. Aus ihren Reben gewinnt man Wein für Verschnitte und außerdem für einen Single-Quinta-Ruby. Das vierte Weingut, ebenfalls im Cima Corgo, ist die Quinta dos Bons Ares. Da sie fast 600 m über dem Meeresspiegel liegt, ist es hier für die Portweinherstellung zu kalt; ihre Trauben werden daher für den leichten Douro-Wein verwendet. Das kältere Klima ist allerdings für die Vinifikation von Vorteil, daher werden die Trauben von Ervamoira hier vergoren.

Die Stärke von Ramos-Pinto lag schon immer eher in seinen Tawnies als in seinen Jahrgangsports, die man für den recht frühen Verbrauch bestimmt hat.

Ein Gemälde von Condeixa diente zur Werbung für die Portweine von Ramos-Pinto.

Verkostungsnotizen

QUINTA DA URTIGA Dunkel mit nur einer Spur von Reife am Rand des Weins. Aromatisches Bukett (schwarze Früchte) mit einer Gewürznote und pfeffrigem Alkohol. Feste Tannine und eine adäquate Konzentration, gestützt von erfrischender Säure und einer festen Struktur. Ein guter Wein dieses Typs, voll trinkreif, wenn er auf den Markt kommt.

QUINTA DO BOM RETIRO 20 YEARS OLD Da die Quinta am geschützten Osthang des Tals liegt, ist Bom Retiro ein besonders reintöniger, frischer Wein. Köstlicher Haselnuß- und Feigencharakter, recht subtiles Naturell, gestützt von spritziger, den Geschmackssinn reinigender Säure.

LBV 1989 Noch sehr dunkles Purpurrot mit opakem Farbkern; entwickelt jedoch einen reichen Charakter (Feigen und Datteln). Milder werdende Tannine und mittlere Süße weichen mundfüllenden Aromen dunkler Früchte und einem vorzüglichen Abgang. Ein traditioneller LBV, der dekantiert werden sollte. Jetzt trinkreif.

VERKOSTUNGSNOTIZEN

RUBY

QUINTA DA URTIGA
(s. S. 148)

WHITE PORT

PORTO APERITIVO Lebhafte, goldgelbe Farbe. Frisches, aber recht unbestimmtes Bukett (Zitronat und getrocknete Aprikosen). Halbtrocken bis trocken mit spritziger Säure; mittelschwer. Reintöniger, nachhaltiger Abgang. Ein auf die traditionelle Art hergestellter Wein, in *lagares* vergoren und einige Jahre in Pipen gereift; er ist daher komplexer als andere, hat aber trotzdem etwas zu wenig Frucht.

ALTER TAWNY

QUINTA DA ERVAMOIRA 10 YEARS OLD TAWNY Ein Klassiker dieses Typs, der noch einen leicht rötlichen Anflug von Jugend bewahrt hat. Ein frischer, mittelschwerer Wein mit kräftigem, nussigem Aroma und Geschmack sowie ausgewogener Säure.

QUINTA DO BOM RETIRO 20 YEARS OLD (s. S. 148)

RAMOS-PINTO 30 YEARS OLD TAWNY Sattes Braun ohne eine Spur von Röte. Ein hochkonzentrierter Wein mit Noten von Walnüssen und Feigen im Bukett und kraftvollem Geschmack; süß und voll, aber mit ausgewogener Säure. Die fehlende Frische der jüngeren Tawnies macht seine Konzentration und Nachtönung wieder wett.

LBV

LBV 1989 (s. S. 148)

JAHRGANGSPORT

VINTAGE 1994 Dieser Wein wurde mehrfach verkostet, sowohl bevor als auch nachdem er auf den Markt kam. Zunächst wirkte er leicht und ohne große Lebenserwartung. Nach einigen Monaten in der Flasche jedoch entwickelte sich die Tannin-Struktur und überlagerte die Frucht, was normalerweise ein Zeichen für einen guten, langlebigen Wein ist. Komplex, mit einer Reihe von Aromaebenen; frisch und mit leicht spritziger Säure, was das Ergebnis des im Verschnitt enthaltenen, relativ geschützten Bom Retiro-Weins ist.

VINTAGE 1991 Bei einer Verkostung zusammen mit gleichrangigen Weinen im Jahr 1991 trat der von Ramos-Pinto besonders hervor, da er subtiler und duftiger als die meisten und sicherlich auch zugänglicher als viele andere in diesem Stadium war. Kein Wein für den sehr langfristigen Verbrauch; eher einer, der nach der Jahrtausendwende bald trinkreif wird.

VINTAGE 1982 Entwickelt sich gut, mit mäßig kraftvollem Charakter schwarzer Früchte und angenehmer, nicht sehr kräftiger Struktur aus Säure und Tanninen. Jetzt gut trinkbar, mit ausreichend Potential für einige weitere Jahre.

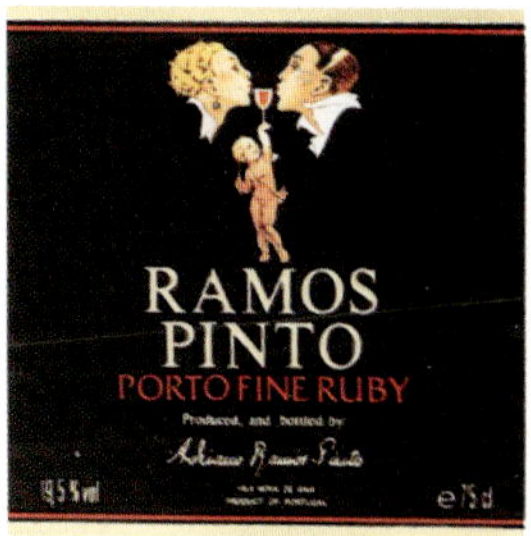

Real Companhia Velha Lda.

Rua Azevedo Magalhães, 314
4400 Vila Nova de Gaia, Portugal

> **INFORMATION**
>
> **BESUCHE** *der Lagerhalle nur nach Vereinbarung Tel. (351–2) 3775100*
>
> **EMPFOHLENE WEINE** *Ruby, Aged 20 Years, Over 40 Years Old*
>
> **GESAMTWERTUNG** ★ *zum Teil auch* ★★

Es gibt nur wenige Weinfirmen, die für sich in Anspruch nehmen können, daß ihre Gründung die unmittelbare Folge eines königlichen Erlasses ist; genau dies ist bei der (auch unter dem Namen Royal Oporto bekannten) Real Companhia Velha jedoch der Fall.

Als der portugiesische König José I. den Marquês de Pombal beauftragte, die schwierige Situation der Winzer zu verbessern, gründete dieser die Companhia Geral da Agricultura das Vinhas do Alto Douro, einer Kontrollbehörde, die im Dienste des staatlichen Monopols stehen sollte. Eine ihrer ersten und sicherlich nachhaltigsten Maßnahmen bestand darin, eine Karte zu entwerfen, auf der zum ersten Mal in der Geschichte des Weinbaus ein Herkunftsgebiet abgegrenzt wurde.

Ihre Mitarbeiter bereisten seinerzeit die Region, um die besten Weinberge kartographisch zu erfassen und ihre Weine in drei Kategorien einzuteilen (s. S. 19). Auf die zwei besseren Kategorien hatte die Gesellschaft das Alleinverkaufsrecht, zudem kontrollierte sie die Preise des ganzen Marktes, was zu einer Verbesserung der Weinqualität führte und einem derartigen Anstieg des Gesamtabsatzes von Portwein zur Folge hatte, daß er in den 80er Jahren des 18. Jahrhunderts drei Viertel des englischen Weinhandels ausmachte. Darüber hinaus stiegen die Exporte in andere Länder unaufhörlich. Nach einer bewegten Geschichte wurde die Gesellschaft schließlich 1850 von ihrer regulativen Funktion entbunden und in die heutige Handelsfirma umgewandelt.

Die Real Companhia Velha war die größte Portweinfirma, bis sie vor kurzem von der Symington-Gruppe übernommen wurde. Daneben ist sie nach wie vor einer der wichtigsten Landeigentümer im Douro-Gebiet und besitzt die riesige Quinta das Carvalhas, die von anderen Händlern oft neidvoll als »Berg von Royal Oporto« bezeichnet wird.

Die Quinta das Carvalhas liegt gegenüber von Pinhão am Südufer des Douro und reicht von Roêda aus flußabwärts bis zur Linksbiegung des Douro gegenüber der Quinta da Foz. Ihr Weinberg erstreckt sich hier über den gesamten Nordhang, seinen Gipfel und die oberen Abhänge des Rio Torto-Tals. Zweifellos ist dies die größte Quinta der Region, aber keineswegs die einzige im Besitz von Royal Oporto: Auch die Quinta dos Aciprestes in der Nähe von Tua und Casal da Granja oben auf der Hochebene bei Alijó und Sidrô gehören der Firma. Die beiden letzteren sind hochgelegene Weingüter, deren Produktion sich am ehesten für weißen Portwein und leichteren Wein eignet.

HERSTELLUNG

Aciprestes, Carvalhas, Casal da Granja, Sidrô

Traubengut und Wein

Im Jahr 1990 kaufte die Casa do Douro, eines der beiden heutigen Aufsichtsorgane für die Portweinproduktion, eine beträchtliche Anzahl von Geschäftsanteilen an der Real Companhia Velha, was heftigen Widerspruch auslöste, da die Beteiligung einer solchen Einrichtung an einer Handelsfirma nicht eben zur Normalität gehört. Zur Zeit sieht es ganz danach aus, als würde die Casa do Douro den größten Teil ihrer Vollmachten an eine neu eingerichtete Körperschaft abgeben. Genaugenommen ist sie aufgrund des Kaufs jedoch bankrott, und ein Weg aus dieser mißlichen Lage muß schließlich noch gefunden werden.

Die Real Companhia Velha deklariert relativ viele Jahrgänge, hat jedoch keinen großen Namen für Jahrgangsports. Ihre Jahrgangsports sind eher einfach und nicht ausreichend verfeinert. Die anderen Weine dagegen sind tadellose Vertreter des jeweiligen Typs, und einige von ihnen stellen sich sogar recht beachtlich dar.

PORTWEIN REIFT IN DER LAGERHALLE.

Verkostungsnotizen

REAL COMPANHIA VELHA AGED 20 YEARS Klares, helles Orangebraun. Ausgesprochen reifes, intensives Dörrobst-Nuß-Aroma. Süß; mittlerer Körper. Nicht so aggressiv-spritig wie der 10jährige, mit guter Aromaintensität.

ROYAL OPORTO RUBY Dunkles Rubinrot. Sehr voller und reifer Charakter dunkler Früchte; ein Wein, der sich gut gegen seine Konkurrenten behauptete. Bei einer Blindverkostung könnte man wegen seines Körperreichtums mit Tanninen im Hintergrund und der adäquaten Nachtönung annehmen, es handle sich um einen Spitzen-Ruby und nicht um einen einfachen.

REAL COMPANHIA VELHA OVER 40 YEARS OLD Sehr helles Orangebraun. Durchschnittlich intensives, erwartungsgemäß sehr betagtes Bukett, das Karamel, Dörrobst und einige süße Gewürze enthält (sogar leicht ingwerartig). Süß, mit ausgewogener Säure und moderatem Körper. Gute Fruchtkonzentration, die von ausreichend Struktur getragen wird.

Verkostungsnotizen

RUBY

ROYAL OPORTO RUBY
(s. S. 152)

REAL COMPANHIA VELHA QUINTA DOS ACIPRESTES RUBY
Die Firma behauptet, daß dieser Wein älter sei als der einfache Ruby; nach Erscheinungsbild und Geschmack ist er jedoch jünger. Dunkler, purpurner Farbton mit vollem Pflaumen- und Brombeergeschmack. Körperreich mit etwas Rückgrat und guter Nachtönung.

WHITE PORT

ROYAL OPORTO EXTRA DRY WHITE Goldene Farbe; leichtes, frisches und fruchtiges Bukett. Sehr spritzig-zitronig im Geschmack, mit nur einem schwachen Hauch Süße. Leicht bis mittelschwer, mittellange Nachtönung. Ein gefälliger, wenn auch einfacher Wein.

REAL COMPANHIA VELHA QUINTA DO CASAL DA GRANJA WHITE Im Vergleich zur Royal-Oporto-Version eher ein trockener weißer Port der Spitzenklasse, nur aus Trauben von der kühlen Quinta hergestellt und daher fruchtiger, mit Aprikosennoten. Halbtrocken (obwohl als »Branco Seco« etikettiert).

ROYAL OPORTO WHITE Ähnliche Merkmale, wie der vorherige, aber seine Süße gleicht die zitronige Säure besser aus und bringt den Fruchtcharakter zum Vorschein, wodurch der Wein voller und aromatischer wirkt.

TAWNY

ROYAL OPORTO TAWNY Etwas länger ausgebaut als der Ruby; helles Rubinrot. Leichtes, jugendhaftes, sehr fruchtiges Bukett. Im Geschmack ausgewogen, halbsüß mit genau ausgewogener Säure, mittelschwer und nur leicht spritig. Ein gefälliger Portwein.

REAL COMPANHIA VELHA QUINTA DAS CARVALHAS TAWNY Aus Traubengut der Vorzeige-Kellerei hergestellt; zeigt kaum Alter im Erscheinungsbild (nur eine Spur von Bräunung am Rand). Im noch jugendhaften Bukett Nüsse und etwas Steinobst. Voller als die Royal-Oporto-Version, aber nicht wesentlich besser in Struktur und Nachtönung.

ALTER TAWNY

ROYAL OPORTO 10 YEARS OLD
Volles, reiches Erscheinungsbild, rotbrauner Farbton. Anfangs recht zurückhaltendes Bukett, das aber schließlich Dörrobst und Nüsse und auch eine erdige Note zeigt. Im Geschmack halbsüß, mit recht aggressivem Alkohol und mittellanger Nachtönung.

REAL COMPANHIA VELHA AGED 20 YEARS (s. S. 152)

REAL COMPANHIA VELHA OVER 40 YEARS OLD (s. S. 152)

JAHRGANGSPORT

ROYAL OPORTO VINTAGE 1994
Halbdunkle Farbe, volles, pflaumiges Bukett. Halbsüß, mit festen Tanninen (was bei einem so jungen Wein kein Problem ist) und mittelschwer. Von den verkosteten Royal Oporto-Jahrgangsports einer der besten, aber für diesen im allgemeinen sehr guten Jahrgang nicht herausragend.

ROYAL OPORTO VINTAGE 1987
Mittleres Rubinrot. Das Bukett ist bereits entwickelt (Rosinen, Trauben und Datteln, mit Frucht- und süßen Gewürznoten). Mittelschwer, mit sehr milden Tanninen für einen Wein dieses Alters. Jetzt reif, mit wenig Aussichten für eine weitere Entwicklung.

ROYAL OPORTO VINTAGE 1985
Dunkler als der 87er, was angesichts des besseren Jahrgangs jedoch zu erwarten war. Macht einen reifen Eindruck; bereits rubinrot, sogar mit ganz schwachen Spuren von Granatrot am Rand. Recht ungefälliges Bukett; im Geschmack reizvoller, halbsüß mit milder werdenden Tanninen, mittelschwer, kurzer Abgang.

Romariz – Vinhos, S. A.

Rua de Rei Ramiro, 356, Apartado 189
4400 Vila Nova de Gaia, Portugal

Romariz, ein weniger bekannter Portweinhändler, wurde 1850 von Manoel da Rocha Romariz mit der Intention gegründet, die portugiesischen Kolonien (besonders Brasilien) zu beliefern. Heute konzentriert sich die Firma auf den europäischen Markt, wenngleich der Vertrieb nach Südamerika noch immer von Bedeutung ist. Der letzte Romariz setzte sich 1966 zur Ruhe, als das Unternehmen an Guimaraens & Co. verkauft wurde. Im Jahr 1987 hat eine britische Investment-Gruppe die Firma gekauft, um die Marke mit ihrem Kapital weiter auszubauen.

INFORMATION

BESUCHE *des Lagerhauses; Öffnungszeiten sind zu erfragen.*
Tel. (351–2) 3756980

EMPFOHLENE WEINE
Reserva Latina

GESAMTWERTUNG ★★

Da Romariz keine eigene Quinta besitzt, werden Weine von Anbauern aus dem Douro-Gebiet eingekauft, die allerdings nicht in *lagares* hergestellt werden. Die Weine reifen in der firmeneigenen Lagerhalle von Vila Nova de Gaia, die auch von Touristen besucht werden kann.

Die kleine Weinpalette beinhaltet alle Standardtypen, aber auf Reserva Latina, einen alten Tawny ohne Altersangabe, ist man bei Romariz besonders stolz. Er wurde in internationalen Wettbewerben mit einigen Preisen ausgezeichnet.

HERSTELLUNG

Entfällt

Wein

Verkostungsnotizen

RESERVA LATINA Ein alter Tawny, der kein bestimmtes Alter für sich beansprucht. Lebhaftes, rötliches Gelbbraun mit intensivem Zimt-Gewürz-Charakter; ein wenig von der reifen Manier eines alten Cognac. Halbsüß, mit moderater Säure und angemessener Geschmackskonzentration. Ein komplexer Wein mit einer interessanten Mischung aus jugendhaften Zügen und beträchtlichem Alter, was die Vorteile des Verschneidens verdeutlicht.

10 YEAR OLD Recht dunkles, rötliches Gelbbraun. Leichtes, etwas spritiges Bukett mit einigen Mandelnoten; in der Hauptsache aber scharfe Gewürze und Dörrobst. Halbsüß mit spritziger Säure, mittelgewichtig. Recht gefällig, aber nicht so komplex wie die Latina.

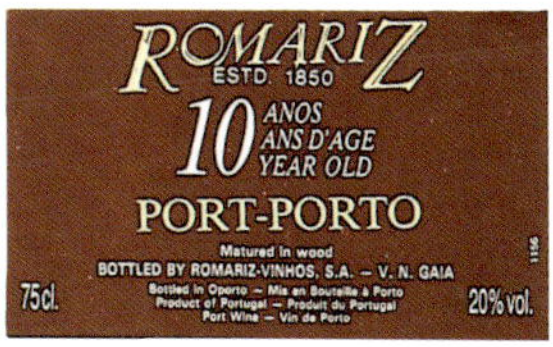

COLHEITA 1963 Rostbraune Farbe; zeigt bemerkenswerterweise noch etwas Rot nach all der Zeit. Sehr reifes Bukett (altes, feuchtes Holz und der für manche alte Alkoholika typische Charakter wilder Pilze). Süß; spritzige, erfrischende Säure und hohe Fruchtkonzentration; wesentlich kräftiger im Geschmack, als das Bukett annehmen läßt; komplexer, nussiger und reifer Abgang.

Rozès, Limitada

Rua Cândido dos Reus, 526/532
Apartado 376, 4400 Vila Nova de Gaia,
Portugal

Im wichtigen Weinjahr 1855, als in Bordeaux die örtliche Handelskammer zusammen mit Kaufleuten der Stadt ein bis heute gültiges Klassifikationssystem für edle Weine einführte, gründete der Bordeaux-Großhändler Ostende Rozès das einzige Portweinhaus französischen Ursprungs.

Eine kleine Menge (ungefähr 1%) des Rozès-Weins stammt von der Quinta do Monsul, die südlich des Douro im Baixo Corgo, genau gegenüber von Régua liegt. Die Geschichte dieser Quinta reicht bis in die Anfangszeit des portugiesischen Nationalstaates (im 12. Jahrhundert) zurück: Ihr erster nachweisbarer Besitzer war Dom Afonso Henriques, der erste portugiesische König. Den größten Anteil des Traubenguts liefern Weinbauern aus der Gegend um Pinhão und São João de Pesqueira im Cima Corgo. Der Angabe von Rozès zufolge, stammen über 80% ihres Bedarfs von Weingütern der A- und B-Kategorie; das am niedrigsten eingestufte Weingut ihrer Zulieferer gehört zur Kategorie C.

Die Kellerei bewertet die Qualität des Traubengutes bei dessen Ankunft, dessen bester Teil in die *lagares* kommt, um mit den Füßen gemaischt zu werden. Der so hergestellte Wein wird hauptsächlich für Jahrgangsports verwendet. Der Rest wird per Remontage vinifiziert. Für Weine mit kürzerer Reifungszeit wird Remontage verwendet.

Rozès ist zur Zeit im Besitz des französischen Großkonzerns LVMH, in dessen Besitz sich auch einige Champagnerhäuser befinden, was auch möglicherweise den Stil der Rozès-Portweine bestimmt: subtil und fein, nie so schneidig wie die Produkte der britischen Firmen und auch ohne die süßeren, eher konfitüre- oder karamelartigen Züge der Weine portugiesischer Händler.

Information

Besuche *Die Lagerhalle ist von Juli bis September geöffnet; nach Vereinbarung sind auch Besuche zu anderen Zeiten möglich.*
Tel. (351–2) 3771680

Empfohlene Weine
Vintage 1991

Gesamtwertung ★★

VERKOSTUNGSNOTIZEN

INFANTA ISABEL 10 YEARS OLD Sehr helle orange bis gelbbraune Farbe. Leichtes, frisches Bukett, sehr subtil. Reintöniger, frischer Feigen- und Rosinengeschmack. Halbsüß mit spritziger Säure und guter Nachtönung. Eleganter Stil; aber nicht so kraftvoll wie manch anderer Wein.

VINTAGE 1991 Sehr dunkle Farbe, noch recht purpurn. Im Bukett zunächst ein Leinöl-Charakter, der pflaumigen und beerigen Zügen weicht. Sehr geschmacksintensiv, mit mächtiger Fruchtkonzentration, moderaten Tanninen und guter Nachtönung. Ein guter Wein für den mittelfristigen Verbrauch.

RUBY

RUBY Halbdunkler, lebhafter rubinroter Farbton. Leichtes, fruchtiges Bukett (eher Himbeeren und Kirschen als Pflaumen). Im Geschmack lebhaft und ein wenig spritig, aber erfrischend.

WHITE PORT

ROZÈS WHITE Dunkel-goldgelbe Farbe. Reifes Bukett (Zitronat und Dörrobst). Süß, mit ausgewogener Säure und mittellanger Nachtönung.

LBV

LATE BOTTLED VINTAGE 1991 Ein LBV im modernen Stil, der vor der Filterung und Abfüllung sechs Jahre im Faß reift. Dunkles Rubinrot ohne eine Spur von Reife (aber auch nicht außergewöhnlich jugendhaft). Im Bukett reife Pflaumen und Rosinennoten, aber mäßig intensiv und sehr elegant. Süßer, körperreicher und bemerkenswert jugendhafter Geschmack, kaum entwickelt. Feste, ausgewogene Struktur und adäquate Nachtönung. Leichter als andere LBVs, aber harmonisch und elegant.

HERSTELLUNG

Monsul

99% der Jahresproduktion

Sandeman & Ca., S. A.

Largo de Miguel Bombarda, 3, Apartado 2
4400 Vila Nova de Gaia, Portugal

Im Portweinhandel sind einige Marken von Bedeutung, aber nur der Sandeman-Don, das Schattenbild einer Figur im Studententalar mit breitkrempigem Hut, ist weltweit als Warenzeichen einer Portweinfirma bekannt.

Sandeman feierte kürzlich sein 200jähriges Jubiläum; die Firma wurde 1790 vom ersten der zahlreichen George Sandemans, die am Geschäft beteiligt waren, gegründet. Wie es heißt, brach er von Perth in Schottland aus auf, um ein Vermögen zu machen, und er hoffte, sich gegen Ende des Jahrhunderts – wenn nicht früher – zur Ruhe setzen zu können. Zu diesem Zeitpunkt war er 25.

Die Firma wurde ursprünglich nicht in Porto bzw. Jerez (Spanien war der andere Zweig des Geschäfts), sondern mit günstiger Anbindung an die Docks in der Londoner City gegründet, die in jenen Tagen eines der Hauptzentren des britischen Weinhandels war. Das Startkapital in Höhe von 300 Pfund lieferte der Vater des jungen Sandeman.

Information

Besuche *der Lagerhallen täglich, 10.00–18.00 Uhr (mittags geschlossen), dort gibt es ein Besucherzentrum mit Führungen und ein Museum. Tel. (351-2) 3702293. Andere Tips: das Museum in Vale de Mendiz bei Pinhão; Tel. (351-54) 72333, das Cambres Wine Center bei Régua Tel. (351-54) 323626*

Empfohlene Weine
Imperial Aged Reserve Tawny, Quinta do Vau 1988

Gesamtwertung ★★

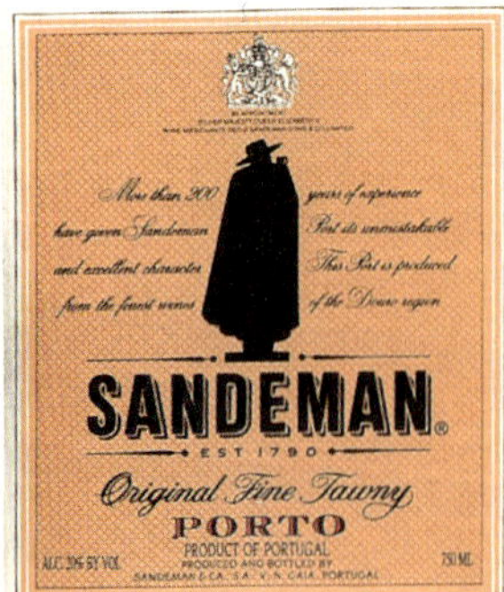

Es war der richtige Moment, um ein Geschäft zu eröffnen, denn in den 90er Jahren des 18. Jahrhunderts liefen der Portwein- und auch der Sherryhandel sehr gut. Diese Weine der iberischen Halbinsel hatten praktisch das Marktmonopol, vor allem da der Nachschub an französischem Bordeaux versiegt war und erst wieder nach der Schlacht von Waterloo (1815) fließen sollte. Trotz der Inflation aufgrund der Kriegskosten blieb das Unternehmen erfolgreich – eine bemerkenswerte Leistung.

Quinta do Vau

Als sich George Sandeman zur Ruhe setzte, wurde die Firma von seinem Neffen George Glas Sandeman übernommen, obwohl auch einer seiner Söhne weiterhin in der Firma tätig war. Heute wird sie von einem direkten Nachfahren von George Glas Sandeman geleitet. In den folgenden Jahren des 19. Jahrhunderts kämpfte Sandeman mit denselben Problemen, die auch dem Rest der Branche zu schaffen machen; politische Umbrüche sowie Krankheiten und Schädlinge in den Weinbergen wirkten sich auch hier aus, obwohl es Sandeman besser erging als vielen anderen, da die Firma keine Weinberge besaß und ihr daher keine unmittelbaren Kosten für Neubestockungen entstanden.

Im Jahr 1870 war Sandeman der größte Exporteur und deckte 9% des gesamten Portweinexports. Die Firma tat sich vorwiegend im Bereich des Exports unabgefüllter Großmengen hervor; auch nach dem Verkauf an Offley Forrester, einem anderen Großhändler, in den frühen 1960er Jahren blieb diese Tendenz erhalten. Einige Jahre später wurde die Hälfte der Anteile an die italienische Getränke-Gruppe Martini & Rossi veräußert, die auch die übrigen Anteile kaufte, als Sandeman schließlich 1980 von der Seagram-Gruppe übernommen wurde.

Flache Lesekörbe

Unter der Leitung von Seagram konzentrierte sich die Firma anfangs weiterhin auf den Großhandel, wobei nur gelegentlich ein guter Jahrgangsport hergestellt wurde. Seagram baute Sandeman hinsichtlich des Volumens zur weltweit größten einzelnen Portweinmarke aus, doch wurde diese Beliebtheit zwangsläufig von einem Qualitätsverlust begleitet. Kürzlich wurde allerdings ein neuer Kurs eingeschlagen: Seit George Sandeman, der im Ausland mehrere Posten innehatte, nach Portugal zurückgekehrt ist, geht die Entwicklung eher in Richtung Qualität als Quantität. Dies zeigt sich z. B. in der Weigerung, 1991 als Jahrgang zu deklarieren, da die Weine einfach nicht so gut wie im Jahr 1988 waren.

HERSTELLUNG

U. a. Quinta do Vau

Traubengut

Die Quinta do Vau liefert die Spitzentrauben, die zu Jahrgangsweinen verarbeitet werden. Die Reben dieser riesigen, südlich des Douro gelegenen Quinta stehen fast vollständig auf *patamares*, während die Quinta selbst lediglich über ein funktionales Gebäude verfügt, in dem sich die Kellerei und die Gerätschaften für den Weinberg befinden. Hier sind die umweltfreundlicheren Edelstahltanks die Regel, die keinen Strom verbrauchen. In vielen anderen von der Firma genutzten Kellereien werden Autovinifikation und Remontage nebeneinander verwendet.

Sandeman besitzt eine Reihe von Kellereien in der Gegend, jedoch weniger als früher, als man noch mehrere an strategischen Orten mietete. Die Firma besitzt zudem eine Lagerhalle in der Nähe von Régua, wo die Portweine schneller reifen als in Porto. Beim einfachen Tawny etwa, der älter wirkt, als er ist, bedient man sich mit Erfolg dieser Lagerhalle.

Die Hauptlagerhalle befindet sich allerdings in Vila Nova de Gaia direkt am Ufer, weshalb Sandemans Lagerhalle eine der ersten (und oft die einzige) ist, die von Touristen besucht wird; das ganze Jahr über veranstaltet hier ein professionelles PR-Team regelmäßige Führungen. Außerdem hat Sandeman in der Nähe von Régua ein Portwein-Museum eröffnet.

Sandemans einfache Rubies und weiße Portweine sind solide, wenn auch schlichte Vertreter dieser Weintypen. Der Tawny ragt in Erscheinungsbild und Geschmack durch seine Reife hervor; obwohl ihm die Kraft eines alten Tawny fehlt, ist dies sicherlich ein interessanter Wein, der einen in einer Blindverkostung ganz leicht in Verlegenheit bringen könnte.

DER SANDEMAN-DON

Verkostungsnotizen

FOUNDERS RESERVE Dieser Wein wird in viele Länder auf der ganzen Welt exportiert (außer nach Großbritannien). Ein mäßig reifer Wein, würzig und fruchtig in Bukett und Geschmack, mittelschwer, mit sehr elegantem Abgang.

PARTNERS' RUBY Die Version für Großbritannien ist jugendlicher, schneidiger und fruchtiger; körperreich und sehr schmackhaft. Sie wurde entwickelt, nachdem Marktstudien gezeigt hatten, daß dieser Stil im Vereinigten Königreich allgemein beliebt ist; angeblich soll es dieser Verschnitt mit Cockburn's Special Reserve aufnehmen.

IMPERIAL AGED RESERVE TAWNY Recht helle, rötlich-braune Farbe (wie Zwiebelschalen). Leichtes, elegantes und reifes Bukett. Etwas rauchig und kräuterartig. Halbsüß, mit spritziger Säure; leicht bis mittelschwer, trotzdem schmackhaft und mit guter Nachtönung. Ein erfrischender Aperitif-Tawny, der ungefähr acht Jahre lang gelagert hat und vielen 10jährigen ohne weiteres ebenbürtig ist.

VERKOSTUNGSNOTIZEN

20 YEARS OLD TAWNY Helles Orangebraun. Volles, reifes Bukett (Gewürz und Pfeifentabak). Halbsüß bis süß mit ausgewogener Säure und hochkonzentrierten, reifen Dörrobst-Aromen, ein wenig Rauch und einem leicht karamelisierten Abgang.

QUINTA DO VAU 1988 Beginnt, etwas Reife am Rand zu zeigen, ist jedoch noch sehr dunkel. Im Bukett volle und reife Noten schwarzer Johannisbeeren und feuriger Pflaumen. Süß, mit ausgewogener Säure und noch sehr festen Tanninen. Elegant, mittelschwer, mit sehr langer Nachtönung. Dieser Wein wird sich endlos halten.

VINTAGE 1980 Dunkles Rubinrot. Volles Bukett, etwas stielig, eine Spur unreif und ein wenig roh. Süßer, voller Geschmack mit minziger Frische; Tannine und Säure sind gut ausgewogen. Die Tannine sind noch fest, werden jedoch milder und münden in einen langen, fruchtigen Abgang. Jetzt gut trinkbar, wird sich aber noch ein paar Jahre entwickeln.

C. da Silva (Vinhos) S.A.

Rua Felizardo de Lima, 247, Apartado 30
4400 Vila Nova de Gaia, Portugal

Die Firma C. da Silva wurde in der Mitte des 19. Jahrhunderts von Clemente da Silva gegründet und handelt unter den Namen »Presidential«, »Dalava« und »da Silva«. Wie bei so vielen Portfirmen waren Mitglieder der Familie auch hier schon lange zuvor im Handel tätig.

Das Unternehmen besitzt zwar einen kleinen Weinberg, aber keine ganze Quinta; es stützt sich auf 700 einzelne Weinbauern, deren Traubenlieferungen da Silva in der firmeneigenen Kellerei zu Wein verarbeitet. Die gesamte Weinherstellung erfolgt durch Autovinifikation.

Information

Besuche *nicht möglich*

Empfohlene Weine
Presidential 20 Years Old

Gesamtwertung ★

Die Lagerung findet in Vila Nova de Gaia statt, um eine langsamere Reifung der Weine zu ermöglichen. Dies verdeutlichen auch die derzeitigen Vorräte der Firma, unter denen sich unter anderem Weine aus den 1930er Jahren befinden. Ein Teil des Vorrats stammt sogar noch aus der Zeit der Firmengründung; er ist jedoch nicht auf dem Markt erhältlich, sondern wird nur zum Veredeln von Verschnitten verwendet.

Die Mehrzahl der da-Silva-Weine sind junge Ruby- und Tawny-Verschnitte, doch werden auch gelegentlich Jahrgangsports hergestellt, und die alten Vorräte (Colheitas) sind auf dem heimischen Markt von Bedeutung. Neue Märkte, die die Firma sich zur Zeit erschließt, sind die Schweiz, die USA sowie die Pazifik-Anrainer.

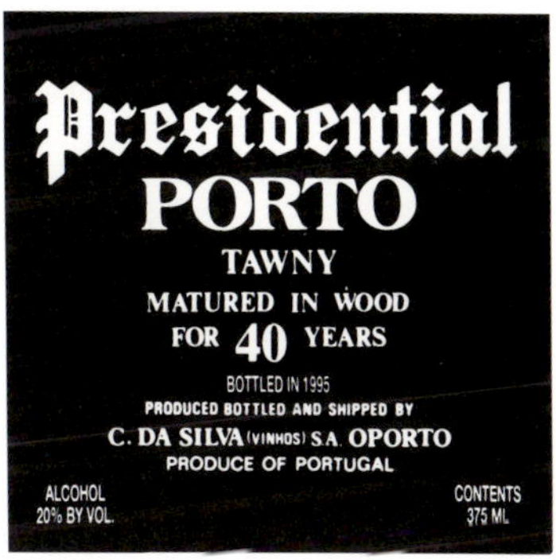

Die hier verkostete, etwas begrenzte Auswahl besteht aus leichten, verhältnismäßig einfachen Weinen.

Herstellung

Besitzen kleinen Weinberg

Traubengut

Verkostungsnotizen

PRESIDENTIAL 10 YEARS OLD
Helles Orangebraun. Leichtes, recht spritiges Bukett mit voll entwickeltem Haselnuß-Charakter. Süß und spritig im Geschmack. Recht angenehm, aber zu wenig Tiefe und Komplexität.

ALTER TAWNY

PRESIDENTIAL 20 YEARS OLD
Klares, halbdunkles Gelbbraun. Durchschnittlich intensives, nussiges Karamel-Bukett, recht spritig. Süß, mit ausgewogener Säure, spürbarem Alkohol und betonten Karamelnoten. Mittellange Nachtönung.

FLASCHENREIFUNG IN DER DA-SILVA-LAGERHALLE

Silva & Cosens Lda.

Trav. Barão de Forrester, 85, Apartado 19
4400 Vila Nova de Gaia, Portugal

Hinter der berühmten Marke Dow's stehen Weine des weitaus weniger bekannten Unternehmens Silva & Cosens, eine der sechs Handelsfirmen der Symington-Gruppe.

Die Firma wurde 1798 von dem portugiesischen Großhändler Bruno da Silva gegründet und verwendete später den Familiennamen eines John Dow, der 1877 Teilhaber der Firma wurde. Die Verbindung zu Symington entstand 1882, als Andrew James Symington in die Firma eintrat; zu Beginn des 20. Jahrhunderts wurde er zum Mitinhaber.

INFORMATION

BESUCHE *nur auf Empfehlung eines Weinhändlers und nach Vereinbarung*

EMPFOHLENE WEINE *Jahrgangsports, vor allem 1980 und 1985*

GESAMTWERTUNG ★★★

Das Vorzeige-Gut der Firma, die Quinta do Bomfim in Pinhão, begründete schon immer die Qualität ihrer Portweine. Ihre Weinberge liefern jedes Jahr etwa 340 Pipen Portwein, doch die Produktionskapazität der Kellerei ist weitaus größer. Die Firma hat die Quintas do Zimbro und da Senhora de Ribeira zwar veräußert, kauft aber noch immer von diesen beiden und anderen Quintas der Umgebung Traubengut, das nach wie vor für den Verschnitt verwendet wird. Zur Zeit der Weinlese ist der Bedarf so hoch, daß die Fahrzeugschlange vor Bomfim viele Jahre lang berühmt war.

Im Gegensatz zur Schwestergesellschaft Graham stellt Dow's einige der trockensten Portweine her; zwar sind alle Portweine grundsätzlich süß, die von Dow's, jedoch neigen zu einem etwas strengeren Charakter als viele andere – und sind aus diesem Grund womöglich nicht so unmittelbar ansprechend. Zweifellos gehören sie aber zu den besten Portweinen; bei der Beurteilung dieser nicht so süßen Weine sollte man immer daran denken, daß Süße auch die Mängel eines Weins verdecken kann (dies gilt keineswegs nur bei Portwein). Dagegen müssen trockenere Sorten wirklich gut sein, da sie ihre Mängel nicht mit Hilfe dieses Deckmantels vertuschen können.

HERSTELLUNG

Bomfim

Traubengut

VERKOSTUNGSNOTIZEN

10 YEAR OLD Ausgeprägte rotbraune Farbe; reif, ohne sein Alter so recht zum Ausdruck zu bringen. Volles Dörrobst-Bukett (Rosinen und Zitronat neben etwas Gewürzmischung). Fest und reintönig im Geschmack, dem der Alkohol Biß gibt; sehr langer und eleganter Abgang.

20 YEAR OLD Einer der dunkelfarbigsten 20jährigen, dunkles Walnußbraun. Stechendes Bukett von Dörrobst sowie Kräutern und Blättern; mitteltrocken mit ausgewogener Säure und gehaltvoller, weicher Struktur; im Mund beinahe fett, hat dabei jedoch noch etwas Frische bewahrt.

VINTAGE 1980 Die 80er sind sonst eher leicht; dieser hier ist eine Ausnahme. Noch sehr dunkelfarbig. Intensiv kräuterartig-medizinisches Bukett. Nicht der beste von Dow's, aber einer der besten 80er.

Verkostungsnotizen

RUBY

»AJS« VINTAGE CHARACTER Ein nach den Initialen von Andrew James Symington benannter Port. Ein gutgemachter Spitzen-Ruby mit rubinrotem Erscheinungsbild, vollem, fruchtigem, recht jugendhaftem Bukett und durchschnittlich intensivem Geschmack, jedoch nur wenig Charakter und Stil eines echten Vintage.

WHITE PORT

DRY WHITE Ein trockener Weißer der modernen Sorte, ohne Schalen vergoren und nur kurze Zeit gelagert; er wird hauptsächlich aus der Malvasia-Traube hergestellt. Helles Zitronengelb. Jugendhaftes, florales Bukett; spritzig im Geschmack. Ein gefälliger Aperitif – vorausgesetzt, man bekommt eine frische Flasche, da längere Flaschenlagerung bei ihm nicht förderlich ist.

ALTER TAWNY

10 YEAR OLD (s. S. 166)

20 YEAR OLD (s. S. 166)

SINGLE-QUINTA-JAHRGANGSPORT

QUINTA DO BOMFIM 1984 Entstehendes Rubinrot. Volles, aromatisches Bukett (Blumen und Früchte). Mittelschwer bis schwer; die Tannine sind noch fester, als das Erscheinungsbild annehmen läßt. Jetzt äußerst gut trinkbar, wird sich jedoch noch einige Jahre verbessern.

JAHRGANGSPORT

VINTAGE 1994 Sehr intensiv-schwarzer Farbkern (von den 94ern einer der dunkelsten). Enorm konzentriertes und doch aufgeschlossenes Bukett (reife Früchte und süße Gewürze). Gehaltvoll, aber nicht süß im Geschmack, mit mächtiger Tannin-Struktur und ausgewogener Säure; vorzüglich in Gewicht und Nachtönung. Ein hervorragender 94er für den sehr langfristigen Verbrauch.

VINTAGE 1991 Tiefschwarze Farbe, aufgeschlossenes Bukett (Damaszener Pflaumen). Gehaltvoll-fruchtig im Geschmack, weshalb er anfangs so wirkt, als wäre er bereits jetzt sehr zugänglich; gegen Ende kommt jedoch eine gewaltige Tannin-Struktur durch. Einer der besten 91er, der lange braucht, um trinkreif zu werden.

VINTAGE 1985 Einer der noch am wenigsten entwickelten 85er. Dunkles Purpur- bis Rubinrot. Der Wein ist noch verschlossen, mit leicht floraler Note im Bukett. Die Frucht zeigt sich im Geschmack hinter einer festen Struktur aus Tannin und Säure, die lange brauchen wird, um schwächer zu werden. Ein vorzüglicher Wein im Kommen; ab der zweiten Dekade des 21. Jahrhunderts trinkreif.

VINTAGE 1980 (s. S. 166)

VINTAGE 1970 Noch recht dunkle Farbe, eher rubin- als purpurrot. Sehr üppiges, aufgeschlossenes Bukett mit komplexen Aromen dunkler Früchte, Kräuter und Lebkuchengewürze. Voller, konzentrierter Geschmack, dessen Komponenten sich zu einem Ganzen verbunden haben. Dieser Wein ist jetzt ausgereift und sehr gut trinkbar, wird es auch noch viele Jahre bleiben.

Traditionelle Terrassenanlage auf der Quinta do Bomfim

Skeffington Vinhos Lda.

Rua do Choupelo, 250, Apartado 1311
4400 Vila Nova de Gaia, Portugal

INFORMATION

BESUCHE *nicht möglich*

EMPFOHLENE WEINE
Vintage Character

GESAMTWERTUNG ★★

Skeffington gehört zur Taylor-Gruppe und ist daher eine Schwestergesellschaft von Fonseca. Allerdings handelt es sich hier nicht um ein aufgekauftes Familienunternehmen wie bei der Firma Fonseca, die nach wie vor die Arbeiten im Weinberg sowie die Weinherstellung unter die Leitung der Fonseca-Guimaraes gestellt hat, sondern um eine Neugründung von Taylor. Die Firma hat eigene Bezugsquellen und rangiert innerhalb der Gruppe als separate und eher zweitrangige Marke. Ihre Weine sind daher nicht so edel wie die ihrer berühmteren Schwesterfirmen (ohne sie damit schlecht machen zu wollen). Sie werden jedoch nach den anspruchsvollen Richtlinien der Muttergesellschaft hergestellt, und darüber hinaus haben Blindverkostungen gezeigt, daß sich Skeffington auch neben einigen besseren Portweinen durchaus behaupten kann.

Der Firmenname stammt aus der Mitte des 19. Jahrhunderts: Charles Neville Skeffington war Kompagnon der Yeatman-Familie (berühmt durch die Firma Taylor, Fladgate & Yeatman). Er war im Douro-Gebiet wie zu Hause und hatte unter anderem die Aufgabe, Traubengut und Wein bei Kleinbauern zu organisieren. Als Anerkennung dafür benannte die Taylor-Gruppe ihre neue Firma nach ihm. Skeffington baute feste Geschäftsbeziehungen zu einer Reihe von Weinbauern auf, und viele der heutigen Zulieferer sind direkte Nachfahren der Leute, mit denen er vor 150 Jahren zusammengearbeitet hatte.

Bevor die Abfüllung des gesamten Portweins bindend nach Porto verlegt werden mußte, wurde auf den Etiketten des verkauften Weins sowohl der Name des Händlers als auch des Importeurs genannt, da möglicherweise letzterer den Wein abgefüllt hatte. In der Folge nahm die Marke an Bedeutung zu und entsprechend war man gezwungen, sie stärker zu fördern.

Skeffington besitzt keine eigenen Quintas, sondern kauft den gesamten Wein ein. Die Basis des Jahrgangswein-Verschnitts liefert die Quinta de Vale dos Muros im Távora-Tal (nicht weit von Fonsecas Panascal).

Verkostungsnotizen

VINTAGE CHARACTER Auch unter dem Namen »Shooting Port« vertrieben; dunkles Karmesinrot; äußerst jugendhaft. Volles, reifes Bukett, reintönig und frisch, dabei dominiert die Frucht mit Pflaumen und einer leichten Trauben-Note. Im Geschmack voll und reich; kräftiger als viele andere in dieser Preisklasse.

VINTAGE 1985 Noch sehr dunkel (wandelt sich gerade zum Rubinrot). Mäßig aufgeschlossenes, nicht sehr komplexes Bukett (Damaszener Pflaumen). Mittelschwer, mit moderaten Tanninen und reintöniger Säure. Ein sehr gutgemachter Wein, der in ein paar Jahren angenehm zu trinken sein wird.

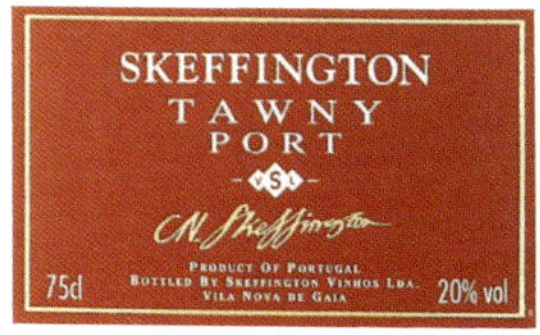

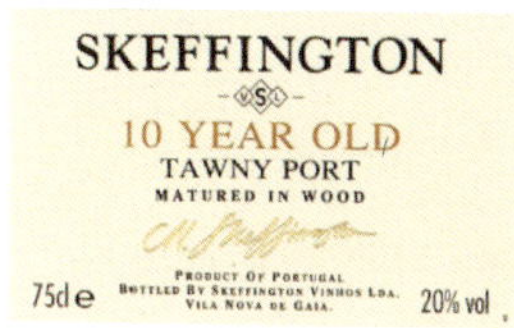

Herstellung

Entfällt

Vale dos Muros (eine bedeutende Quinta)

Smith Woodhouse & Ca., Lda.

Trav. Barão de Forrester, 85, Apartado 19
4400 Vila Nova de Gaia, Portugal

Smith Woodhouse ist eine der kleineren Marken von Symington und wird oft unterschätzt, obwohl die Firma einige ausgezeichnete Portweine hergestellt hat. Das Unternehmen wurde 1784 von Christopher Smith, einem ehemaligen Mitglied des Westminster Parliament und Oberbürgermeister von London, ins Leben gerufen und Anfang des 20. Jahrhunderts von W. & J. Graham übernommen. Als die Symingtons 1970 Graham aufkauften, wurde Smith Woodhouse ein Teil ihres Imperiums. Während der Jahre unter Graham betrachtete man Smith Woodhouse innerhalb des Unternehmens als eine Art zweitklassigen Portweinhersteller, und dies ging unter den Symingtons so weiter, obwohl Smith Woodhouse einige ausgezeichnete Portweine hervorgebracht hat.

INFORMATION

BESUCHE *nur auf Empfehlung eines Weinhändlers und nach Vereinbarung*

EMPFOHLENE WEINE *Traditional LBV*

GESAMTWERTUNG ★★

Ein kleiner Teil der Smith Woodhouse-Ports (ungefähr 8%) stammt aus dem firmeneigenen Weingut Santa Madalena im Rio-Torto-Tal. Der Rest wird eingekauft und in Bomfim oder der von den Symingtons gerade neu gebauten Kellerei vinifiziert. Wie bei allen Portweinen von Symington wird der größte Teil per Autovinifikation hergestellt.

Ungefähr eine Viertelmillion Kisten Portwein werden unter dem Namen Smith Woodhouse produziert, und die Firma stellt eine Palette ganz ordentlicher Ruby-, Tawny- und White-Port-Sorten her, die sowohl unter ihrem eigenen Namen als auch unter den Markennamen von Einzelhändlern verkauft werden. Der Name Smith Woodhouse steht in diesem Fall zwar noch auf den Flaschen, aber der Verschnitt variiert je nach Einzelhändler.

Den Schwerpunkt dieser Marke bilden jedoch die Spitzenportweine, vor allem der Late Bottled Vintage, der ganz im traditionellen Stil nach nur ungefähr vier Jahren Faßreife ohne Filterung abgefüllt wird, um in der Flasche weiterzureifen. Erstaunlicherweise kommen die Weine erst dann in den Einzelhandel, wenn sie trinkreif sind (6–10 Jahre nach der Abfüllung). Sie ähneln Jahrgangsports wesentlich mehr als den meisten LBVs und müssen natürlich dekantiert werden.

VERKOSTUNGSNOTIZEN

OLD OPORTO CLASSIC VINTAGE CHARACTER Dieser Wein hat ungefähr fünf Jahre Faßreife hinter sich und ist gegenüber dem einfachen Ruby weicher im Geschmack und komplexer im Aroma. Körperreich und schmackhaft, aber mit niedrigem Tanningehalt und mittellanger Nachtönung.

VINTAGE 1994 Dunkle, beinahe schwarze Farbe. Sehr verschlossenes Bukett, das kaum etwas verrät. Ganz anders der Geschmack: Eine konzentrierte Mischung aus Gewürzen und Früchtekuchen. Süß, mit kraftvollen und recht aggressiven Tanninen. Volles Fruchtaroma und lange Nachtönung. Für den langfristigen Verbrauch.

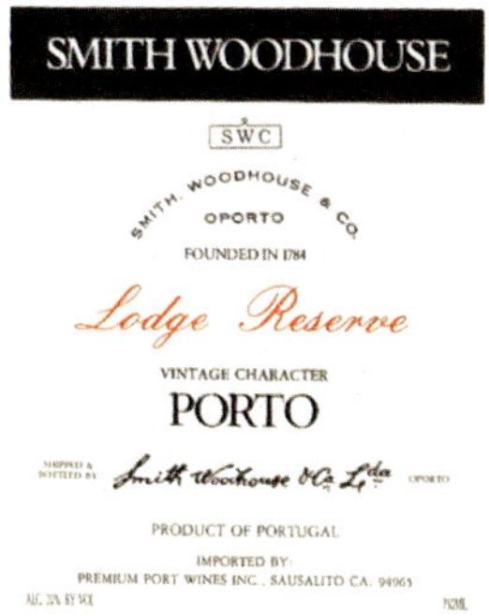

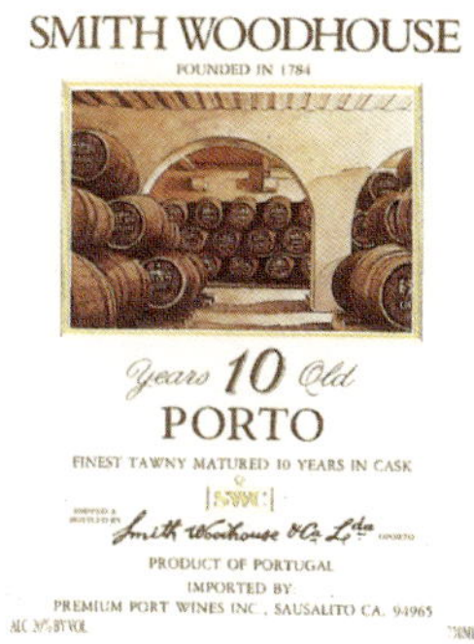

HERSTELLUNG

Santa Madalena

92% der Jahresproduktion

Verkostungsnotizen

RUBY

OLD OPORTO CLASSIC VINTAGE CHARACTER (s. S. 171)

TAWNY

OLD LODGE TAWNY Ein Wein ohne Jahres- oder Altersangabe; dieser Stil wurde einst von allen Händlern hergestellt, inzwischen jedoch weitgehend von den Tawnies mit präziser Altersangabe abgelöst. Zeigt noch eine Spur Rot im Farbton. Voller, reicher Röstmandel- und Haselnuß-Charakter, der von junger Frucht gestützt wird, was einen erfrischenden Tawny ergibt.

LBV

TRADITIONAL LATE BOTTLED VINTAGE Der derzeitige Jahrgang ist 1982. Sehr voll und reich wie ein Jahrgangsport, aber mit der zusätzlichen Reife, die lange Holzlagerung bewirkt. Zedernholz-Bleistifte; ein wenig rauchig; Pflaumen und Gewürz im Bukett. Recht komplex. Süß und schmackhaft, mit der ganzen Struktur eines einfacheren Jahrgangsports. Wesentlich besser als viele andere LBVs.

JAHRGANGSPORT

VINTAGE 1994 (s. S. 171)

Traditional LBV und Crusted Port

VINTAGE 1991 Nur halbdunkle Farbe, aber natürlich noch purpurn. Spritiges Bukett von durchschnittlicher Fruchtintensität (Damaszener Pflaumen). Im Geschmack wesentlich intensiver, voll und kraftvoll, mit milderen Tanninen als andere Weine und mit vorzüglicher Nachtönung. Gute Konzentration, aber nicht so strukturiert wie andere; vermutlich ein Wein für den mittelfristigen Verbrauch, zu trinken, bevor man den Graham- oder Warre-Jahrgangsport desselben Jahres öffnet.

VINTAGE 1985 Zeigt kaum Alter am Rand, noch immer dunkel und purpurrot. Wesentlich stärker entwickeltes Bukett, das einen Gewürz- und Fruchtcharakter zeigt. Im Geschmack voll und reich, mit festen Tanninen und ohne Anzeichen seines Alters. Ein Wein für den langfristigen Verbrauch.

VINTAGE 1983 Leichter als der 85er, aber ebenfalls voll und reich. Im Begriff, etwas Reife am Rand zu zeigen. Noten von Früchtekuchen und dunkler Konfitüre im Bukett. Er hat noch eine feste Struktur und ausreichend Frucht, um sich weitere fünf bis zehn Jahre zu halten, bevor die Tannine abbauen.

VINTAGE 1980 Ist jetzt ausgereift. Ein eleganter, aber kein großartiger Wein. Duftiges, leicht spritiges Bukett; die Tannine sind milder geworden, so daß ein samtiger Eindruck entsteht; langer Abgang.

Taylor, Fladgate & Yeatman – Vinhos, S.A.

Rua do Choupelo, 250, Apartado 1311
4400 Vila Nova de Gaia, Portugal

Die Jahrgangsports dieser Firma haben durchweg höhere Preise als alle anderen, ausgenommen der legendäre Nacional von der Quinta do Noval. In der Tat sind ihre Weine zum »Grand Cru Classé« der Portweine geworden (diese Bezeichnung tragen sonst die besten Bordeaux-Weine).

INFORMATION

BESUCHE *der Lagerhallen; der Quintas aber nur von geladenen Gästen*
Tel. (351–2) 3719999

EMPFOHLENE WEINE
Alle Jahrgangsports

GESAMTWERTUNG ★★★

Seit seiner Gründung durch John Bearsley im Jahre 1692 hat das Unternehmen viele Umbenennungen erlebt, aber nachdem Joseph Taylor, John Fladgate und Morgan Yeatman im frühen 19. Jahrhundert dazugekommen waren, hat es seinen jetzigen Namen bewahrt. Alistair Robertson, der derzeitige Hauptgeschäftsführer, stammt aus der Yeatman-Familie. Um Fragen des Weinbaus kümmerte sich Bruce Guimaraens von Fonseca Guimaraens (1948 von Taylors aufgekauft). Er setzte sich 1995 zur Ruhe und übergab seinem Sohn David diese Position.

Die besondere Stellung der Firma beruhte schon immer auf ihren Spitzen-Portweinen, vor allem den Jahrgangsports, für deren Verschnitt der gewaltige Weinberg der Quinta de Vargellas seit 1908 den Hauptanteil liefert. Ihren herausragenden Ruf genoß die Quinta bereits 1923, als ihre Weine in Briefen zwischen London und Porto mit begeisterten Worten besprochen wurden. Als Taylor die Quinta 1893 kaufte, stand es jedoch sehr schlecht um sie, da die Weinberge zuvor durch Reblausbefall vernichtet worden waren. Man investierte hohe Summen, um der Quinta hinsichtlich weinbautechnischer Innovation die Vorreiterstellung zu verschaffen, die sie noch heute innehat. Die Reben, die Frank Yeatman (ein Nachfahre des Mitbegründers John Yeatman und begeisterter Weinbaukundler) pflanzte, entsprachen in etwa den Sorten, die das IVP heutzutage empfiehlt. Es ist sogar belegt, daß die Vinifikation einzelner Sorten durchgeführt wurde, aber die

Herstellung

Terra Feita, Vargellas

Traubengut

Ergebnisse wurden nicht dokumentiert. Wenn ein Jahrgangsport nicht deklariert wird, gibt es oft einen Single-Quinta-Jahrgangsport von der Quinta de Vargellas; dieser ist fast immer leichter als die richtigen Jahrgangsports von Taylor, aber oft besser als die meisten Jahrgangsports anderer Firmen.

Auch die Quinta de Terra Feita im Pinhão-Tal ist in Taylors Besitz. Dieses ungewöhnliche Weingut besteht hauptsächlich aus einem großen Hügel mit abgeflachtem Gipfel, der von weitem recht künstlich wirkt. Tatsächlich wurde sein Gipfel 1983 um 19 m abgeflacht. Der gesamte Wein von Terra Feita wird wie der von Vargellas in *lagares* hergestellt und für den Jahrgangsport-Verschnitt oder LBVs, in manchen Jahren auch Single-Quinta-Jahrgangsports verwendet.

Wie bei vielen Firmen sind es auch bei Taylor die Jahrgangsports, die die Aufmerksamkeit auf sich lenken, aber auch der leichter erhältliche LBV ist beachtenswert. Zwar wurden in der Portweinbranche schon seit langem Jahrgangsports hergestellt, die länger als die erforderlichen drei Jahre im Faß gelagert hatten, aber Taylor kreierte als erste Firma eine erfolgreiche LBV-Marke und machte diesen Weintyp damit auch berühmt. Er wird gemäß dem modernen Verfahren nach sechs Jahren Faßreife stabilisiert, gefiltert und auf Flaschen gezogen, weswegen er auch nicht umständlich dekantiert werden muß.

First Estate heißt der nicht überall erhältliche Spitzen-Ruby der Firma. Sein Name erinnert an die Casa dos Alambiques, das erste Besitztum Taylors (und überhaupt eines britischen Händlers) am Douro. First Estate ist allerdings nicht mehr ausschließlich ein Produkt der Weinberge dieses Gutes. Die Firma stellt zudem eine außergewöhnliche Palette alter Tawnies her, die eher in die gehaltvolle und fruchtige als in die nussige Richtung gehen (insbesondere der 10jährige). Typische Merkmale aller ihrer Portweine sind ihre Kraft und ihr Gehalt in Verbindung mit einer bemerkenswerten Eleganz.

Taylor, Fladgate & Yeatman ist die älteste britische Portweinfirma, die noch ihre Unabhängigkeit bewahrt und dem unpersönlichen Verfahren der Firmenaufkäufe aus dem Weg gegangen ist. Umgekehrt wurde schon eher ein Schuh daraus – so kaufte die Firma in den 40er Jahren Fonseca auf und hat auch später Anteile bei ihren Agenten und Grossisten im Ausland erworben, um sich eine bessere Kontrolle über ihre Marken zu verschaffen.

Frank Yeatman (rechts)

Verkostungsnotizen

20 YEARS OLD Ziemlich dunkles Braun. Sehr intensives Karamel- und Fondant-Bukett. Der Alkohol kommt durch, jedoch nicht so deutlich wie beim 10jährigen. Recht süß, aber ausgewogen und elegant, nicht im mindesten überladen (was bei anderen Tawnies manchmal der Fehler ist).

QUINTA DE VARGELLAS VINTAGE 1991 Das Bukett ist noch sehr verschlossen; ein komplexer Wein mit aromatischen Noten tropischer Früchte. Ein äußerst hoher Tannin-Anteil und ein sehr voller, reicher Körper sollten diesen Wein bemerkenswert lange lagerfähig machen.

VINTAGE 1985 Voller und aufgeschlossener als der 83er; das intensive Bukett entfaltet reife, feurige, dunkle Frucht und schwarzen Pfeffer. Seine Fülle macht ihn jetzt so anziehend, aber er benötigt noch ein paar Jahre, um seinen Gipfel zu erreichen.

Verkostungsnotizen

RUBY

FIRST ESTATE Dieser Wein verdient eine breitere Anhängerschaft, als er derzeit hat, da er zu den vollsten und reichsten Spitzen-Rubies zählt. Er hat genug Struktur und Gewicht, um interessant zu sein.

ALTER TAWNY

10 YEARS OLD Rötliches Orange; aromatisches Bukett (Dörrobst). Halbsüß mit ausgewogener Säure und mittlerem bis vollem Aroma. Vorzügliche Nachtönung.

20 YEARS OLD (s. S. 175)

LBV

LATE BOTTLED VINTAGE 1990 Besonders bemerkenswert an Taylors LBV ist, daß diese Marke jahrein, jahraus von so gleichbleibendem Stil ist. Dunkles Rubinrot; reicher Charakter schwarzer Früchte; trotz seiner sechs Jahre Lagerung noch recht jugendhafter Stil. Körperreich und konzentriert; einer der besten Vertreter dieses Weintyps.

SINGLE-QUINTA-JAHRGANGSPORT

QUINTA DE VARGELLAS VINTAGE 1991 (s. S. 175)

QUINTA DE VARGELLAS VINTAGE 1984 Ein besserer Wein als der 82er. Relativ dunkles Rubinrot. Intensives Bukett und voller, fruchtiger, floraler Geschmack. Sehr feste Tannine und ausgewogene Säure lassen diesen Wein noch einige Jahre reifen, wenngleich er schon jetzt gut trinkbar ist.

QUINTA DE VARGELLAS VINTAGE 1982 Halbdunkle Farbe (noch rubinrot). Leicht florale Noten im Bukett, mittlerer Körper. Nicht so intensiv wie die meisten von Taylor, aber mit guter Frucht und noch einigen festen Tanninen. Jetzt trinkreif, hält sich jedoch noch einige Jahre.

JAHRGANGSPORT

VINTAGE 1994 Ein sehr dunkler, fast schwarzer Wein. Verschlossene, aber fruchtige Nase. Mächtiger, kraftvoller Geschmack mit massivem Tannin-Biß und komplexen Aromen (Brombeeren, dunkle Schokolade und sogar kräftiger Kaffee).

VINTAGE 1992 Tintenschwarz, einer der dunkelfarbigsten dieses Jahrgangs. Mildes Feigen- und Dattelbukett, überraschend aufgeschlossen für einen Wein dieses Alters. Halbsüß, mit sehr festem Tannin-Biß, der eine Unzahl von Aromaebenen verbirgt.

VINTAGE 1980 Leichter als die meisten von Taylor; aromatisches Bukett (dunkle Früchte), nur ein mittlerer Körper, aber einer der besten des Jahrgangs.

VINTAGE 1977 Noch opak mit beinahe schwarzem Farbkern und nur äußerst schmalem, rubinrotem Rand. Komplexes, aber noch verschlossenes Bukett (rote und schwarze Früchte, dunkle Schokolade und sogar Gewürze); nicht einmal annähernd trinkreif. Körperreich und mit der für Taylor typischen Kraft und Eleganz. Ein vorzüglicher Portwein, der nicht vor der Jahrtausendwende geöffnet werden sollte.

VINTAGE 1970 Im Farbkern noch dunkles Rubinrot; granatrote Spuren sind nur ganz am Rand erkennbar. Recht jugendhaft für einen Wein dieses Alters. Kraftvoller Charakter (dunkle Beeren) mit Gewürz und Leder – ein Hinweis auf seine Reife. Hochintensiv; halbsüß; die entwickelte Frucht ist kraftvoll und konzentriert und wird durch einen sehr vollen Körper und eine kräftige Tannin-Säure-Struktur ausbalanciert. Sehr gute Nachtönung.

VINTAGE 1985 (s. S. 175)

VINTAGE 1983 Sehr dunkle Farbe. Recht verschlossenes Bukett, aber ein voller, reifer Geschmack (Früchtekuchen und Gewürze). Feste Tannine; vorzügliche Nachtönung. Hat seinen Reifegipfel noch nicht erreicht.

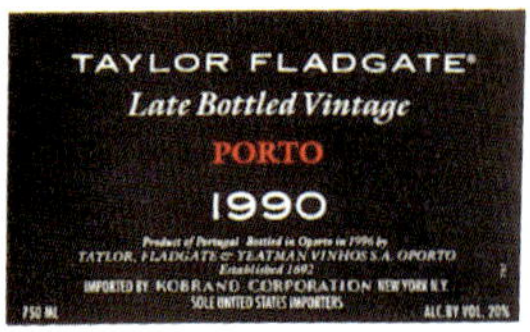

Vinoquel – Vinhos Óscar Quevedo, Lda.

Av. Marques Soveral,
5130 S. João da Pesqueira, Portugal

Vinoquel entspricht nicht den normalen Kategorien der Portweinbranche, denn diese Firma ist zwar ein am Douro ansässiger Familienbesitz, aber auch mehr als eine Quinta. Andererseits exportiert Vinoquel nicht, sondern zieht den Verkauf vor Ort vor, weshalb man hier nicht von einem Portweinhändler im klassischen Sinne sprechen kann, der ja immer Exporteur ist.

Information

Besuche *möglich*
Tel. (351–54) 44323

Empfohlene Weine
LBV

Gesamtwertung ★★

Das in São João da Pesqueira liegende Gut wurde von Óscar Quevedo gegründet und wird heute von Cláudia Quevedo geleitet, die geschäftsführende Teilhaberin der Firma ist. Ungefähr 60% der Produktion liefern die firmeneigenen Weingüter Quinta Vale d'Agodinho und Quinta da Senhora do Rosário, etwa 40 Hektar erstklassiges Land im Cima Corgo. Diese Güter sind typisch für die Region: Ein paar traditionelle Terrassen und an geeigneten Stellen etwas *Vinha-ao-alto*-Anbau und *patamares*, wo es finanziell realisierbar war.

Der Rest stammt von benachbarten Gütern der A-Kategorie, aber das gesamte Traubengut wird von Vinoquel in der eigenen Kellerei in São João da Pesqueira vinifiziert. Hier ist moderne Weinherstellung an der Tagesordnung: Der Wein wird ausschließlich in temperaturkontrollierten Fässern per Remontage hergestellt, um soviel Traubenaroma wie möglich einzufangen.

Die Portweine werden unter zwei Labels vertrieben: Wenn der gesamte Wein von der Quinta stammt, verwendet man das »Quinta Vale d'Agodinho«-Etikett; stammt er dagegen von anderen Gütern, wird er als »Porto Quevedo« etikettiert. Quevedo hat in Portugal eine kleine Stammkundschaft, die wohl durch keine Werbekampagne hätte gewon-

Herstellung

Senhora do Rosário, Vale d'Agodinho

40% der Jahresproduktion

nen werden können. Die Kellerei kann auch besucht werden und führt die üblichen Rundgänge und Verkostungen durch.

Obwohl Rubies, Jahrgangsports und Tawnies ihren Platz in der Produktpalette haben, wurde für dieses Buch lediglich der LBV verkostet. Es ist natürlich unmöglich, die Qualität eines Weinherstellers anhand einer einzigen Verkostung ernsthaft zu prüfen, aber wenn alle Weine dasselbe Niveau wie der LBV haben, verdient Vinoquel zweifellos höchste Anerkennung.

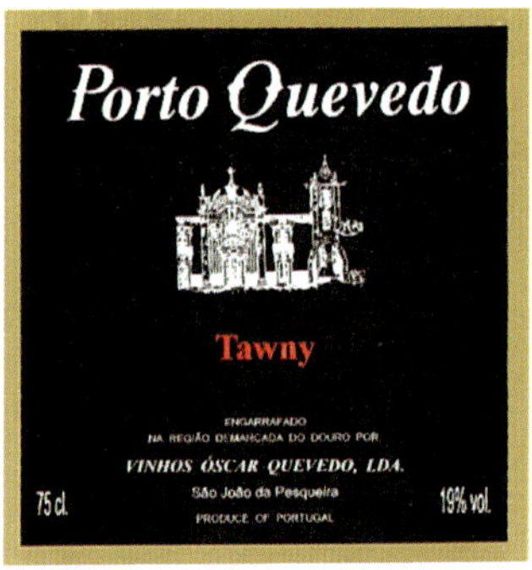

Verkostungsnotizen

QUINTA VALE D'AGODINHO LATE BOTTLED VINTAGE 1992 Dunkles, aber sehr reifes Granatrot. Gehaltvolles, reifes Bukett (Rauch und Kompott), das zudem etwas Reife erkennen läßt. Halbsüß mit spritziger Säure und nur einem schwachen Anflug jenes »gebackenen« Charakters, den so viele im Douro-Gebiet gereifte Weine aufweisen. Mittelschwer mit langem, reintönigem Abgang.

Warre & Ca. S. A.

Trav. Barão de Forrester, 85, Apartado 26
4400 Vila Nova de Gaia, Portugal

Warre ist der älteste britische Portweinhändler, und die Firma wurde 1670 gegründet. Sie gehört jetzt zur Symington-Gruppe, wo der opulente Stil ihrer Portweine gut neben die Weine von W. & J. Graham und Silva & Cosens paßt, da sie weder so gehaltvoll und süß wie die einen sind noch den dichten, strengen Charakter einiger Dow-Weine aufweisen.

Information

Besuche *nur auf Empfehlung eines Weinhändlers*

Empfohlene Weine *Traditional LBV, Vintage 1994, 1991, 1983, 1970*

Gesamtwertung ★★★

Die Firma betrieb zuerst von Viana do Castelo aus einen Tauschhandel mit englischen Wollstoffen und Kabeljau gegen Weine, und mit dem florierenden Geschäft wurde der heute Vinho verde genannte Wein von den reicheren und volleren Weinen aus Régua abgelöst. Ab 1729 hatte die Firma dann ihren Sitz in Porto, und als erstes Mitglied der Familie Warre trat William Warre in die Firma ein.

Die Warre-Familie war mit der Weingeschichte und dem Leben von Porto eng verbunden: William heiratete Elizabeth Whitehead, die Schwester von John Whitehead, der später britischer Konsul von Porto wurde und beim Bau des Factory House (s. S. 25) eine wesentliche Rolle spielte; ihr ältester Sohn William sollte ebenfalls Konsul werden. Warre investierte als erste britische Firma in Grundbesitz, um in Vila Nova de Gaia am Südufer des Douro eine Lagerhalle zu errichten. Außerdem ist die Firmengeschichte wie bei Croft eng mit dem spanischen Unabhängigkeitskrieg verbunden: Der 1784 geborene William Warre III. avancierte zum Lieutenant General und belieferte – zusammen mit Croft – Lord Wellington während der Feldzüge regelmäßig mit Portwein.

Das mächtige Symington-Imperium stieg bei Warre ein, als Andrew James Symington (der erste Symington im Portweingeschäft) der Firma beitrat. »A. J.« war 1882 aus Schottland gekommen und hatte eine Arbeit bei einem Textilhändler namens John Graham angenommen. Bald jedoch wandte er sich dem Weinhandel zu und wurde so 1905 Teilhaber von Warre. Die beiden Familien leiteten die Firma bis in die 60er Jahre, als die verbliebenen Mitglieder der Familie Warre ihre Anteile an die Symingtons verkauften.

HERSTELLUNG

Cavadinha

Traubengut und Wein

Der heutige William Warre – seines Zeichens »Master of Wine« – ist von seiner Londoner Niederlassung aus nach wie vor an Vertrieb und Marketing der Firma beteiligt. Swapgeschäfte sowie Aufkäufe haben die Symington-Gruppe zu einer der mächtigsten in der Portweinbranche gemacht – und die Familie zu einer der großen Wein-Dynastien, obwohl sie aus einer Gegend stammt, die eher für Whiskyherstellung bekannt ist.

Warre zählte schon immer zu den Spitzenunternehmen. Das Traubengut stammt von der firmeneigenen Quinta da Cavadinha im Pinhão-Tal und aus deren Umgebung sowie aus der südlich des Douro gelegenen Rio Torto-Gegend. Wie so viele Portweinhersteller kauft man Traubengut und Wein seit Generationen bei denselben Anbauern ein.

Die Weinherstellung findet in erster Linie in der Quinta da Cavadinha statt, die über eine der am besten ausgestatteten Kellereien des Tals verfügt, andernfalls in Bomfim. Allerdings wird eine neue Zentralkellerei, die praktischerweise an der Straße zwischen Régua und Pinhão liegt, voraussichtlich noch wichtiger. Für 15% des Weins wird das Traubengut mit den Füßen gemaischt; der Rest wird per Autovinifikation hergestellt. Obwohl diese heute nicht mehr so beliebt ist wie früher, zeigen die Ports von Warre's, was für ausgezeichnete Weine man damit machen kann. Über 57% der Warre-Ports gehören zu den Spitzenkategorien (verglichen mit weniger als 9% im Branchendurchschnitt), und wenn sie ein auffallendes Merkmal besitzen, dann ist es ihre Kraft. Die Jahrgangsports, die zu den besten auf dem Markt gehören, haben ihre Stärke in der Struktur und Fruchtkonzentration.

QUINTA DA CAVADINHA IM PINHÃO-TAL

Verkostungsnotizen

WARRIOR FINEST RESERVE Warrior ist dem Vernehmen nach der älteste Markenname der Portweinbranche und seit den 50er Jahren des 18. Jahrhunderts in Verwendung. Dunkles Rubinrot; kaum ein Anzeichen von Alter. Ein gehaltvoller und sehr fruchtiger Wein. Körperreich und schmackhaft; wohl der süßeste in der Produktpalette der Firma.

SIR WILLIAM 10 YEARS OF AGE Ein fruchtiger Tawny mit konzentrierter, reifer, pflaumiger Frucht, die von reiferen Aromen (Haselnüssen und Mandeln) gestützt wird. Ein körperreicher, schmackhafter Tawny.

VINTAGE 1983 Noch sehr jung und daher von zurückhaltendem Bukett. Starke Untertöne reifer, dunkler Frucht und eine starke Struktur. Seine Süße wird durch feste Tannine und ausreichend Säure ausbalanciert; sehr langer Abgang. Ein Wein, der sehr lange lagern muß.

VERKOSTUNGSNOTIZEN

RUBY

WARRIOR FINEST RESERVE
(s. S. 181)

ALTER TAWNY

SIR WILLIAM 10 YEARS OF AGE
(s. S. 181)

NIMROD Der ältere Tawny von Warre. Längere Faßreife hat ihn komplexer und reifer werden lassen, weshalb dieser Wein auch nussiger und würziger ist (im Bukett zudem Zimtnoten). Er hat noch etwas Fruchtigkeit bewahrt (aber weniger als Sir William) und ist eher von mittlerem als vollem Körper.

LBV

TRADITIONAL LBV Bei dem Konkurrenzdruck der Branche gehört schon Mut dazu, einen LBV zu einem derart hohen Preis zu verkaufen. Dieser wird im Gegensatz zu anderen traditionellen LBVs nach vier Jahren ungefiltert abgefüllt und vor dem Verkauf weitere sechs bis acht Jahre gelagert. Das Ergebnis ist ein vollreifer, körperreicher Wein mit genug Struktur, um als echter Jahrgangsport durchzugehen – und so sollte ein LBV sein. Der zur Zeit erhältliche LBV von Warre ist ein 82er. Helles Granatrot und ein reifes Bukett (rote Früchte und Gewürz), von etwas holzigem Charakter. Mittelschwer und von komplexem Geschmack, der in einen anhaltenden Abgang übergeht.

SINGLE-QUINTA-JAHRGANGSPORT

QUINTA DA CAVADINHA VINTAGES Der 79er ist jetzt gut trinkbar und hat einen beinahe fenchelähnlichen Duft. Der 82er ist ebenfalls reif und gut zu trinken, besitzt jedoch genug Struktur, um noch einige Jahre zu warten. Warre hat 1991 deklariert, weshalb 1992 ein Single-Quinta-Wein produziert wurde; dieser ist ein für die Firma sehr leichter Wein (mit Auszügen roter Früchte und Kirschen). Ein Wein für den mittelfristigen Verbrauch – vielleicht auch für das nächste Jahrtausend.

JAHRGANGSPORT

VINTAGES 1991 UND 1994 Beide sind noch recht verschlossen; Alkohol, Tannine und Frucht (Brombeere und schwarze Johannisbeere) harmonieren noch nicht. Beide werden gute Weine – der 91er in 10–15 Jahren, der 94er sogar noch etwas früher. Letzterer ist massiv-konzentriert mit würziger Pflaume und schokoladiger Frucht. Ein Wein mit komplexem Charakter.

VINTAGE 1985 Es ist noch nicht klar, wie sich Warre's 85er entwikkeln wird. Er ist außerordentlich fruchtig und schon jetzt sehr aufgeschlossen und füllig – man möchte kaum annehmen, daß er Bestand hat. Zugleich besitzt er eine kraftvolle Struktur mit reifen, aber festen Tanninen. Vermutlich ist es ratsam, ein paar Flaschen zu verstauen und abzuwarten.

VINTAGE 1983 (s. S. 181)

VINTAGE 1980 Warre's 80er ist für diesen Jahrgang ein guter Wein, aber schon recht fortgeschritten. Eher granat- als rubinrot, sehr aufgeschlossen und mit entwickeltem Bukett (Leder und Gewürz). Halbsüß mit milder gewordenen Tanninen und angenehm langem Abgang. Jetzt gut trinkbar, aber mit genug Struktur, um sich einige Zeit zu halten. Wird sich vermutlich kaum mehr verbessern.

VINTAGE 1970 Dieser hat nun endgültig seinen Reifegipfel erreicht, besitzt jedoch nach wie vor recht feste Tannine und genug Frucht, um noch lange zu leben.

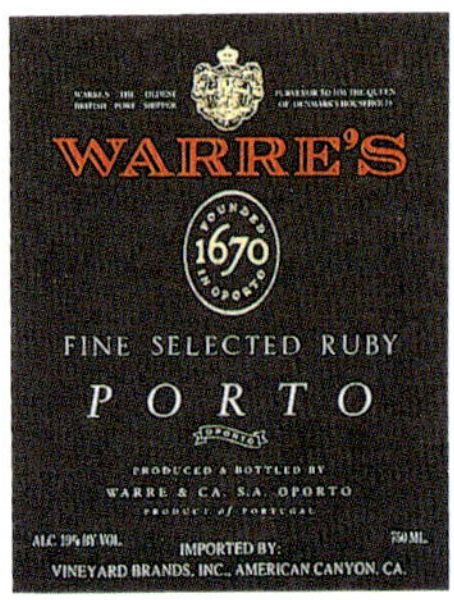

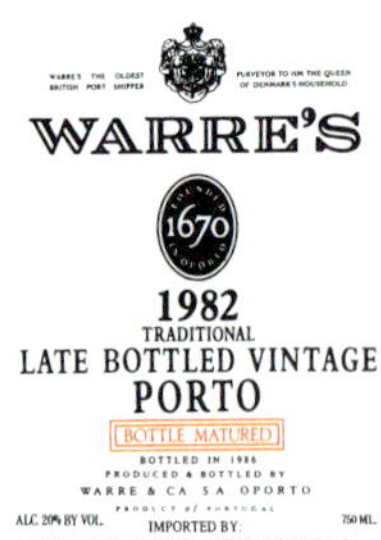

Wiese & Krohn, Sucrs., Lda.

Rua Serpa Pinto, 149, Apartado 1
4400 Vila Nova de Gaia, Portugal

Portweinhändler werden gemeinhin in zwei große Gruppen eingeteilt: Briten und Portugiesen. Es mag daher überraschend sein, daß es deutsche, spanische, und holländische Firmen in der Branche gibt, und mit Wiese & Krohn (oft unter dem Namen Porto Krohn vertrieben) sind sogar Norweger mit von der Partie.

Jeder, der sich etwas für Portugal interessiert, kennt den *bacalhau* (gesalzener Stockfisch), das Nationalgericht, das auf tausenderlei Arten zubereitet und verzehrt werden kann. Kabeljau ist jedoch kein heimischer Fisch, sondern muß aus den kälteren Gewässern Norwegens importiert werden. Das Geschäft von Theodor Wiese und Dankert Krohn bestand nun darin, den Fisch nach Portugal zu liefern, und verständlicherweise verschifften sie auf der Rückfahrt Portwein (in den Portwein-Export stiegen sie 1865 ein). Im Jahr 1910 trat der Portugiese Edmundo Carneiro in die Firma ein; zwölf Jahre später wurde er Teilhaber und erwarb schließlich eine Mehrheitsbeteiligung, so daß unter Beibehaltung des ursprünglichen Namens aus der norwegischen eine portugiesische Firma wurde.

Edmundos Sohn Fernando übernahm die Leitung 1936 und setzte sich erst 1986 zur Ruhe. Heute leiten sein Sohn José und seine Tochter Iolanda das Unternehmen; von letzterer und Maria José Aguiar wird heute der größte Teil der Vinifikation beaufsichtigt – was in der Portweinbranche ungewöhnlich ist.

INFORMATION

BESUCHE *nicht möglich*

EMPFOHLENE WEINE
20 Anos

GESAMTWERTUNG ★★

BEIM VERSCHNEIDEN MUSS SICHERGESTELLT WERDEN, DASS DAS PRODUKT ÜBER JAHRE HIN GLEICH BLEIBT.

Erst mit dem Kauf der unter Kategorie A eingestuften Quinta do Retiro Novo im Jahr 1989 hat Wiese & Krohn mit dem Anbau eigener Trauben begonnen. Dieses kleine Weingut, dessen Kellerei von der Straße oberhalb des Torto-Tals aus gut zu sehen ist, liegt nicht weit von der Quinta do Bom Retiro entfernt. Retiro Novo liefert jährlich 90 Pipen Portwein und deckt damit ungefähr 5% des Firmenbedarfs; der Rest stammt von den Zulieferern, die ihr Traubengut oder ihren Wein schon seit Jahrzehnten an Krohn verkaufen. Ein Teil des Traubenguts wird in Retiro Novo vinifiziert, den Rest kauft man bereits als fertigen Wein von kleineren Winzern. Insgesamt wird etwas mehr als die Hälfte per Autovinifikation hergestellt, aber auch die Remontage gewinnt zunehmend an Bedeutung. Der Ausbau der Weine findet überwiegend in Vila Nova de Gaia statt, aber der hauseigene Stil ist sehr karamelartig und ähnelt insofern durchaus den im Douro-Gebiet gereiften Weinen.

Krohns Spezialität sind alte Tawnies, die einen ausgezeichneten Ruf genießen. Einige Proben ihrer Jahrgangsports erwiesen sich als leicht und schnell reifend, aber elegant. Die Tawnies (sowohl Colheitas als auch solche mit Altersangabe) besitzen eine einzigartige, gehaltvolle Öligkeit, sind geschmeidig und recht dickflüssig. Im allgemeinen wirken diese Portweine eher untypisch.

QUINTA DO RETIRO NOVO IM TORTO-TAL

HERSTELLUNG

Retiro Novo

95% der Jahresproduktion

VERKOSTUNGSNOTIZEN

20 ANOS Lohfarben, nicht so dunkel wie der 65er. Sehr entwickeltes Bukett, das eine bemerkenswerte Komplexität zeigt. Den Charakter bestimmen Dörrobst, Nüsse und medizinische Kräuter; süß, mit schwacher Säure und langem, wenn auch etwas spritigem Abgang.

COLHEITA 1985 Dunkles Gelbbraun. Volles und reifes Bukett, das noch ein wenig Dörrobst bewahrt hat, aber in erster Linie von Haselnüssen geprägt ist. Süß, mit ausgewogener Säure; im Mund bezaubernd dickflüssig. Langer, nussiger Abgang.

COLHEITA 1965 Ein leichter Schleier in diesem Wein ist nicht besorgniserregend. Dunkles Walnußbraun. Reintöniges, spritiges und reifes Bukett: Seine Reife ist das vorherrschende Merkmal. Süß, mit recht schwacher Säure und der viskosen Textur eines jüngeren Weins; Fondant- und Toffee-Charakter. Außergewöhnlich langer Abgang.

ABSCHNITT ZWEI

GENOSSENSCHAFTEN UND EINZELNE QUINTAS

Ein kleiner Weinbauer, der nur eine geringe Rebfläche bestellt, kann die für den Betrieb einer voll ausgestatteten Kellerei erforderlichen Investitionen nicht aufbringen, denn die Ausrüstung ist kostspielig und wird nur wenige Wochen im Jahr benötigt. Tausende von Weinbauern im Douro-Gebiet verkaufen aus diesem Grund am Ende der Saison ihr Traubengut an die Portweinfirmen, andere dagegen verlassen sich auf die Genossenschaften, die in Portugal schon immer eine recht große Rolle spielten.

Diese *adegas cooperativas* genannten Genossenschaften bestehen aus Kellereien, die in gemeinsamem Besitz von Weinbauern sind, deren jeweilige Produktion zu niedrig ist, um die Einrichtung einer voll ausgestatteten Kellerei zu rechtfertigen. Für diejenigen Winzer, die keine Absicherung durch langfristige Übereinkommen mit den Portweinproduzenten haben, bilden diese Kooperativen eine günstige Alternative. Sie befinden sich im Besitz der Bauern und haben die Aufgabe, für ihre Mitglieder den Wein herzustellen und zu verkaufen – entweder en gros an die Handelsfirmen oder (in zunehmendem Maße) unter dem Label der Genossenschaft.

Für den Begriff »Quinta« gibt es keine exakte Definition, aber in diesem Buch wird darunter ein Weingut verstanden. Obwohl nun einige Portweine seit vielen Jahren unter dem Namen einer bestimmten Quinta vertrieben werden, lag die Betonung lange Zeit eher auf dem Namen des Händlers als dem des Weinguts. Bevor Portugal 1986 Mitglied der Europäischen Gemeinschaft (EG) wurde, waren einzelne Quintas in der Tat juristisch benachteiligt: Sie durften ihre Weine nicht direkt exportieren, sondern mußten beim Verkauf die Handelsfirmen zwischenschalten.

Danach ermöglichte ein neues Gesetz, Weine direkt aus der Douro-Region zu exportieren. Nach einer langsamen Startphase nutzen inzwischen viele Güter die veränderte Rechtslage und bieten ihre Weine direkt an. Der Vorteil von Single-Quinta-Weinen besteht in ihrer Individualität; der Nachteil mag in mangelnder Beständigkeit liegen.

Adega Cooperativa de Alijó

Av. 25 de Abril, 15
5070 Alijó, Portugal

Die Stadt Alijó liegt hoch über dem Douro und ist der nördliche Wendepunkt der kurvenreichen Straße zwischen Pinhão und Tua. Mit ihren 3000 Einwohnern ist sie für Douro-Verhältnisse recht groß, und auch eine der wichtigeren Genossenschaften ist hier ansässig. Die Adega Cooperativa de Alijó produziert pro Jahr etwa 5000 Hektoliter Wein (vorwiegend leichte Weine sowie etwas Sekt und Portwein).

Zur Zeit hat die Adega Cooperativa de Alijó über 1100 Mitglieder (gegenüber nur 130 Mitgliedern bei ihrer Gründung im Jahr 1960). Alle besitzen kleine bis mittelgroße Weingüter mit meist alten, mauergestützten Terrassen und der gemischten Bepflanzung, die in Portugal einst die Regel war. Die Nachteile dieser Art der Bestockung werden dadurch wieder wettgemacht, daß die Reben ebenfalls alt sind – denn dies erhöht die geschmackliche Konzentration des Weins.

INFORMATION

BESUCHE *willkommen*
Tel. (351–59) 959101

EMPFOHLENE WEINE
Pedra Lascada White

GESAMTWERTUNG ★

Verkostungsnotizen

PEDRA LASCADA WHITE Dieser lange im Faß gereifte weiße Port hat die Farbe eines 20jährigen Tawny und in der Tat auch ein ähnlich reifes Bukett: Reif und spritig, aber doch noch etwas Dörrobst dabei. Mitteltrocken mit recht niedrigem Säuregehalt, mittelschwer, mittellange Nachtönung. Ein interessanter Wein.

TAWNY Mittleres Rotbraun. Ein leichteres Bukett als Xisto Velho, reif und nussig, aber recht karamelartig und spritig. Seine Süße wird nicht ganz von Säure ausgeglichen. Er ist demnach schmackhaft und hat eine mittellange Nachtönung.

LOVELY CHARM TAWNY Klare, rotbraune Farbe. Volles, aufgeschlossenes Karamel-Bukett. Halbsüß, mit ausgewogener Säure; recht körperreich und schmackhaft. Der Karamelbonbon-Charakter kommt auch im Geschmack durch, wodurch der Abgang des Weins etwas überladen wirkt. Gefällig, wenngleich nicht elegant genug.

Adega Cooperativa de Vila Flor

Estrada Nacional
5360 Vila Flor, Portugal

Ganz im Norden des Douro Superior liegt Vila Flor, eine der bezauberndsten Städte der Region. Die Mehrzahl ihrer Häuser entspricht dem traditionellen, einfachen, gekalkten Bautyp, der in dieser Gegend weit verbreitet ist. Man begegnet jedoch auch grellen, lebhaften Farben, die eher für Afrika als für Portugal typisch sind – Zeichen kolonialer Geschichte. Die große Kirche zeugt von der vornehmen Vergangenheit der Stadt, aber wie viele Städte im Douro-Gebiet ist auch Vila Flor nicht wohlhabend, da man hier vorwiegend von der Landwirtschaft (vor allem Weinbau, Oliven und Mandeln) lebt. Die meisten Weinbauern besitzen hier nur sehr kleine Güter und sind auf die Genossenschaft angewiesen.

Die bei ihrer Gründung im Jahr 1962 noch recht kleine Genossenschaft zählt inzwischen 1000 Mitglieder, von denen jedes etwas weniger als sieben Pipen Wein pro Jahr liefert. Der Wein wurde fast ausschließlich an die großen Handelsfirmen verkauft, bis 1996 schließlich die ersten auf Flaschen gezogenen Weine unter dem Markennamen der Genossenschaft selbst auf den Markt kamen. Zur Zeit ist lediglich ein Wein erhältlich, aber in einigen Jahren werden mit aller Wahrscheinlichkeit auch andere Weine gut ankommen, wenn sich die Auswahl vergrößert.

Information

Besuche *nach Vereinbarung Tel. (351–78) 52421*

Gesamtwertung ★

Verkostungsnotiz

TORGO TAWNY Ein einfacher, aber trotzdem sehr hochwertiger Tawny. Echt lohfarben und mit reichem Haselnuß-Bukett, aber noch so jugendhaft, daß etwas Dörrobst dabei ist. Halbsüß; Säure, Alkohol und Frucht sind sehr gut ausgewogen; bemerkenswert lange Nachtönung. Die verbliebene Frische macht ihn sehr anziehend.

Sociedade Agrícola e Comercial da Quinta do Bucheiro, Lda.

Rua de S. Caetano, Celeirós do Douro, 5060 Sabrosa, Portugal

Die Quinta do Bucheiro liegt in Celeirós do Douro an der Straße zwischen Pinhão und Sabrosa und ist seit ihrer Gründung durch Joaquim Pinheiro im Jahr 1717 im Besitz ein und derselben Familie. Für die neben dem Portwein hergestellten leichten Weine verwendet man überwiegend Traubengut von der Quinta selbst.

Der Weinberg der Quinta wurde im Rahmen des Weltbank-Programms in den 70er und 80er Jahren vollständig neu bepflanzt, weshalb *patamares* vorherrschen und nach Angaben der Besitzer eine vollständige Mechanisierung ermöglichen – aber alles ist relativ, und auch hier können nicht alle Arbeiten mit dem Traktor erledigt werden.

Die Weinherstellung und -reifung findet auf dem Gelände statt; die Quinta verfügt daher über beträchtlichen Lagerraum und mehrere Abfüllanlagen, die die Herstellung von fast 1,5 Millionen Flaschen jährlich bewältigen können.

Nachdem die Weine ursprünglich en gros verkauft wurden, begann man 1977, den Direktvertrieb zu planen. Inzwischen wird eine ganze Reihe von Portweinen bis hin zu einem 20jährigen angeboten. Für dieses Buch wurde nur der 89er LBV verkostet.

INFORMATION

BESUCHE *nach Vereinbarung. Die Quinta liegt an der Rota do Vinho do Porto. Tel. (351–59) 939225*

GESAMTWERTUNG ★

VERKOSTUNGSNOTIZ

LATE BOTTLED VINTAGE 1989 Er reift vor dem Verbrauch in der Flasche weiter, weshalb Dekantieren empfohlen wird. Mittleres Granatrot mit vollreifem Rand. Betont erdiges Bukett, pflanzlich; jetzt eindeutig reif. Süß mit spritziger Säure und ein wenig Tannin; aber etwas getrocknete Frucht und nur ein kurzer Abgang.

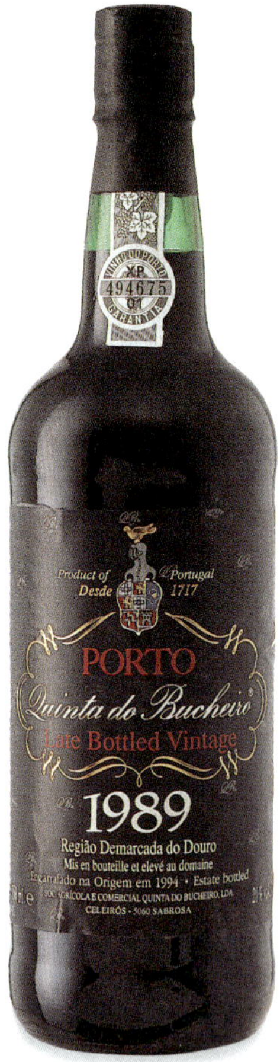

Quinta da Casa Amarela

Riobom – Cambres,
5100 Lamego, Portugal

Die Quinta mit dem gelben Haus (»Casa Amarela«) liegt südlich des Douro zwischen Régua und der Stadt Lamego, die der Legende nach der Ursprungsort des aufgespriteten Portweins ist.

Der Weinberg dieser Quinta besteht ausschließlich aus mauergestützten Terrassen, und das Durchschnittsalter der Reben beträgt 45 Jahre; die Traubenqualität und die geschmackliche Konzentration ist bei diesem Alter sehr gut. Der Ertrag dagegen ist niedrig, so daß die Herstellungskosten für das Traubengut hoch sind. Die Gesamtproduktion liegt bei 100 000 Pipen, von denen weißer Portwein die Hälfte ausmacht. Die größte Menge

INFORMATION

BESUCHE *nach Vereinbarung. Führungen durch Weinberge und Kellerei sowie Mittagessen. Die Quinta liegt an der der Rota do Vinho do Porto (Portweinstraße). Tel. (351–54) 66200*

GESAMTWERTUNG ★★

DAS GELBE HAUS, DAS DER QUINTA IHREN NAMEN GAB

wird an die wichtigsten Handelsfirmen verkauft, und nur ein kleiner Prozentsatz als Quinta-Wein.

Das Grundstück der Quinta gehört bereits seit 1885 der Familie der derzeitigen Inhaberin, Dona Laura Maria Valente Regueiro. Bereits 1979, als es den einzelnen Quintas noch verboten war, ihre Weine selbst zu verkaufen, begann sie, einen Weinvorrat anzulegen, um ihn vielleicht einmal als Single-Quinta-Wein zu verkaufen.

Zur Zeit ist nur der 10jährige Tawny erhältlich. Es gibt Pläne, nach denen auch die Herstellung eines 20jährigen Tawny vorgesehen ist, wenn der Lagervorrat die nötige Reife erreicht hat. Die Quinta hat nicht die Absicht, mit preiswerten Rubies u. ä. in den Markt für durchschnittliche Portweine einzusteigen. Dona Laura möchte das den großen Handelsfirmen überlassen, um sich auf die Spitzensorten zu konzentrieren.

VERKOSTUNGSNOTIZ

10 YEARS OLD Dunkles Mahagonibraun, mit kaum einer Spur von Rot. Intensives, in seiner Reife fast einem Cognac ähnliches Bukett, leicht angesengt und eine Spur pflanzlich; Charakter von Walnüssen. Halbsüß, mit mundfüllendem Geschmack; sehr intensives Aroma, das durch Alkohol und Tannine gestützt wird.

Quinta do Castelinho (Vinhos), Lda.

Quinta de S. Domingos, Apartado 140
5050 Peso da Régua, Portugal

Die mittelgroße Quinta do Castelinho liegt genau an der Grenze zwischen Cima Corgo und Douro Superior in der Nähe der Stadt S. João da Pesqueira.

Die Saraiva-Familie, der diese Quinta seit Jahrzehnten gehört, lagerte viele Jahre lang einen Vorrat alter Weine, durfte ihn aber bis zur Gesetzesänderung bezüglich des Vertriebs von Single-Quinta-Weinen im Jahr 1986 nicht exportieren, sondern nur an Händler verkaufen. Im Jahr 1990 richtete die Familie eine Vertriebsgesellschaft ein, um ihre Weine im In- und Ausland zu vertreiben.

In dieser Gegend sind die Hänge so steil, daß alle Weinberge terrassiert sind, und auf der 40 Hektar großen Rebfläche der Quinta sind sowohl traditionelle Terrassen als auch *patamares* vertreten. Das gesamte Lesegut wird in *lagares* mit den Füßen gemaischt, und da es sich um einen Single-Quinta-Wein handelt, kommen nur Weine aus eigenen Trauben in den Verschnitt.

Viele Single-Quinta-Weine aus dieser heißen Ecke des Douro-Gebiets nehmen den typischen »angesengten« Geschmack (»Douro bake«) an, den die sommerliche Hitze verursacht und der aufgrund der Einschränkungen für die Zusammensetzung von Single-Quinta-Weinen nicht einfach beim Verschneiden beseitigt werden kann. Durch besondere Umsicht bei der Behandlung der Trauben und der Vinifikation ist es Castelinho gelungen, dieses Problem in den Griff zu bekommen: Alle Weine weisen eine so wunderbare Frische und Reintönigkeit auf, wie sie nur wenige im Douro-Gebiet gelagerte Weine haben.

Kürzlich hat die Familie die früher im Besitz von Ramos-Pinto befindliche Quinta de São Domingos in Régua gekauft. Die Ausläufer der Stadt haben die Quinta inzwischen erreicht: Während sie früher von Weinbergen umgeben war, befindet sie sich jetzt auf einer vereinzelten Rebfläche inmitten eines Vorortes der Stadt. Hier stehen auch eine Lagerhalle und eine kleine Kellerei neben einem gut ausgestatteten Touristen-Zentrum, in dem audiovisuelle Präsentationen und Verkostungen zu Werbezwecken veranstaltet werden.

INFORMATION

BESUCHE *sind auf der Quinta willkommen; angemeldete Gruppen können hier auch essen. Tel. (351–54) 320100*

EMPFOHLENE WEINE *Colheita 1982, 1962*

GESAMTWERTUNG ★★

VERKOSTUNGSNOTIZEN

WHITE Jung ist er besonders gefällig; mit dem Charakter eines frischen Obstsalates, halbsüß und mit guten, frischen Fruchtaromen.

10 ANS D'AGE Funkelnd klares Topasbraun mit orangenem Rand; gekochter Zitrus-Charakter, etwa wie bei der Herstellung von Orangenmarmelade, fast gar nicht spritig. Reintöniger, frischer Geschmack; halbsüß, aber mit Säure, die den Geschmackssinn frei macht und einen langen, erfrischenden Abgang bewirkt.

COLHEITA 1962 Helles Orangebraun. Betontes, eindeutig reifes Gewürz- und Nußbukett. Wie der jüngere Wein noch überreich an Frucht; Rosinen und Feigen klingen an. Halbsüß, mit ausgewogener Säure, leicht angesengt. Ein sehr guter, frischer Wein.

Verkostungsnotizen

WEISSER PORTWEIN

WHITE (s. S. 194)

ALTER TAWNY

10 ANS D'AGE (s. S. 194)

20 ANS D'AGE Heller als der 10jährige. Subtiles, frisches Bukett (Nüsse und Fruchtschalen). Im Geschmack vielleicht etwas süßer, aber doch ausgewogen. Mittlerer Körper mit frischer Säure und elegantem Abgang.

COLHEITA

COLHEITA 1982 Klar; halbdunkles Orangebraun. Sehr betontes, duftiges Bukett (ein Anflug von Vanille, Dörrobst und Zitronat). Nicht offen spritig. Halbsüß, moderate Säure; hier ist der Alkohol etwas deutlicher. Glühwein-Gewürze und Dörrobst im Geschmack. Gute Aroma-Intensität, angenehm langer Abgang.

COLHEITA 1962 (s. S. 194)

JAHRGANGSPORT

VINTAGE 1994 Dunkles Purpur- bis Rubinrot; ein schmackhafter Wein, der etwas von der Frische der anderen Weine hat, aber auch eine leicht konfitüreartige Süße, die die Struktur übertönt.

Verkostung in der Lagerhalle

Grosse Eichenfässer in der Douro-Lagerhalle

Quinta do Côtto (Montez Champalimaud, Lda.)

Cidadelhe, Caldas do Moledo
5040 Peso da Régua, Portugal

INFORMATION

BESUCHE *Quinta do Côtto liegt an der Portweinstraße und ist ganzjährig geöffnet. Tel. (351–54) 899269*

EMPFOHLENE WEINE *Vintage 1989*

GESAMTWERTUNG ★★

Es gibt nur wenige wirklich große oder berühmte Quintas im Baixo Corgo. Die meisten nach der Cadastro-Einteilung als A oder B eingestuften Spitzengüter befinden sich im Cima Corgo, und einige noch weiter flußaufwärts im Douro Superior. Der allgemeinen Ansicht nach eignet sich der Baixo Corgo nur für leichte Weine oder preiswertere Portweine, nicht jedoch für Qualitätsweine. Damit ist Miguel Champalimaud, einer der schärfsten Kritiker des Portwein-Establishments und Besitzer der Quinta do Côtto, nicht einverstanden. Er hat sich vorgenommen, diese Grundregel durch die Qualität seiner Weine zu widerlegen – und in der Tat haben seine Weine bei den meisten bracheninternen Verkostungen guten Anklang gefunden.

Die Quinta hat eine sehr lange Geschichte. Vermutlich diente sie im 13. Jahrhundert Araújo Cabral Montez als Zufluchtsstätte auf seiner Flucht vor den Truppen König Dom Afonsos III. Seitdem ist sie im Besitz ein und derselben Familie, von der auch Miguel Champalimaud in direkter Linie abstammt. Sein Name ist französischen Ursprungs: General Champalimaud, der als Feldmarschall am spanischen Unabhängigkeitskrieg teilnahm, stammte aus Limoges in Südwestfrankreich, und seine Tochter Dona Carlota Casimira heiratete in die Montez-Familie ein, dabei wurde, wie in Portugal üblich, ihr Familienname den folgenden Generationen weitergegeben. Mitglieder der Familie gehörten auch zu den Beamten der damaligen Portweinkontrollgesellschaft des Marquês de Pombal, was in Anbetracht der Einstellung des jetzigen Quinta-Inhabers zum Portwein-Establishment geradezu paradox erscheint.

Aufgrund des relativ niedrigen Gefälles in diesem Teil des Baixo Corgo konnte der größte Teil der Quinta do Côtto ohne Terrassen bepflanzt werden. An steileren Stellen wurden *patamares* angelegt, aber die Neubestockung der älteren Weingärten wird wohl nach dem *Vinha-ao-alto*-System erfolgen. Zur Zeit verlaufen die Rebzeilen hier vertikal über die Hänge, was die Mechanisierung erschwert.

Vor allem in punkto Weinherstellung ist Miguel Champalimaud völlig anderer Ansicht als die übrigen Portweinhersteller. Er lehnt nicht nur die *lagares* als Folklore und Journalisten-Attraktion, sondern auch die ganze Herstellung von Tawny-Portweinen ab – dieser oxidierte Weintyp ist ihm ein Dorn im Auge. Die Frucht ist seiner Ansicht nach das allerwichtigste, und sie kann (und sollte daher auch) bewahrt werden.

Der größte Teil der hiesigen Produktion wird nach wie vor an andere Händler verkauft, aber in Ausnahmefällen werden kleine Mengen Quinta do Côtto-Portwein mit dem Label der Quinta abgesetzt. Ein 1982 deklarierter Jahrgangsport war in Blindverkostungen bemerkenswert erfolgreich; zur Zeit gibt es einen 89er Jahrgangsport, und erst kürzlich wurde auch der 95er deklariert.

Verkostungsnotiz

VINTAGE 1989 Sehr dunkles Rubinrot. Vollreifes, aber elegantes Bukett (dunkle Früchte, Kaffee und Schokolade). Halbsüß, mit ausgewogener Säure und hohem Gehalt reifer Tannine. Hochkonzentriert, dennoch nur mittlerer bis voller Körper. Langer, fruchtbetonter Abgang, der den Alkohol beinahe verdeckt. Ein Wein, bei dem sich längere Lagerung lohnt.

Sociedade Agrícola da Quinta do Crasto

Rua da Índia, 10
4100 Porto, Portugal

Von der Quinta do Crasto am Nordufer des Douro aus hat man in beide Richtungen einen beeindruckenden Ausblick auf das Tal. Dem aufmerksamen Besucher mag sie vertraut vorkommen, da sie auf den berühmten blauen Fliesen (*azuleijos*) im Bahnhof von Pinhão abgebildet ist.

Vor 150 Jahren gehörte diese Quinta der Firma Ferreira, die sie 1910 an Jorge Roquette (den Großvater des derzeitigen Besitzers) verkaufte. Der Weinberg macht etwa zwei Drittel ihrer 130 Hektar großen Fläche aus; ein großer Teil davon besteht aus *patamares*, aber es gibt auch einen kleinen *Vinha-ao-alto*-Bereich und einige traditionelle Terrassen.

INFORMATION

BESUCHE *der Quinta z. Zt. nicht möglich, was sich aber vermutlich in Zukunft ändern wird.*

EMPFOHLENE WEINE
LBVs

GESAMTWERTUNG ★★

Auch die Weinherstellung erfolgt noch auf traditionelle Weise: Es werden zwar auch technische Hilfsmittel bei der Extraktion der Inhaltsstoffe verwendet, aber das beste Traubengut wird mit den Füßen gemaischt. Der australische Kellermeister David Baverstock stellt in den *lagares* auch einen roten Douro-Wein her. Dazu läßt er den Most so lange im *lagar* vergären, bis sich ein trockener Wein ergibt. Christiano van Zeller, eine weitere berühmte Persönlichkeit der Portweinbranche und ehemaliger Direktor der Quinta do Noval, trat bei Jorge Roquette 1994 als Wein- und Marketing-Berater ein.

Quinta do Crasto gibt es nur als Jahrgangsport oder LBV; einfachere Weine werden an Handelsfirmen verkauft. Von den insgesamt produzierten rund 1600 Hektolitern werden nur 4000 bis 6000 Kisten unter dem Namen Quinta do Crasto verkauft. Es gibt im Privatkeller zwar noch Beispiele für ältere Jahrgangsports, aber die kommerziellen Jahrgangsports sind eine Innovation jüngeren Datums und setzen mit dem Jahr 1978 ein.

Die Jahrgangsweine sind sehr voll; die LBVs gehören dem traditionellen Typ an und müssen selbst dann dekantiert werden, wenn sie noch recht jung sind. Diese Weine haben keineswegs den unveränderlichen Geschmack eines für den Massenmarkt konzipierten Verschnitts, sondern spiegeln im allgemeinen die Launen des jeweiligen Jahrgangs wider.

Verkostungsnotizen

FINEST RESERVE Dieser Wein ist zwar recht gefällig, aber nicht gerade beeindruckend. Mittleres Rubinrot mit einem feurigen, konfitüreartigen Bukett; halbsüß und von mittlerem Körper, aber mit einem etwas überladenen Abgang. Die Weine mit Altersangabe sind wesentlich besser.

LATE BOTTLED VINTAGE 1991 Sehr dunkles Granatrot, das gerade beginnt, am Rand etwas Reife zu zeigen. Vollreifes Bukett (Pflaumen, auch eine florale Note kommt durch). Ein sehr voller und konzentrierter Geschmack, körperreich und mit recht festen Tanninen. Jetzt sehr gut trinkbar, aber einige Jahre Flaschenreifung werden ihm nicht schaden.

VINTAGE 1994 Schwarzer Farbkern mit schmalem, purpur- bis rubinrotem Rand; verschlossenes, aber konzentriertes Bukett (sehr reife, dunkle Früchte und Schokolade). Körperreich mit massiver Frucht; sehr feste, fast aggressive Tannine, die aber im Laufe der Reifung noch weicher werden, bis sich ein herausragender, gehaltvoller Portwein ergibt.

Quinta do Infantado – Vinhos do Produtor, Lda.

Rua Pedro Escobar, 128, 2° Esq
4100 Porto, Portugal

Der Name der 1816 gegründeten Quinta do Infantado (wörtlich: »Quinta des Prinzen«) ist zutreffend, da sie anfangs zum Besitz des Prinzen Dom Pedro IV. gehörte, der auch Kaiser von Brasilien war. Am Ende des 18. Jahrhunderts wurde sie an João Lopes Roseira verkauft, dem Großvater des heutigen Verantwortlichen.

INFORMATION

BESUCHE *möglich*
Tel. (351–2) 6184495

EMPFOHLENE WEINE
Vintage 1985

GESAMTWERTUNG ★

Das Traubengut der Quinta wurde an Taylor und Sandeman verkauft, aber seit den späten 70er Jahren – und damit lange bevor dies üblich war – beabsichtigte man bei Infantado, eine gutseigene Abfüllung anzubieten. Anfangs waren diese Weine nur auf dem Inlandsmarkt erhältlich, was legal war, da die Handelseinschränkungen nur für den Export galten. Schon bald wurde dieser Trend stärker, und Quinta do Infantado wurde eines der ersten Mitglieder der »Association of Wines from Single Quintas«, die jetzt eine der bedeutenden Werbeorgane der Branche ist.

Ungefähr die Hälfte des gesamten Weinguts besteht aus alten, mauergestützten Terrassen, und der Rest aus *patamares*. Eines der Hauptprobleme bei Patamar-Terrassen besteht darin, die stützenden Erdböschungen von Unkraut freizuhalten. Im Gegensatz zu anderen Quintas verwendet man auf der Quinta do Infantado dabei sehr wenig Herbizide; es wird zwar nicht ausschließlich biologisch gearbeitet, aber man gibt sich hinsichtlich des Umweltschutzes besondere Mühe.

Der Weinberg ist in zwei Bereiche unterteilt: Barreiro mit vollständig biologischem Anbau dient der Herstellung von Vintage Character-Weinen, und Serra, ein ausschließlich mit der Rebsorte Touriga Nacional bepflanzter Bereich, dient der Produktion von Jahrgangsports. Alle Infantado-Weine – von den einfachen Rubies bis hin zu Jahrgangsports und Colheitas, werden auf dem Gut abgefüllt, was zur Verwendung des Etikettvermerks »Erzeugerabfüllung« berechtigt.

Verkostungsnotizen

LBV 1991 Ein traditioneller LBV, der nach vier Jahren Faßreife abgefüllt wird. Dunkles Rubinrot mit einer Spur Reife am Rand. Leichtes und subtiles Bukett, ein wenig laubartig, aber an rote Früchte erinnernd und ohne übermäßig viel Alkohol. Im Geschmack sehr süß und ein wenig angesengt, aber mit ausgewogener Säure und fester Struktur.

VINTAGE 1985 Halbdunkle bis dunkle Farbe mit breitem, rubin- bis granatrotem Rand. Eindeutig sprities Bukett (ungewöhnlich für diesen Jahrgang), mit einer Spur Gewürznelken neben reifer Damaszener Pflaume. Im Geschmack reich und voll; mit festen Tanninen, aber auch entwickelter Frucht. Eignet sich für den gegenwärtigen Verbrauch.

VINTAGE 1991 Im Bukett grüne Paprika und Aromen schwarzer Früchte (derzeit recht gedämpft). Im Geschmack schwarze Johannisbeere; ausgewogene Süße und Säure und feste, aber reife Tannine. Ein guter Wein für den mittelfristigen Verbrauch, im Augenblick jedoch eher eindimensional.

Quinta do Noval – Vinhos, S.A.

Av. Diogo Leite, 256, Apartado 57
4400 Vila Nova de Gaia, Portugal

INFORMATION

BESUCHE *des Ladens und des Verkostungsraumes in Vila Nova de Gaia*
Tel. (351–2) 3770270
Besuche der Quinta sind nicht möglich.

EMPFOHLENE WEINE
LB, 20 Year Old Tawny, Vintage Nacional 1963 und 1994

GESAMTWERTUNG ★★★

Wenn ein Hersteller dafür gesorgt hat, daß das Wort »Quinta« in andere Sprachen übernommen wurde, dann ist es die Quinta do Noval. Seit ihre Weine aufgrund des legendären 1931er Jahrgangsports bekannt wurden, ist diese sicherlich berühmteste Quinta der Portweinbranche auch eine Handelsfirma.

Mit ihren traditionell weißgekalkten Mauern zwischen den Steintreppen und ihren makellosen Terrassen liegt sie imposant hoch über dem Pinhão-Tal und bietet Besuchern, die zu anderen Häusern wollen, schon von fern einen Orientierungspunkt.

Die ältesten Aufzeichnungen über die Geschichte dieser Quinta gehen auf das Jahr 1715 zurück, aber die Qualität ihrer Weine fand erst mit dem Händler Rebelo Valente Anerkennung, der das Gut kaufte und in eine Neubestokkung investierte. Wegen Reblausbefalls mußte die Familie die Quinta jedoch an António José da Silva verkaufen, dem die Neubestockung mit veredelten Reben zu verdanken ist und der die berühmten, mit geometrischer Exaktheit angelegten Steinmauern errichten ließ.

Seine Tochter heiratete Luis de Vasconcellos Porto, der als Teilhaber in die Firma aufgenommen wurde. Im Bemühen, nicht nur die Kosten zu senken, sondern auch den Reifungsprozeß zu unterstützen, entwickelte er die breiten Terrassen, die man noch heute im gesamten Douro-Gebiet sehen kann. Er hatte erkannt, daß auf den traditionellen, ebenen Terrassen nur die vorderste Zeile der Sonne ausgesetzt war, und schrägte die Terrassenfläche daher ab, damit auch die übrigen Rebzeilen mehr Sonne bekamen.

Vasconcellos Porto setzte sich zudem für die Verkaufsförderung auf den Exportmärkten ein – eine Aufgabe, der sich auch seine Nachfahren, die van Zellers, widmeten. Christiano van Zeller verkaufte die Quinta 1993 an eine französische Versicherungsgruppe, und seither ist der Engländer Christian Seely Geschäftsführer.

Zwischen Weinen mit dem Label »Noval« und solchen mit dem Label »Quinta do Noval« sollte ein Unterschied gemacht werden. In jüngeren Jahren wurden nur Weine vom Gut selbst mit der »Quinta«-Bezeichnung versehen (was allerdings auch nicht immer gestimmt haben muß). Das Gut liefert ungefähr ein Drittel der Firmenproduktion; der Rest wird aus eingekauftem Traubengut auf dem Gelände vinifiziert. Ungefähr die Hälfte wird mit Füßen gemaischt, und bei den letzten beiden Jahrgangsports hat Noval in den *lagares* dafür versuchsweise einen Roboter verwendet. Dieser automatische »Treter« aus rostfreiem Stahl zerstößt die Traubenschalen bis zu 24 Stunden täglich mit Hilfe hydraulischer Preßkolben, ohne auch nur einmal um eine Zigarette oder ein Glas Schnaps zu bitten.

Ein weiterer innovativer Schritt von Noval bestand darin, die Lagerhalle in Gaia zu schließen und der Reifung aller Weine in einer großen, klimatisierten Lagerhalle auf dem Quintagelände den Vorzug zu geben. Dabei sind nicht nur die Betriebs- bzw. Unterbringungskosten niedriger; auch der Export ist von hier aus einfacher, denn der Verkehr in Gaia mit seinen engen Gäßchen ist für die Exporteure ein permanenter Alptraum.

Mit mehr als einer Million Flaschen pro Jahr ist Noval ein durchschnittliches Handelshaus, das eine komplette Palette von Weinen herstellt. Besonders berühmt ist es für Jahrgangsports und Colheitas – vor allem für einen edlen Jahrgangswein namens Nacional, hergestellt aus Trauben unveredelter Reben, die sich im ältesten, niemals von der Reblaus befallenen Teil des Weinbergs befinden. Sein Name rührt daher, daß die Reben mit ihren eigenen Wurzelstöcken in den heimischen Boden (»in die Nation«) gepflanzt wurden – und nicht, wie angenommen wurde, von der Traubensorte. Nacional besteht in der Tat nicht nur aus der Traubensorte Touriga Nacional, sondern enthält einen ungewöhnlich hohen Prozentsatz Sousão. Während des Salazar-Regimes wurde Nacional offiziell nicht verkauft, aber Weinhändler erhielten kleine Kontingente, wenn sie genügend Jahrgangsports von Noval bestellten. Bald schon wurde vielerorts auf dem Auktionsmarkt damit gehandelt, ohne daß der Hersteller davon profitierte. Unter der neuen Firmenleitung werden zukünftige Jahrgänge in sehr kleinen Mengen in den Handel kommen.

Die meisten der folgenden Weine wurden 1996 mit freundlicher Erlaubnis der Herren Seely und Niepoort auf Noval verkostet.

Quinta do Noval, hoch über dem Rio Pinhão

VERKOSTUNGSNOTIZEN

NOVAL LB Ein qualitativ sehr hochwertiger Ruby. Dunkles Rubinrot. Kraftvolles, fruchtiges Bukett (dunkle Früchte und Damaszener Pflaume). Halbsüß, mit erfrischender Säure und recht vollen Tanninen. Körperreich und frisch wie nur wenige im Douro-Gebiet gelagerte Rubies. Ein ausgezeichneter und preiswerter Wein.

20 YEAR OLD TAWNY Inzwischen gänzlich braun. Sehr volle, marzipan- und mandelartige Nussigkeit. Mittelschwer, aber sehr kraftvoll und mit spritigem Biß; langer Abgang.

VINTAGE NACIONAL 1994 In Erscheinungsbild und Textur dem Jahrgangsport von Noval sehr ähnlich, aber zudem überlagert von süßer Würzigkeit.

Verkostungsnotizen

RUBY

NOVAL LB (s. S. 204)

OLD CORONATION RUBY Bemerkenswert dunkel und strukturiert für einen einfachen Ruby. Dunkle Farbe; sehr junges, fruchtiges Bukett; mittlerer Körper und recht gute Konzentration.

ALTER TAWNY

10 YEAR OLD TAWNY Halbdunkles Gelbbraun. Leichtes Bukett (Blumen und Frucht, nur ein Hauch Nuß). Halbsüß, mittleres bis volles Aroma, wobei eine gewisse Frische durchkommt. Ein sehr guter Vertreter dieses Typs.

20 YEAR OLD TAWNY (s. S. 204)

OVER 40 YEARS OLD TAWNY Jetzt volles Braun ohne eine Spur Rot. Reifes Rancio-Bukett (wie sehr alter Cognac); Noten wilder Pilze mit würzigem Dörrobst. Halbsüß, mittlerer Körper mit gutem Biß, aber etwas kurzer Abgang.

COLHEITA

COLHEITA 1984 Im Erscheinungsbild dem 10jährigen ähnlich, mit dem er verglichen wird, aber leichter und subtiler. Fester, nussiger Charakter mit vollem Aroma und ausgezeichneter Nachtönung.

COLHEITA 1982 Voller und reicher als der 84er; sehr kraftvoller Frucht- und Nußcharakter, stark und konzentriert. Bei einer Verkostung gingen die Ansichten über die jeweiligen Vorzüge der 82er und 84er Weine auseinander; die 82er hielt man für kraftvoller, aber Noval zog den 84er wegen seiner Finesse vor.

COLHEITA 1976 Schärferes und vornehm-unbeständiges Bukett (vielleicht etwas Aceton). Trotzdem recht fruchtiger Geschmack (getrocknete Feigen, Datteln und Rosinen) mit massiver Konzentration und enormer Nachtönung. Ein etwas abschreckendes Bukett, aber im Geschmack ausgezeichnet.

COLHEITA 1971 Erdig-rustikales Bukett mit aggressivem Geschmack; trotzdem süß. Etwas tanninartiger Biß und spürbarer Alkohol. Gut konzentriert, aber die Reifemerkmale sind wesentlich stärker als beim 74er.

COLHEITA 1937 Weder der 68er noch der 64er sind beeindruckend, aber der 37er ist immer noch gut. Dunkles Mahagonibraun; eindeutig vollreif, mit einer feinen, trockenen Dörrobst-Fülle und -Konzentration. Noten gerösteter Mandeln, Toffee und Frucht; samtiger Geschmack und lange Nachtönung.

LBV

LBV 1990 Noval erhebt wie so viele Anspruch darauf, der Erfinder des LBV zu sein. Dieser hier ist hell bis halbdunkel (nicht so dunkel wie manch anderer), aber mit einem vollem Geschmack, kraftvoller Frucht und festen Tanninen. Der Wein ändert sich von Jahr zu Jahr in Abhängigkeit von den Wetterbedingungen.

JAHRGANGSPORT

VINTAGE 1994 Schwarzer Farbkern mit schmalem Rand. Verschlossene, aber konzentrierte Fruchtaromen (Damaszener Pflaume); voll, reich und sehr tanninhaltig. Wird sich lange halten.

VINTAGE NACIONAL 1994 (s. S. 204)

VINTAGE 1991 Einer der dunkelsten 91er. Sehr verschlossenes Bukett, das kaum etwas verrät, aber auch nicht spritig. Im Geschmack massiv, beinahe aggressiv; sehr intensive, süße und konzentrierte Aromen von Backpflaumen, Feigen und Schokolade. Ein sehr großer Wein, einer der Glanzpunkte dieses Jahrgangs.

VINTAGE NACIONAL 1970 Nur halbdunkel; gehaltvoll und jetzt reif, aber mit festen Tanninen sowie gutem Säuregehalt, die diesen Wein viele Jahre lang erhalten werden.

VINTAGE NACIONAL 1963 Dieser Wein ist noch sehr jung. Gerade ins Rubinrote spielend, mit massivem Feigenbukett, enormem Tanningehalt und beträchtlicher Kraft. Nähert sich noch nicht dem Reifegipfel. (Der Quinta do Noval desselben Jahrgangs ist anscheinend bereits vollreif und entwickelt sich nicht mehr weiter).

Quinta de la Rosa – Vinhos do Porto, Lda.

Quinta de la Rosa
5085 Pinhão, Portugal

Niemand, der von Régua nach Pinhão fährt (egal ob mit dem Auto, der Bahn oder mit dem Schiff) kann die Quinta de la Rosa mit ihren zahlreichen Gebäuden und ihrem Namenszug, der in eleganter Schrift an der Wand der Kellerei prangt, übersehen.

Zu Beginn des 20. Jahrhunderts kaufte Claire Feuerheerd die Quinta, die heute im Besitz ihrer Nachfahren ist: Sophia und Tim Bergqvist. Die Marke verkauften sie während der Weltwirtschaftskrise an die Barros/Almeida-Gruppe, das Gut behielten sie aber in ihrem Besitz.

Seitdem ist der Wein dieser Quinta an Croft, Delaforce und in jüngster Zeit auch an Sandeman verkauft worden; Sandeman nutzte die Kellerei auch, um ungefähr 600 Pipen Wein von anderen Weingütern zu produzieren. Zur selben Zeit, als Sandeman sein Konzept änderte, die Produktion senkte und keine zusätzlichen Anlagen mehr benötigte, änderte sich auch die Rechtslage und ermöglichte es einzelnen Gütern, ihren Wein selbst zu verkaufen, so daß die Bergqvists beschlossen, sich wieder dem Portweinhandel zuzuwenden und einen Single-Quinta-Wein zu vertreiben.

Kürzlich wurde hier in den Umbau der alten, mauergestützten Terrassen zu *patamares* investiert. Man stellte dabei wichtige Untersuchungen zum Zweck mechanischer Bearbeitung der alten Terrassen an, um die Kosten für die Kultivierung alter Rebbestände zu senken – denn diese produzieren im allgemeinen den besten Wein. Die Bergqvists sind überdies der Ansicht, daß die traditionelle, planlose Bepflanzung, bei der verschiedene Rebsorten gemischt stehen, dem Portwein zusätzliche Komplexität verleiht.

Aus etwas weniger als 200 000 Rebstöcken produziert man hier jährlich etwa 200 Pipen Portwein. Zur Zeit enthält die Produktpalette nur Rotweine, von denen die Jahrgangsports und LBVs am interessantesten sind.

INFORMATION

BESUCHE *Die Bergqvists haben die Zunahme des Tourismus im Douro sehr begrüßt, und die Quinta de la Rosa hat ein vielfältiges Angebot: Über die üblichen Rundgänge hinaus gibt es auch Bed & Breakfast oder Unterkünfte mit Selbstverpflegung.*
Tel. (351–54) 72254

EMPFOHLENE WEINE
LBV 1991, Jahrgangsports

GESAMTWERTUNG ★★

Verkostungsnotizen

LATE BOTTLED VINTAGE 1990 Opak-schwarzer Farbkern mit schmalem Rand; wirkt sehr jung. Intensives und aufgeschlossenes Bukett (Damaszener Pflaume); ein wenig konfitüreartig. Süßer und sehr konzentrierter Geschmack mit festen Tanninen und vorzüglicher Nachtönung. Erreicht in etwa ein bis zwei Jahren seinen Reifegipfel.

LATE BOTTLED VINTAGE 1991 Ebenso dunkelfarbig wie der 90er, und ein ähnliches Damaszener-Pflaumen-Bukett, doch dieser hat nicht den leicht angesengten Charakter. Süß und körperreich, mit sehr festen Tanninen und sehr langem, elegantem Abgang. Auch dieser Wein benötigt noch einige Jahre Flaschenreifung, bevor er vollreif ist.

VINTAGE 1994 Sehr dunkler Farbkern mit purpurrotem Rand. Volles Bukett (Frucht und Pfeffer) mit leichten Noten von grünem Pfeffer, den Cabernet Sauvignon manchmal hat; daneben minzige Noten. Im Geschmack voll, mit festen, aber nicht zu aggressiven Tanninen; langer Abgang.

Quinta do Sagrado Comércio de Vinhos, Lda.

Rua da Reboleira, 7/1°
4000 Porto, Portugal

Die Quinta do Sagrado grenzt an die Quinta da Foz, das Vorzeige-Weingut der Portweinfirma A. A. Cálem & Filho und gehört auch zu deren Besitz. Die Firma hat erst kürzlich eine limitierte Auswahl von Weinen der Marke Quinta do Sagrado auf den Markt gebracht.

Auf einem Hügel oberhalb des Douro – genau im Herzen des Cima Corgo, ein Stückchen westlich von Pinhão und flußabwärts der Quinta da Foz, liegt diese kleine, nur etwa 12 Hektar umfassende Quinta, von denen lediglich drei Viertel blockweise und ausschließlich mit den empfohlenen Rebsorten bepflanzt sind. Im Gegensatz zu ihrem größeren Nachbarn sind hier alle Reben auf modernen *patamares* angepflanzt. Foz dagegen besitzt noch einen großen Teil des alten, mauergestützten Weinbergs, den Cálem langfristig umbauen möchte.

Weine von der Quinta do Sagrado sind im allgemeinen zwar gefällig, aber nicht aufregend, wie man es von einem zweitklassigen Label erwartet.

INFORMATION

BESUCHE *nicht möglich;* *vgl. aber A. A. Cálem & Filho, Lda. (S. 79)*

EMPFOHLENE WEINE
Vintage Character

GESAMTWERTUNG ★

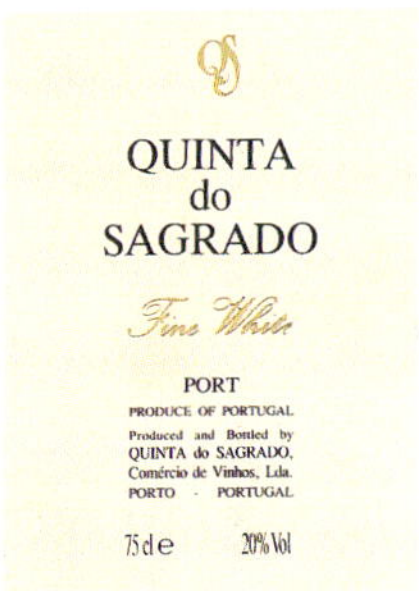

Verkostungsnotizen

VINTAGE CHARACTER Dunkles Rubinrot mit nur einer Spur von Reife am Rand. Volles, reiches Bukett (Früchte und Eingemachtes). Halbsüß im Geschmack, mit wenig Biß. Recht körperreich und mit einer für diesen Typ guten Nachtönung. Ein gutes Beispiel für einen Vintage Character-Wein.

10 YEARS OLD Haselnußbraun, ziemlich dunkel. Mäßig spritiges Bukett mit einer Spur Walnüsse. Halbsüßer, sehr reintöniger Geschmack, der nicht so kraftvoll, aber auch nicht so elegant wie bei vergleichbaren Weinen ist. Etwas kurzer Abgang. Angenehm zu trinken, aber nicht allzu interessant.

VINTAGE 1990 Halbdunkel, eher rubin- als purpurrot. Volles, sehr aufgeschlossenes Bukett; fruchtig und im Begriff, ein wenig Entwicklung zu zeigen. Im Geschmack mittelgewichtig, mit milden, aber spürbaren Tanninen. Er läßt sich bereits recht gut trinken, hat aber langfristig kein Stehvermögen; in den nächsten fünf bis zehn Jahren zu trinken.

Sociedade Vitivinícola Quinta de Santa Eufêmia, Lda.

Parada do Bispo, 5100 Lamego, Portugal

Information

Besuche *Eufêmia liegt an der Portweinstraße und bietet Besuchern Führungen und Verkostungen sowie Unterkünfte und Möglichkeiten zur Erfrischung. Tel. (351–54) 331752/ (351–2) 9426306*

Empfohlene Weine *Very Old Reserve White*

Gesamtwertung ★

Die Quinta de Santa Eufêmia liegt ganz in der Nähe der Stadt Régua am Südufer des Douro. Hier hat man erst 1994 damit begonnen, die Weine selbst abzufüllen und zu exportieren, womit die Quinta zu den Jüngsten im Kreis der Portweinhandelsfirmen gehört. Die Geschichte der Quinta selbst reicht aber noch 100 Jahre weiter zurück.

Sie wurde 1894 von Bernardo Rodrigues de Carvalho gegründet und lieferte ihre Weine während der ersten 100 Jahre ihres Bestehens an die Händler in Vila Nova de Gaia. Im Laufe der Zeit wurde der Weinberg durch den Ankauf benachbarter Parzellen vergrößert, nimmt jedoch noch immer nur 34,8 Hektar ein, was im Vergleich zu vielen Einzelquinta-Herstellern noch recht klein ist. Hier werden etwa 1080 Hektoliter Wein hergestellt, davon etwas weniger als ein Viertel Weißwein. Bei dieser Größenordnung lohnt es sich bereits, über die einfachen *lagares* hinausgehende Vinifikations-Anlagen einzurichten: Der Kellermeister stellt 40% der Produktion in Autovinifikatoren her, für den Rest werden die Trauben mit den Füßen gemaischt.

Die Besitzerfamilie hatte immer einen kleinen Weinvorrat für den Eigenbedarf zurückbehalten, der auch den Grundwein für die kommerziellen Weine bildete. In der Folge konnten einige recht ausgereifte Weine auf den Markt gebracht werden, unter denen auch ein bemerkenswerter weißer Portwein ist, der 25 Jahre im Faß ausgebaut hat.

Neben den derzeit erhältlichen Weinen – den 10- und 20jährigen Tawnies sowie dem einfachen Tawny und dem Vintage Character – sollen bald ein Ruby, ein trockener weißer Portwein und ein Colheita auf den Markt kommen, was die bereits bemerkenswert erfolgreiche Export-Kampagne des Unternehmens noch weiter unterstützen wird. Mehr als die Hälfte der Produktion wird heute exportiert.

VERKOSTUNGSNOTIZEN

VERY OLD RESERVE WHITE Ein bemerkenswerter Wein. Für einen weißen Port hat dieser einen äußerst interessanten Charakter. Dunkel-goldener Farbton; leichtes, etwas spritiges und eindeutig betagtes Bukett (Zitronat und Zitronenmarmelade). Süß und körperreich, aber mit herrlich erfrischender, zitrusartiger Säure, die den Geschmackssinn frei macht.

20 YEARS OF AGE TAWNY Sehr helle Bernsteinfarbe. Subtiles, wenngleich alkoholisches Bukett (Dörrobst und Karamel). Süß, mit mittlerem Körper; im Geschmack dominiert eher der Alkohol. Ein leichter Tawny, der gut gekühlt erfrischt, dem aber die Konzentriertheit einer Reihe anderer Marken fehlt.

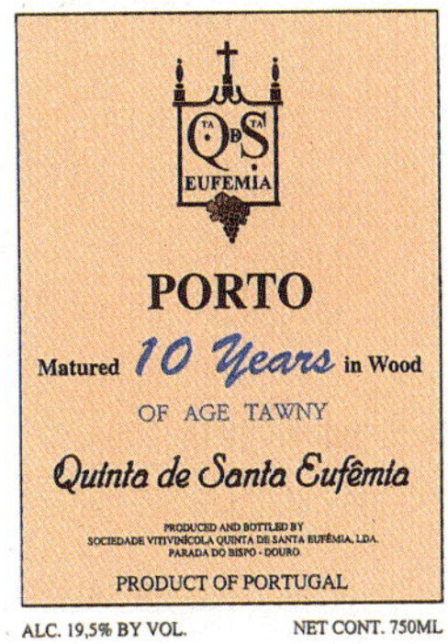

TRAGEKÖRBE (*GIGOS*) LIEGEN FÜR DIE ERNTE BEREIT.

Quinta de Val da Figueira

Alto Douro
5085 Pinhão, Portugal

> **INFORMATION**
>
> BESUCHE *nur nach Vereinbarung Tel. (351–54) 72159*
>
> EMPFOHLENE WEINE
> *10 Years Old*
>
> GESAMTWERTUNG ★

Die Quinta de Val da Figueira befindet sich ein Stückchen westlich von Pinhão, jenseits von Ferreiras Quinta do Porto. Die Geschichte dieses Weinguts ist seit Mitte des 18. Jahrhunderts schriftlich belegt, und obwohl es bei der ersten Demarkation des Douro-Gebietes keine Erwähnung fand, wurde hier wohl kurze Zeit später Portwein hergestellt.

Das Ereignis, auf das die Quinta vermutlich am stolzesten sein kann, trug sich 1878 zu: Der damalige Besitzer, Joaquim Pinheiro de Azevedo Leite Pereira, pfropfte damals erstmals Edelreis auf amerikanische Wurzelstöcke und machte sie damit gegen Phylloxera resistent. Im *casa das lagares*, dem Gebäude, in dem die Stampfbottiche untergebracht sind, erinnert eine Gedenktafel an dieses Ereignis.

Das Traubengut dieses kleinen Herstellers, der nur Trauben der Quinta vinifiziert, und wird für alle Weine mit den Füßen gemaischt. In der Tat lohnt sich bei einem so kleinen Volumen die Anschaffung einer kompletten Ausstattung finanziell kaum.

Die Quinta ist heute im Besitz von Alfredo Cálem Holzer, der mit der A. A. Cálem-Familie verschwägert ist. Daher wurde der Wein früher an Cálem verkauft, aber seit sich 1986 die Rechtslage geändert hat, kommt er als Single-Quinta-Wein in den Handel.

Val da Figueira ist mit nur 19 Hektar Rebfläche eine kleine Quinta, aber Neubestokkungen und sorgsame Bewirtschaftung haben die Produktion auf ungefähr 100 Pipen jährlich gesteigert. Da die Firma erst seit etwas mehr als einem Jahrzehnt unter ihrem eigenen Namen auf dem Markt ist, bietet sie derzeit nur zwei Weine an, einen 10jährigen Tawny und einen Jahrgangsport. Die Quinta hat die Jahrgänge 1987, 1989, 1991 und 1994 deklariert, die zu bemerkenswert günstigen Preisen erhältlich sind. Für dieses Buch wurden nur der 10jährige Old Tawny und der 91er Jahrgangsport verkostet.

VERKOSTUNGSNOTIZEN

10 YEARS OLD Helles Orangerot, sehr leuchtend. Leichtes und sehr reifes Bukett; spritig, florale und mineralische, leicht petroleumartige Noten mit einem Anflug von Vanille. Halbsüß, mit ausgewogener Säure und niedrigem Tanningehalt. Vielleicht ein wenig leicht im Geschmack, aber komplex, ausgewogen und mit langem Abgang.

VINTAGE 1991 Halbdunkles Rubinrot. Volles und aufgeschlossenes Bukett (Früchtekuchen und Pflaumen), jugendhaft und frisch. Halbsüß, mit nur moderatem Tanningehalt. Mittelschwer, spürbar alkoholisch. Dieser Wein wird sich noch etwas entwickeln, ist aber eher für den mittelfristigen Verbrauch geeignet.

Quinta de Ventozello – Sociedade Agrícola e Comercial, S. A.

Praceta Engº. António de Almeida, 70–9º
Sala 419, 4100 Porto, Portugal

Die Quinta de Ventozello liegt stromaufwärts von Pinhão am Südufer des Douro und damit genau im Herzen des Cima Corgo. Mit ihren 700 Hektar Fläche ist sie ein großes Gut, und sie ist auch erstaunlich alt: Hinweise auf diese Quinta fand man in mittelalterlichen Manuskripten, die teilweise bis zum Jahr 1288 zurückdatieren.

Ihre heutigen Grenzen legte man 1826 fest, als sie im Besitz des königlichen Klosters von São Pedro das Aguias war. Seit 1958 gehört sie einem Unternehmen namens Edmundo Alves Ferreira, das jetzt unter dem Namen der Quinta Handel treibt.

Information

Besuche *möglich*
Tel. (351–2) 6093691

Empfohlene Weine
10 Years Old

Gesamtwertung ★★

Ein paar alte, mauergestützte Terrassen stehen noch, aber große Bereiche der Quinta wurden auf *patamares* oder nach dem *Vinho-ao-alto*-System neu bepflanzt, was die Bewirtschaftung der ungefähr 500 000 hier gepflanzten Rebstöcke einfacher macht. Das Quinta-Gebäude steht etwas abseits vom Fluß hinter einem Olivenhain; die von Steinmauern gestützten Terrassen umgeben den Gebäudekomplex, wogegen die neueren *patamares* weiter flußaufwärts zu erkennen sind.

Obwohl die Anbautechniken nicht völlig biologisch sind, vermeidet man bei Ventozello chemische Düngemittel und zieht natürliche Methoden vor. Der gesamte Wein wird in *lagares* hergestellt; mechanische Verfahren werden nicht angewendet. Da die Quinta nur ihren eigenen Wein verkauft, befindet sich die Lagerhalle auf dem Gelände, und deshalb haben die Weine den charakteristischen »Douro bake«. Dieses besondere Merkmal im Douro-Gebiet gelagerter Weine ist nicht unangenehm, setzt die Weine jedoch sehr stark von ihren Gegenstücken aus Vila Nova de Gaia ab.

Die Quinta fördert Touristenbesuche durch Angebote wie Führungen und Unterbringung im Gästehaus.

VERKOSTUNGSNOTIZEN

10 ANOS Helles und doch sehr lebhaftes Orange bis Gelb. Intensiv rauchiges und sehr spritiges Bukett; ausgeprägte Spuren von Karamel. Süß, mit intensivem Holzrauch-Geschmack, auch ein Hauch getrockneter Feigen. Leicht spritig, aber angenehm konzentriert und aromatisch.

20 ANOS Sehr helles Gelbbraun (nur etwas brauner als der 10jährige). Duftiges, nussiges Aroma. Sehr spritig. Halbsüß; mittlerer Körper mit Karamelaroma und einem langen, aber alkoholischen Abgang.

Sociedade Agrícola da Quinta do Vesuvio

Trav. Barão de Forrester, 85
4401 Vila Nova de Gaia, Portugal

Wenn man von der Quinta de Vargellas aus auf der Südseite des Douro ein gutes Stück flußaufwärts in den Douro Superior hineinfährt, gelangt man zur Quinta do Vesuvio, die sich hier über 400 Hektar erstklassigen Weinbaulandes der A-Kategorie erstreckt. Zur Quinta sollen sieben Hügel und 30 Täler gehören – was vielleicht übertrieben ist, aber einen gewissen Eindruck von ihrer Größe vermittelt.

INFORMATION

BESUCHE *nur auf Empfehlung eines Wein-Großhändlers*

EMPFOHLENE WEINE *Vintage 1990, 1991, 1994*

GESAMTWERTUNG ★★★

Ursprünglich produzierte Vesuvio Getreide; erst die Ferreiras, die die Quinta 1823 übernahmen, pflanzten hier die ersten kommerziellen Rebstöcke. Unter dem Zepter von Dona Antónia Ferreira pflegte man die Weinberge gut und stellte weinbautechnische Experimente an, aber die Reblaus machte auch hier den Pflanzen den Garaus. Zu diesem Zeitpunkt machte sich Dona Ferreira – vermutlich aus Verzweiflung – daran, Seidenraupen zu züchten.

Aufgrund der portugiesischen Erbfolgeregeln war Vesuvio 1989 im Besitz von 18 Mitgliedern der Ferreira-Familie, und diese beschlossen, die Quinta an die Symington-Gruppe zu verkaufen, die in der Zwischenzeit die notwendigen Investitionen tätigen konnte, um dem Weingut wieder zu seinem einstigen Ruhm zu verhelfen.

Die Symingtons nutzten die neue Gesetzgebung von 1986 und beschlossen, ein für die Portweinbranche neues Konzept einzuführen, nämlich eine einzelne Quinta, die ausschließlich Jahrgangsport herstellt. Quinta do Vesuvio kommt daher nur als Jahrgangsport auf den Markt; falls der Wein dafür nicht gut genug ist, wird er an andere Firmen verkauft.

Die von dem Gut produzierte Weinmenge entspricht 23 000 Kisten und wird ausschließlich in *lagares* hergestellt, die mit auswechselbaren Heiz- und Kühlröhren ausgestattet sind, was dem Hersteller erlaubt, die Temperatur zu kontrollieren, anhand derer er das Tempo der Fermentierung je nach Bedarf ändern kann.

VERKOSTUNGSNOTIZEN

VINTAGE 1994 Nur halbdunkle Farbe mit breitem, rubinrotem Rand. Verschlossenes Bukett. Noch sehr junger, beinahe hefeartiger Charakter (von der Fermentierung) mit Noten von dunkler Schokolade und Früchtekuchen. Halbsüß und mittelgewichtig mit festem Tannin- und Säuregehalt. Eignet sich für den mittel- bis langfristigen Verbrauch.

VINTAGE 1989 Zwar noch jugendhaft und sehr unreif, aber bereits ein anziehender Wein. Milde Tannine und ein mittlerer bis vollmundiger Körper; sehr fruchtig. Jetzt trinkbar, braucht jedoch Zeit, um sein Bestes zu geben.

REIFENDER WEIN IN DER VESUVIO-LAGERHALLE

VERKOSTUNGSNOTIZEN

SINGLE-QUINTA-JAHRGANGSPORT

VINTAGE 1994 (s. S. 217)

VINTAGE 1992 Recht spritiges Bukett (mehr als die anderen) mit dem jugendhaften Charakter roter Früchte. Nicht so intensiv oder komplex wie manch anderer 92er oder andere Jahrgangsports von dieser Quinta. Im Geschmack frische, wenn auch subtile Frucht mit festen Tanninen und mittlerem bis vollem Körper, der mehr hergibt als das Bukett annehmen läßt. Kein großartiger Vesuvio.

VINTAGE 1991 Von allen 91ern einer der dunkelsten. Im verschlossenen Bukett zeigt sich schließlich ein Pflaumen- und Kaffeecharakter. Halbsüßer bis süßer Geschmack, zum Teil noch verdeckt von einer Mauer reifer Tannine, die die Konservierung dieses Weins für sehr lange Zeit unterstützen werden. Quinta do Vesuvio 1991 ist einer der besten Weine eines guten Jahrgangs; er wird erst im Verlauf der ersten Dekade des 21. Jahrhunderts trinkreif sein.

VINTAGE 1990 Seit er opak auf den Markt kam, hat er sich kaum verändert und ist noch immer verschlossen; er ist beinahe so unzugänglich wie die Quinta selbst. Feurige, schwarze Frucht; im Bukett ein Anflug von Vanille und sogar ein wenig Zimt. Süßer, voller, aber frischer Geschmack mit massiver, konservierender Tannin-Struktur; sehr körperreich. Kein angesengter Charakter wie bei einigen anderen Weinen des Jahrgangs 1990. Insgesamt ein herrlicher Wein für den langfristigen Verbrauch.

VINTAGE 1989 (s. S. 217)

ALTE UND NEUE TERRASSEN AUF DER QUINTA DO VESUVIO

Glossar

Adega Eine Kellerei, in der die Trauben verarbeitet und vinifiziert werden; der Begriff wird vor allem im Zusammenhang mit den Genossenschaften (*adegas cooperativas*) verwendet.

Aufspritung (Avinierung) Die Zugabe hochprozentigen Branntweins zum vergärenden Most, um die Hefe abzutöten; dadurch wird der Alkoholgehalt heraufgesetzt und eine beträchtliche Menge Restzucker bewahrt.

Autovinifikator »Selbsttätiger« Gärbottich, bei dem der Druck des bei der Gärung entstehenden Kohlendioxid-Gases zur automatischen Umpumpung des Mostes verwendet wird.

Bagaçeira Aus Tresterkuchen destillierter, sehr alkoholhaltiger Branntwein, welcher der Tradition nach von den »Tretern« bis spät in die Nacht getrunken wird.

Blockweise Bepflanzung Kultivierung nur einer Rebsorte in einem Bereich des Weinbergs, im Gegensatz zur älteren Methode des gemischten Anbaus, bei der unterschiedliche Sorten in einer Rebzeile nebeneinanderstehen.

Cadastro-Einteilung Methode zur Einstufung von Weingütern, nach der jedes Weingut der Douro-Region auf einer Skala von A bis F je nach Höhe, Bodenbeschaffenheit, Alter der Reben usw. eingestuft wird. Die besten Weine kommen von Gütern der Stufen A und B, und mit ihnen kann der Weinbauer höhere Preise erzielen – und noch wichtiger: Je höher die Einstufung, desto größer ist der Traubenanteil, der zu Portwein verarbeitet werden kann.

Casa do Douro Zusammen mit dem IVP war dies lange Zeit eine der Kontrollbehörden der Branche und vertrat die Interessen der Weinbauern. Ihre Zukunft ist allerdings aufgrund finanzieller Probleme ungewiß.

Casco Portugiesisch für »Faß«; wird auf Etiketten für den portugiesischen Markt verwendet, um die Faßreifung von Tawnies und Colheitas zu signalisieren.

Colheita Das portugiesische Wort für »Ernte« (und daher auch »Jahrgang«). Bei Portwein bezeichnet Colheita jedoch einen Tawny mit Angabe des Erntejahres (nicht zu verwechseln mit Jahrgangsport).

Douro Bake Ein Begriff, der manchmal auf Weine angewendet wird, die nicht in Vila Nova de Gaia, sondern im heißen Douro-Tal gereift sind. Solche Weine können einen »angesengten« Charakter entwickeln, was beim Wein einen Karamelgeschmack verursacht.

Garrafeira Ein Wein von überdurchschnittlicher Qualität eines Jahres. Für Rotwein gilt ein Minimum von zwei Jahren Faßlagerung vor der Abfüllung und ein Jahr Flaschenreifung. Weißwein lagert mindestens sechs Monate im Faß und sechs Monate in der Flasche.

Gigo Der traditionelle Tragekorb, den die Traubenpflücker verwenden. Voll wiegt er zwischen 45 und 68 Kilo und wird auf den Schultern vom Weinberg zur Quinta oder zum wartenden Lastwagen getragen.

IVP Instituto do Vinho do Porto (Portwein-Institut), eine der Kontrollbehörden der Portweinbranche. Zuständig für Öffentlichkeitsarbeit, Prüfung und Verkostung der Weine sowie die Vergabe des Gütesiegels (Selo Garantia), das an jeder Flasche angebracht wird.

Lagar Ein Stampfbottich aus Granit oder auch Beton, in dem die Trauben für die besten Portweine mit den Füßen gemaischt werden.

Lagerhalle Ein Lager, in dem Portweine ausgebaut werden. Die meisten Firmen lagern ihre

Weine in Vila Nova de Gaia am Südufer des Douro (gegenüber von Porto). Einige haben die Reifung allerdings flußaufwärts in die Weinbergregion verlegt, und Single-Quinta-Weine reifen meist ebenfalls auf der Quinta.

LBV Late Bottled Vintage. Ein dunkler, roter Portwein, der etwa vier bis sechs Jahre im Faß reift.

Most Traubensaft, der zu Wein vergoren wird.

Patamar Ein moderner, mit der Planierraupe angelegter Weinberg-Terrassentyp mit Wegen für Traktoren und andere Geräte, die in begrenztem Umfang eine Mechanisierung der Ernte ermöglichen.

Pipe Das traditionelle Reifefaß für Portwein von etwa 640 Litern Fassungsvermögen, etwas länger und schmaler als die meisten Fässer. Die Pipe ist zugleich auch Maßeinheit für große Weinmengen.

Quinta Landgut in Portugal. In diesem Buch wird der Begriff immer im engeren Sinne für Weingüter verwendet. Nicht alle Quintas besitzen ein Gebäude, sondern bestehen oft nur aus einem Weinberg. Das Wort entspricht weinterminologisch dem französischen »château«.

Remontage Ein Umpump-Verfahren bei der Rotweinherstellung, bei dem man den gärenden Traubenmost vom Boden des Bottichs ablaufen läßt und über den Tresterhut sprüht, der von Natur aus an der Oberfläche schwimmt, um Farbstoffe und Tannine zu extrahieren.

Ruby Junger roter Portwein, der ungefähr drei Jahre reift, bevor er auf den Markt kommt.

Schist Ein hartes, aber bröckeliges, schieferähnliches Gestein, das in der Douro-Region eine Schicht oberhalb des Grundgesteins bildet.

Seco »Trocken«; bei weißem Portwein jedoch bezeichnet dieser Begriff eine Stufe zwischen trocken und halbtrocken.

Single-Quinta-Portwein Portwein, der aus Trauben der auf dem Etikett angegebenen Quinta hergestellt wird. Single-Quinta-Jahrgangsports sind bereits seit einiger Zeit erhältlich; inzwischen expandiert der Markt allerdings, und es gibt auch Rubies und Tawnies.

Tartrate Weinstein, Salz der Weinsäure. Harmlose Kristalle, die sich bei der Reifung des Weins bilden können. Da sie auf Verbraucherseite unnötige Bedenken verursachen, entfernt man sie normalerweise vor der Abfüllung durch Kühlung und Filterung der Weine, die für den baldigen Verbrauch bestimmt sind. Jahrgangsports und traditionelle LBVs werden nicht auf diese Weise stabilisiert, da man bei ihnen mit der Bildung eines Depots rechnet.

Tawny Ein in Holzfässern gelagerter Portweintyp, der seine ursprünglich rote Farbe verloren hat und braun bzw. lohfarben geworden ist. Es gibt ihn von einfachen Weinen bis hin zu den edlen, alten Tawnies.

Terrasse Das Douro-Gelände ist geprägt von steilen Abhängen, die früher den Bau von Terrassen in den Weinbergen erforderlich machten: Man bearbeitete den Boden so, daß die Reben auf stufengleichen und flachen bzw. leicht ansteigenden Bereichen, die von Mauern oder Erdböschungen gestützt werden, bepflanzt werden konnten. Die ursprünglichen Terrassen werden *socalcos* genannt, der neuere Typ *patamares*.

Vila Nova de Gaia Vorort von Portugals zweitgrößter Stadt Porto, mit dieser durch eine Brücke verbunden. Hier befinden sich die meisten Lagerhallen der Portweinhändler.

Vinha ao alto System zur Bestockung eines Weinbergs ohne Terrassen, wobei die Rebzeilen senkrecht den Hang auf und ab verlaufen. Es ermöglicht ein gewisses Maß an Mechanisierung, sofern die Hänge nicht zu steil sind.

Adressen

PORTUGAL

Gabinete da Rota do Vinho do Porto
Rua dos Camilos, 90
P-5050 Peso da Regua
TEL.: (351-54) 320145
FAX: (351-54) 320149

Instituto do Vinho do Porto
Rua Ferreira Borges
P-4050 Porto
TEL.: (351-2) 2071600
FAX: (351-2) 2080465

Região Turismo Douro Sul
Rua dos Bancos
P-5100 Lamego
TEL.: (351-54) 65770
FAX: (351-54) 64014

GROSSBRITANNIEN

Port Wine Institute
1st Floor, 121 Mount Street
London W1Y 5HB
TEL.: (44-171) 4090494
FAX: (44-171) 4091018

BUNDESREPUBLIK DEUTSCHLAND

ICEP Portugiesisches Handels- und Touristikbüro
Kreuzstraße 34
D-40210 Düsseldorf
TEL.: (49-211) 1385712
FAX: (49-211) 320968

Portugiesisches Touristik Amt
Schäfergasse 17
D-60313 Frankfurt
TEL.: (49-69) 290549
FAX: (49-69) 320968

ÖSTERREICH

Portugiesisches Touristikzentrum
Opernring 1
A-1010 Wien
TEL.: (43-1) 58544500
FAX: (43-1) 5854445

SCHWEIZ

Portugiesisches Verkehrsamt und Handelsdelegation
Badener Straße 15
CH-8004 Zürich
TEL.: (41-1) 2810333
FAX: (41-1) 2810334

Bibliographie

Bradford, Sarah: *The Story of Port.* London, Christie's, 1983.

Caravalho, Manuel: *A Guide to the Douro and to Port Wine.* Porto, Edições Afrontamento, 1995.

Fonseca, A. Moreira et al.: *Port Wine.* Porto, Instituto do Vinho do Porto, 1981.

Howkins, Ben: *Rich, Rare and Red.* London, Heinemann, 1982.

Hönsch, Helmut: *Caracterizaçao dos Factores Ecológicos e da Susceptibilidade de Erosao dos Novos Tipos de Implantaçao da Vinha na Regiao Demarcada do Douro.* Vila Real, o. J.

Johnson, Hugh: *World Atlas of Wine.* London, Mitchell Beazley, 1985.

Liddell, Alex u. Price, Janet: *Port Wine Quintas.* London, Sotheby's, 1992.

Mayson, Richard: *An Analysis of the Effects and Implications of Varying Types of Cultivation on Port Viti/Viniculture.* Sheffield, 1983.

Mayson, Richard: *Portugal's Wines & Winemakers.* London, Ebury Press, 1992.

Oliveira, Manuel: *Run-Off and Soil Erosion in Vineyard Soil of Douro Region (Cima Corgo) Portugal,* Vila Real, 1995.

Robertson, George: *Port.* London, Faber & Faber, 1978.

Robinson, Jancis: *The Oxford Companion to Wine.* Oxford, Oxford University Press, 1994.

Symington, Paul: *Port Wine.* (zu Werbezwecken von der Symington-Gruppe herausgegeben).

Vizetelly, Henry: *Facts about Port and Madeira.* London, Ward Lock, 1880.

Warner Allen, H.: *The Wines of Portugal.* London, George Rainbird, 1963.

Register

Kursiv gesetzte Ziffern beziehen sich auf die Bildunterschriften.

Danksagung des Autors

Eine große Anzahl von Personen hat mir bei der Erstellung dieses Buches geholfen. Viele davon muß ich hier leider unerwähnt lassen. Dennoch möchte ich nicht versäumen, wenigstens einige Namen zu nennen.

Bei der Recherche unterstützt haben mich: Dr. Bianchi de Agiuar vom IVP, Carlos de Almeida und George Sandeman von Sandeman, Fernando Alves von ADVID, Adrian Bridge von Taylor, Fladgate & Yeatman, Jeremy Bull, ehemals von A. A. Cálem & Filho, Dr. John Burnett von Croft, Peter Cobb und Vasco Magalhães von Cockburn Smithes, Bruce Guimaraens von Fonseca Guimaraens Limited, Dirk Niepoort von Niepoort Ports, João Nicolau de Almeida und Jorge Rosas von Ramos Pinto sowie Christian Seely von Quinta do Noval.

Besonderen Dank schulde ich meiner verständnisvollen Familie, die eine wahre Invasion von Portweinflaschen über sich ergehen lassen mußte und deren häusliche Routine immer wieder durch die Vorbereitungen an diesem Buch gestört wurde; Clare Hubbard, dafür, daß sie sich immer wieder mit ganzer Energie für das Projekt einsetzte; und schließlich Gareth, John, und all den anderen, die mich so selbstlos bei den Verkostungen unterstützt haben.

Berry Bros. & Rudd stellten den Dekantiertrichter und die Portweinzange zur Verfügung.

Bildnachweis

Forrester & Ca., S. A: S. 2, 21(o), 30(u); Instituto do Vinho do Porto: S. 18, 20(o), 22(o), 60; Manoel D. Poças Junior-Vinhos S. A: S. 30(o); Adriano Ramos Pinto (Vinhos) S. A: S. 21(u); Sandeman & Ca., S. A: S. 20(u), 24, 27; Sociedade Agrícola da Quinta do Crasto: S. 29(u); Godfrey Spence: S. 7, 10(o), 14(u), 15, 26, 29(o), 31(o), 34, 49; Symington Port Shippers: S. 10(u), 16, 17, 48; Taylor, Fladgate & Yeatman-Vinhos S. A: S. 11, 14(o), 31(u), 35, 42